わかりやすい
市民法律ガイド

改訂版

遠藤　浩　　林屋礼二

北沢　豪　　遠藤曜子

信山社

はしがき

　この本は専門的法律家のために書かれたものではなく，一般市民のために，書式（各種の届出等とか契約書など）を参照しながら，われわれの日常生活におこるいろいろな法的な断面を解説したものである。

　その法的な断面というのは，婚姻といったような家族生活，不動産の売買などの財産生活といった私的生活ばかりでなく，租税でおこる問題，環境問題，参政権の問題，紛争の解決としての裁判制度といったいわば公的生活など，われわれの生活のすべての面に及んでいる。

　最近では，書式のもっている重要さが，市民の間にかなり浸透しているといわれている。しかし，若い人には無関心な者が多いようである。そのために思わぬ不利を受けることも少なくない。

　たとえば，父が死亡して遺言書がでてきたがどうしていいかわからない。二箇所訂正されているがその効力はどうなるだろうか。そして，すぐ相続税に頭を悩まされる。

　そうした場合に，あらかじめこの本に接していればある程度は落ちついて対処できる。隣と境界で紛争を生じた。訴えをおこすほかしかたがなくなった。そういう場合に，あらかじめこの本に接していれば，そのしくみがわかる。しかも，それを書式を参照しながら述べているから立体的に理解できる。なるほどとうなずいてもらえるように配慮して述べている。

　ところで，上記の記述からも，われわれの生活がいろいろな法律にとりかこまれていることがわかる。そのしくみを知ることは，より合理的な生活への近道である。また，これを知ることによって，国家のあり方，法治国家という言葉の意味を具体的に知ることができる。そういう意味からいっても，とくに若い人に読んでもらいたいものである。

　この本が市民の机上におかれ，必要に応じて問題をよりよく理解するために読まれ，あるいは一つの読み物として読まれるならば，著者としてこの上の喜びはない。

　おわりに，この本のために書式・資料などでご協力を頂いた社団法人日本クレジット産業協会，社団法人日本損害保険協会，新日本製鐵株式会社，東京電力株式会社，安田生命保険相互会社，安田火災海上保険株式会社，国及び自治体等関係機関の諸氏に厚く御礼を申しあげるとともに，この本の計画に当初から絶えず励まして下さった信山社の村岡俞衛氏に謝意を捧げたい。

　　平成9年夏

遠　藤　　　浩
林　屋　礼　二
北　沢　　　豪
遠　藤　曜　子

＊　幸い改訂の機会を得たので，法律の改正等，必要な手当を行った（平成12年12月）。

わかりやすい市民法律ガイド

目　次

はしがき

I　家族生活と法律 …………… 1

1　戸　籍 …… 1
家族と戸籍　(1)
夫婦と子どもが単位　(1)
氏は個人の同一性を示す　(3)
戸籍の記載事項　(4)
戸籍の届出と公証　(6)
住民基本台帳　(7)

2　婚　姻 …… 10
法律婚主義と内縁　(10)
婚姻届と婚姻の成立要件　(10)
婚姻の届出　(15)
婚姻届出の効果　(15)

3　親　子 …… 17
子の出生と届出　(17)
認知と認知届　(20)
養子制度と縁組届　(22)
特別養子制度とは　(23)

4　離　婚 …… 29
協議離婚　(29)
家事調停と調停離婚　(32)
調停に代わる審判と審判離婚　(35)
人事訴訟と裁判離婚　(36)
離婚が認められる要件　(36)

5　扶　養 …… 38
扶養制度と私的扶養　(38)
扶養義務者の範囲　(38)
扶養義務の順位・程度　(38)
扶養請求事件と家事審判　(39)
甲類審判事項と乙類審判事項　(39)
家事審判手続　(39)

社会保障制度と公的扶助　(42)
保護申請手続　(42)
生活保護の種類・内容　(43)
社会保障制度の運用と問題点　(43)

6　相　続 …… 44
死亡と相続　(44)
相続人になる順序　(44)
相続の放棄　(44)
遺言のある場合の相続　(48)
遺言の普通方式　(48)
遺言の特別方式　(49)
遺言自由の範囲　(49)
遺留分制度　(49)
遺言書を発見したとき　(50)
遺言のない場合の相続　(50)
相続人がいない場合　(51)
相続人間の公平を図る制度は　(51)
遺産分割と相続税　(52)
相続税の申告が必要　(57)
相続税の計算方法　(57)
贈与税　(57)

II　経済生活と法律 …………… 59

1　不動産の売買 …… 59
売買契約書の作成　(59)
手付（金）とは　(59)
危険負担とは　(59)
任意規定・強行規定　(60)
代理人と委任状　(60)
代理権がない場合　(63)
実印と印鑑証明　(64)
不動産売買をするときは　(64)
土地・建物の登記簿　(64)

不動産登記簿の読み方　(64)
新しい不動産登記簿謄本　(67)
登記手続　(67)
登記は何のためにするか　(68)
先に登記した方が勝　(70)
登記名義人を信じる危険　(70)
取引の安全と静的安全　(70)

2　建築 ……………………………… 72
建築請負契約　(72)
重要事項は書面に　(72)
担保責任とは　(72)
危険負担とは　(72)
建物の所有権はどちらのものか　(74)
建物についてのいろいろな制限　(74)
新築家屋の表示の登記　(74)

3　借地・借家 ……………………… 77
借地契約とは　(77)
借地・借家関係の法律　(77)
法の保護を受けるには　(77)
借地権の保護　(78)
借家契約と借地借家法による保護　(84)
賃料の変更について　(84)
借家契約の解約　(85)
敷金・権利金　(86)
新しい制度　(86)

4　クレジット契約と自己破産・免責 ……………………………… 87
クレジット契約とは　(87)
クレジットの法的なしくみ　(87)
クレジットのメリット・デメリット　(87)
割賦販売と消費者の保護　(91)
訪問販売と通信販売　(92)
消費者の法的心構え　(92)
自己破産　(92)
破産以外の債務整理方法　(93)
個人の破産の具体的な手続　(93)
同時廃止という制度　(93)

破産宣告の効果　(94)
免責と復権　(94)

5　金銭貸借（ローン）と担保　95
金銭の消費貸借（ローン）とは　(95)
金銭消費貸借の証書　(95)
消費貸借契約の特殊性—要物契約　(95)
要物性の緩和　(95)
利息の定め　(96)
高金利とその制限　(98)
利息制限法違反の利息はどうなるか　(98)
利息の天引きと利息の制限の関係　(98)
貸主の債権確保の方法①—公正証書の作成　(99)
公正証書作成のメリット　(99)
貸主の債権確保の方法②—物的担保　(99)
物的担保とは　(99)
抵当権による債権担保　(102)
質権による債権担保　(102)
流質契約　(102)
譲渡担保による債権の確保　(102)
代物弁済の予約とは　(103)
貸主の債権確保の方法③—人的担保（保証等）　(104)
保証のしくみ　(105)
単なる保証と連帯保証　(105)
連帯債務　(105)

6　手形・小切手 ………………… 106
手形・小切手　(106)
債権譲渡の必要性　(106)
有価証券のしくみ　(106)
約束手形　(106)
約束手形に記載されていること　(108)
手形の割引など　(108)
手形の裏書譲渡　(108)
手形の記載に対する信頼の保護

　　　　　(108)
　　　手形の所持に対する信頼の保護
　　　　　(109)
　　　取立委任　(109)
　　　手形の不渡りと遡求　(109)
　　　手形訴訟　(109)
　　　為替手形とは　(110)
　　　小切手　(110)
　　　線引小切手　(110)
　　　本来の債権と手形（小切手）債権
　　　　　(110)
7　労　働 ……………………… 112
　　　労働契約　(112)
　　　労働力という商品の特殊性　(112)
　　　労働者の保護と労働法　(112)
　　　就職にあたって　(112)
　　　身元保証　(113)
　　　身元保証人の責任の内容と制限
　　　　　(114)
　　　労働組合と労働協約　(114)
　　　労働協約の効力　(115)
　　　争議行為　(115)
　　　パート・アルバイト　(115)
　　　人材派遣　(118)
8　株式と社債 ……………… 119
　　　株券，株式，株主の意義　(119)
　　　株式会社と株式　(119)
　　　株式会社の設立と出資　(119)
　　　額面株式・無額面株式　(119)
　　　記名株式・無記名株式　(119)
　　　株主の権利の内容　(120)
　　　株式の譲渡は自由　(120)
　　　株取引と証券業者　(121)
　　　新株の発行　(121)
　　　株式と社債　(121)
　　　社債のしくみと社債権者　(121)
　　　社債・公債のいろいろ　(123)
9　保　険 ……………………… 124
　　　保険とは　(124)
　　　生命保険契約の内容　(124)
　　　養老保険のしくみ　(124)

　　　保険契約締結と告知義務　(127)
　　　火災保険のしくみ　(127)
　　　損害保険で支払われるもの　(129)
　　　損害保険の注意点　(129)
　　　損害保険のいろいろ　(129)
　　　国民年金　(129)
　　　広い国民年金制度の対象者　(131)
　　　老齢年金制度について　(131)
10　事故と賠償 …………… 132
　　　どのような場合に損害賠償義務
　　　　が発生するか　(132)
　　　不法行為・債務不履行　(132)
　　　過失責任主義　(134)
　　　無過失責任の考え方　(134)
　　　ＰＬ法の考え方　(134)
　　　権利侵害とは　(134)
　　　加害者の責任能力　(135)
　　　交通事故と使用者責任　(135)
　　　自賠法による救済　(135)
　　　自賠法のポイント　(136)
　　　自賠責制度　(136)
　　　自賠責の保険金額　(136)
　　　損害賠償の範囲　(137)
　　　逸失利益について　(137)
　　　精神的損害に対しては　(139)
　　　示談による解決とは　(139)

Ⅲ　国家・都市生活と法律 ……… 141
1　参政権 …………………… 141
　　　憲法と参政権　(141)
　　　基本的人権の考え方　(141)
　　　権力分立制の考え方　(142)
　　　国会議員の選挙　(142)
　　　議院内閣制と大統領制　(142)
　　　衆議院の不信任決議　(143)
　　　参議院の構成と役割　(143)
　　　普通選挙権　(143)
　　　選挙制度などについて　(144)
　　　司法権と裁判所　(144)
　　　最高裁判所裁判官の国民審査
　　　　(145)

その他の参政権行使の場合 *(146)*
2 税　金 …………………… *148*
　　所得にかかる税金のいろいろ *(148)*
　　租税法律主義 *(148)*
　　直接税と間接税 *(148)*
　　所得税のしくみ *(148)*
　　所得控除制度について *(149)*
　　累進課税制度 *(149)*
　　申告手続について *(149)*
　　税についての不服があるときには *(149)*
　　税を納めないと *(152)*
　　自治体の住民税 *(152)*
　　固定資産税 *(153)*
　　都市計画税 *(153)*
3 環境問題・土地収用 ……… *155*
　　環境についての問題意識 *(155)*
　　公害の定義 *(155)*
　　被害が出たときの対応 *(155)*
　　大気汚染防止法による被害者の救済 *(155)*
　　不法行為構成による被害者の救済 *(156)*
　　行政上の救済の取組みについて *(156)*
　　土地収用の必要 *(156)*
　　所有権と公共の福祉 *(158)*
　　土地収用のしくみ *(158)*
　　収用手続のあらまし *(158)*
　　損失補償の考え方 *(159)*
　　区画整理と換地 *(159)*
4 犯罪と刑罰 ……………… *161*
　　刑事手続と人権の保障 *(161)*
　　犯罪が発生した場合 *(161)*
　　被疑者の逮捕と法律の保護 *(161)*
　　公訴の提起と審理 *(163)*
　　起訴便宜主義と検察審査会 *(163)*
　　少年の場合の扱いについて *(163)*
　　起訴状一本主義とは *(163)*
　　保釈制度 *(165)*

　　裁判手続のあらまし①―冒頭手続 *(165)*
　　裁判手続のあらまし②―証拠調べ *(165)*
　　犯罪成立の3要件 *(166)*
　　刑事裁判と事実の認定 *(166)*
　　判決書のあらまし *(167)*
　　刑罰とは何か *(167)*
　　裁判の公正と三審制度 *(167)*
　　略式手続と交通違反事件 *(170)*
5 私的紛争の解決 (1) ………… *171*
　　紛争を解決するしかた *(171)*
　　紛争当事者のなかだちをする調停制度 *(171)*
　　民事調停と家事調停 *(171)*
　　手軽に利用されている調停 *(172)*
　　家事審判と借地非訟事件手続 *(172)*
　　民事訴訟のあらまし *(172)*
　　訴状に記載する事項 *(176)*
　　裁判の費用について *(177)*
　　被告の答弁書 *(177)*
　　法律に照らしての判断―権利の存否 *(181)*
　　事実の確定を中心に進行する民事訴訟 *(181)*
　　弁論主義の原則 *(182)*
　　裁判所の判断としての判決 *(184)*
　　判決に不服のあるとき *(184)*
　　判決が確定すると争えなくなる *(184)*
　　民事訴訟法の改正 *(185)*
6 私的紛争の解決 (2) ………… *186*
　　強制執行と債務名義 *(186)*
　　自力救済の禁止と権利の実現 *(186)*
　　強制執行による紛争の解決 *(186)*
　　債務名義の提出 *(186)*
　　解決のひきのばしに対して *(187)*

目 次

判決以外の債務名義 *(188)*
和解の種類 *(188)*
支払督促と公正証書 *(189)*
支払督促をうけるには *(189)*
金銭執行・非金銭執行 *(190)*
強制執行のしかた *(190)*
直接強制・代替執行・間接強制

(190)
仮差押え・仮処分 *(193)*
仮の地位を定める仮処分

(195)

索 引 *(巻末)*

資 料 目 次

資料 1 戸籍(1) …………………… *2*
資料 2 戸籍(2) …………………… *3*
資料 3 戸籍の全部事項証明書 …… *5*
資料 4 住民票の写し …………… *7*
資料 5 戸籍の附票 ……………… *8*
資料 6 婚姻届 …………………… *12*
資料 7 親族の範囲 ……………… *14*
資料 8 出生届 …………………… *18*
資料 9 出生証明書 ……………… *19*
資料10 認知届 …………………… *21*
資料11 養子縁組届 ……………… *24*
資料12 特別養子縁組届 ………… *26*
資料13 離婚届 …………………… *30*
資料14 離婚の際に称していた氏を
　　　　称する届 ………………… *31*
資料15 夫婦関係事件調停申立書 … *33*
資料16 調停調書 ………………… *34*
資料17 家事審判書 ……………… *40*
資料18 死亡届 …………………… *45*
資料19 死亡診断書 ……………… *46*
資料20 相続放棄申述書 ………… *47*
資料21 遺言書 …………………… *48*
資料22 法定相続分 ……………… *50*
資料23 遺産分割協議書 ………… *52*
資料24 相続税の速算表 ………… *53*
資料25 贈与税の速算表 ………… *53*

資料26 相続税の申告書(1) ……… *54*
資料27 相続税の申告書(2) ……… *55*
資料28 相続税の申告書(3) ……… *56*
資料29 土地売買契約書 ………… *61*
資料30 建物売買契約書 ………… *62*
資料31 委任状 …………………… *63*
資料32 印鑑証明書 ……………… *65*
資料33 公図 ……………………… *65*
資料34 旧形式の登記簿謄本 …… *66*
資料35 新形式の登記簿謄本 …… *67*
資料36 建物登記簿表題部 ……… *68*
資料37 不動産売渡証 …………… *69*
資料38 請負契約書 ……………… *73*
資料39 建築物建築確認申請書 … *75*
資料40 土地賃貸借契約書 ……… *79*
資料41 建物賃貸借契約書 ……… *83*
資料42 借家契約解除通知書（内容
　　　　証明郵便） ……………… *85*
資料43 割賦購入契約書モデル書面
　　　　と注意すべきポイント … *88*
資料44 個品割賦購入あっせん標準
　　　　約款 ……………………… *90*
資料45 金銭借用証書 …………… *96*
資料46 金銭消費貸借・抵当権設定
　　　　契約書 …………………… *97*
資料47 金銭消費貸借契約公正証書

		……………………	*100*	資料67	所得税の確定申告書 ………	*150*
資料48	代物弁済予約契約書 ……		*103*	資料68	所得税の税額表 …………	*152*
資料49	保証契約書 ………………		*104*	資料69	固定資産税納税通知書 …	*153*
資料50	約束手形 …………………		*107*	資料70	公害調査請求書・公害相談票	
資料51	小切手 ……………………		*110*		……………………	*157*
資料52	身元保証書 ………………		*113*	資料71	公害紛争調停申請書 ……	*157*
資料53	労働協約書 ………………		*116*	資料72	土地収用法施行規則による	
資料54	株券 ………………………		*120*		事業認定申請書 …………	*159*
資料55	社債 ………………………		*122*	資料73	逮捕状（甲）……………	*162*
資料56	社債券記載事項 …………		*122*	資料74	起訴状 ……………………	*164*
資料57	生命保険証券及び生命保険			資料75	宣誓書 ……………………	*165*
	約款 ………………………		*125*	資料76	判決書（刑事）…………	*168*
資料58	生命保険契約申込書及び裏			資料77	調停調書（民事）………	*173*
	面の告知書 ………………		*126*	資料78	借地非訟事件手続申立書	*174*
資料59	火災保険証券 ……………		*128*	資料79	訴状 ………………………	*178*
資料60	国民年金手帳 ……………		*130*	資料80	答弁書 ……………………	*180*
資料61	示談書 ……………………		*133*	資料81	判決書（民事）…………	*182*
資料62	自動車損害賠償責任保険証			資料82	和解調書 …………………	*187*
	明書 ………………………		*136*	資料83	和解調書別紙の当事者目録	
資料63	日本人平均余命表・新ホフ				及び和解条項の一例 ……	*188*
	マン係数表 ………………		*138*	資料84	支払督促 …………………	*189*
資料64	永久選挙人名簿の様式 …		*144*	資料85	差押物件封印票 …………	*190*
資料65	衆議院議員の選挙の投票用			資料86	仮差押命令 ………………	*191*
	紙 …………………………		*145*	資料87	仮差押命令申立書 ………	*192*
資料66	最高裁判所裁判官国民審査			資料88	仮処分命令 ………………	*193*
	投票用紙 …………………		*146*	資料89	仮差押命令申立書 ………	*194*

法令名略語および法令現在

家審 ………	家事審判法		公選 ………	公職選挙法
家審規 ……	家事審判規則		公選施行規則	…公職選挙法施行規則
旧借家 ……	借家法（大正10年法50―借地借家法の施行にともない廃止）		国籍 ………	国籍法
			裁 …………	裁判所法
			自賠法 ……	自動車損害賠償補償法
旧民訴 ……	民事訴訟法（平成8年6月改正前）		住民台帳 …	住民台帳法
			出資法 ……	出資の受入れ，預り金及び金利等の取締りに関する法律
刑 …………	刑法			
刑訴 ………	刑事訴訟法			
憲 …………	憲法		商 …………	商法
健保 ………	健康保険法		人訴 ………	人事訴訟法
戸 …………	戸籍法		生活保護 …	生活保護法

目次

民 …………	民法		律109号）
民事執行 …	民事執行法	民調 ………	民事調停法
民事保全 …	民事保全法	労基則 ……	労働基準法施行規則
民訴 ………	民事訴訟法（平成8年6月法		

＊ 改訂版の刊行に際して，法令は平成12年（2000年）12月末日現在のものに改めた。

＊＊ 書式の形式には多様なものがあり，本書に収録したものは解説の理解に資するための一例である。

　また，書式等に入っている具体的名称等は，解説のための便宜的な仮設例である。日常接する書式を読みとく手がかりのひとつとして活用していただきたい。

カット　与儀勝美

I　家族生活と法律

1　戸　籍
2　婚　姻
3　親　子
4　離　婚
5　扶　養
6　相　続

1　戸　籍

■ 家族と戸籍

　戸籍というのは，国民のひとりひとりについて，その身分関係を登録し，これを公的に証明（公証）する文書である。すなわち，あるひとについて，たとえば，誰と誰の間にいつ生まれ，現在誰と結婚しているかというような身分上の関係を他のひとが知りたいと思う場合に，これに答えてくれるものが戸籍であり，それをとじ合わせた帳簿が戸籍簿である。

　このように，戸籍は国民の身分登録であるが，現在の戸籍は，[資料1]の例をみても分るように，国民のひとりひとりを単位にしてではなく，「夫婦とその未婚の子供」を1つの単位にして作成されている。

　明治民法は，いわゆる「家（いえ）」の制度（家族制度ともいう）を基礎とするものであった。すなわち，民法旧規定の下では，大ぜいの親族団体よりなる家が社会を構成する単位とされ（これは，農業経済時代に親族団体が共同して生産活動に従事していた姿を，わが国古来の淳風美俗（じゅんぷう　びぞく）として把えた結果である），この家の具体的な構成員は，時代によって変わっていくが，家そのものは，こうした構成員の変化を超越して，無限に連続するものと観念された（無限家族）。したがって，そこでの戸籍は，家の登録という性格を第1次的にもち，家を構成する大ぜいの親族団体が一括して1つの戸籍に記載された。

　しかし，この家制度の下では，家を重視するあまりに個人の地位が無視され（たとえば，家がつり合わぬとして結婚が反対された），また，男子絶対の封建道徳が説かれたために女性の地位がきわめて低いものとして扱われる傾向を生んだ。そこで，第2次大戦後，「個人の尊厳」と「両性の本質的平等」を強調する憲法24条の精神に反するものとして，このすでに実体を欠いていた家制度は，法律上廃止される運命となった（これにともない，民法親族・相続編の大改正が行なわれた）。

■ 夫婦と子どもが単位

　ところで，この場合，戦後の混乱期に従来の戸籍を個人単位のものに一挙に改めるということは，技術的に到底不可能なことであった。と同時に，ひとは通常，夫婦とその子供からなる現代的意味での新しい家族集団（それは，もはや生産団体ではなくて消費団体であり，子供が独立し夫婦の生別・死別によって解消するものとして，有限家族である）を構成して生活しているから，こうした家族集団を一括して記載しておくことにも

I 家族生活と法律

[資料1　戸籍(1)]

本籍	東京都中央区小田原町二丁目一番地
	昭和参拾弐年法務省令第二十七号により改製昭和参拾四年壱月拾日甲野和雄戸籍から本戸籍編製㊞

氏名	甲野　一郎

父 亡甲野和雄　**母** 春子　**夫** 甲野一郎　**出生** 大正五年二月参日

大正五年二月参日中央区小田原町二丁目一番地で出生父甲野和雄届出同月拾弐日受附入籍㊞
丙野雪子と婚姻届出昭和五年五月拾七日受附㊞

父 亡丙野太一　**母** かづ　**妻** 雪子　**出生** 大正拾壱年弐月弐日

大正拾壱年弐月弐日新宿区下落合一丁目五百四十八番地で出生父丙野太一届出同月五日受附入籍㊞
昭和五年五月拾七日甲野一郎と婚姻届出同日入籍新宿区下落合一丁目五百四十八番地丙野太一戸籍より入籍㊞

父 甲野一郎　**母** 雪子　**長男** 太郎　**出生** 昭和拾六年四月壱日

昭和拾六年四月壱日中央区小田原町二丁目一番地で出生父甲野一郎届出同月六日受附入籍㊞
乙野花子と婚姻夫の氏を称する旨届出昭和四拾壱年壱月弐拾五日受附同月参拾日送付大田区久ヶ原町三丁目二十八番地に新戸籍編製につき除籍㊞

父 甲野一郎　**母** 雪子　**長女** 梅子　**出生** 昭和八年六月五日

昭和八年六月五日中央区小田原町二丁目一番地で出生父甲野一郎届出同月八日受附入籍㊞
大川健治と婚姻夫の氏を称する旨届出昭和四拾壱年五月四日京都市長受附同月八日送付京都市岡崎法勝寺町八十三番地に新戸籍編製につき除籍㊞

父 甲野一郎　**母** 雪子　**二男** 次郎　**出生** 昭和弐拾弐年九月拾壱日

昭和弐拾弐年九月拾壱日宮城県仙台市北一番丁二十一番地で出生父甲野一郎届出同月拾八日仙台市長受附㊞
昭和弐拾八年拾月参日午前弐時拾五分中央区小田原町二丁目一番地で死亡同居の親族甲野一郎届出同月五日受附除籍㊞

父 太田伸助　**母** 上村敬子　**養父** 甲野一郎　**養母** 雪子　**出生** 昭和参拾弐年八月拾日

昭和参拾弐年八月拾日北海道札幌市南十条西九丁目参番地で出生母上村敬子届出同月拾四日送付㊞
父太田伸助認知届出昭和参拾五年弐拾弐日受附同月弐拾五日送付北海道札幌市長受附同月弐拾五日送付北海道札幌市南十条西九丁目参番地上村敬子戸籍より入籍㊞
組養諾者親権を行う母上村敬子届出昭和五年五月拾五日北海道札幌市長受附同月弐拾日送付北海道札幌市南十条西九丁目参番地上村敬子戸籍より入籍㊞
夫大川健治と協議離婚届出昭和四拾弐年拾弐月参日京都市長受附同月七日送付京都市岡崎法勝寺町八十三番地大川健治戸籍より復籍㊞
分籍届出昭和四拾参年弐月拾日受附中央区築地五丁目二十三番地に新戸籍編製につき除籍㊞

甲野一郎

[資料2　戸籍(2)]

本籍	東京都大田区久ヶ原町一丁目十五番地
氏名	甲野太郎

事項欄（右から左）：

- 婚姻の届出により昭和四拾壱年壱月五日受付㊞
- 拾五日夫婦につき昭和四拾壱年壱月大田区久ヶ原町一丁目十五番地に本戸籍編製㊞
- 甲野太郎同人妻花子届出昭和四拾四年四月拾五日受附㊞
- 出生父甲野一郎届出昭和四拾年壱月六日受附乙野花子と婚姻届出昭和四拾年壱月弐拾五日受附中央区小田原町二丁目一番地甲野一郎戸籍より入籍㊞

父	甲野一郎
母	雪子
夫	太郎　長男
出生	昭和拾六年四月壱日

- 昭和八年拾弐月拾日福岡県福岡市西新町七百五十九番地で出生父乙野毅届出同月拾五日受附入籍㊞
- 昭和四拾壱年壱月弐拾五日甲野太郎と婚姻届出同日入籍㊞県福岡市西新町七百五十九番地乙野毅戸籍より同日入籍㊞

父	乙野毅
母	由美子
妻	花子　長女
出生	昭和八年拾弐月拾日

- 昭和四拾弐年拾弐月弐拾壱日本籍で出生父甲野太郎届出同月弐拾五日受附入籍㊞

父	甲野太郎
母	花子
	陽一　長男
出生	昭和四拾弐年拾弐月弐拾壱日

利点が認められた。そこで，戦後の新戸籍法も，個人を単位とせずに，やはり，家族を単位にして国民の身分登録を行なうという建前をとることになった。そして，この形式的同一性の故に，旧法下の戸籍もしばらくその流用が認められ，これに新法の精神にもとづいた改訂作業がほどこされたのである（戸128条参照）。

このような事情で，今日の戸籍は，現代の家族すなわち「夫婦及びこれと氏を同じくする子」を1つの単位にして，国民の身分関係を明らかにすることにしている（戸6条）。したがって，子供が結婚すれば，その夫婦について新戸籍が編製されるとともに，かつてのような3代にわたる戸籍は，今日では許されない（三代戸籍の禁止。そこで，たとえば未婚の娘に子供が生まれた場合にも，新戸籍が編製されることになる）。

■ 氏は個人の同一性を示す

なお，ここに氏（うじ）とは，たとえば甲野太郎という場合の甲野で，この氏は，家制度の下では家の名称であったが，今日では，個人が社会生活をいとなむにあたってその同一性を示すための単なる呼称であるにすぎない。しかし，夫婦が異なった氏を称していては社会的に不便な場合もあるので，夫婦は婚姻のさいに従来の夫の氏か妻の氏かに氏の統一をはかるべきものとして，「夫婦同氏の原則」がとられるとともに，未婚の子供についても，「親子同氏の原則」がとられている（民750条・790条）。この氏は，家庭裁判所の許可を得て変更することもできるが，氏の変更は，社会一般に対する影響が大きいので，社会生活をするうえでその変更が「やむをえない事由」にもとづくものと認められる場合でなければ許されず（戸107条1項），容易にその変更は認められ

なお、現在、選択的夫婦別氏制等の導入を内容とする民法改正が検討されており、「民法の一部を改正する法律案要綱」(平成8年)によると、夫婦は婚姻の際に定めるところに従い、夫もしくは妻の氏を称し、または各自の婚姻前の氏を称するが、夫婦が各自の婚姻前の氏を称する旨の定めをするときは、夫婦は、婚姻の際に、夫または妻の氏を子が称する氏として定めなければならないとされている。

■ 戸籍の記載事項

ここで、[資料1]の戸籍を眺めてみよう。第1に、戸籍の冒頭にある本籍とは、戸籍の所在場所であり、戸籍を探すときの手がかりとなるものである。それは現住所と同一である必要はなく、どこの地にこれを定めることも自由である。本籍は戸籍を作成するときにそれを決めて届け出るが、一度定めた本籍をその後に別の場所に移すこと、すなわち転籍も、もとより自由である。転籍は、それが同一市区町村内で行なわれた場合には、[資料2]のように、従来の本籍の所在地(本籍は、地番でなくて、住居表示の街区符号で表示してもよい)を朱で抹消して新所在地への訂正をするだけであるが、他の市区町村への場合には、従来の本籍地における戸籍を除いて、移転先で新戸籍を編製することになる。なお、住居表示の制定によって本籍の町名が変更した場合には、職権で(役所の手で)[資料1]のように町名変更の手続がとられている(ちなみに、××町×丁目×番×号というのは住居表示であり、住居表示と土地登記簿に記載される地番とは異なる)。

第2に、本籍の下の氏名欄に記載されている者は、戸籍の筆頭者(ひっとうしゃ)と呼ばれる。かつては、ここに家の長すなわち家長としての戸主(こしゅ)の氏名が記さ

れたが、現在では、筆頭者の氏名の記載は、単に戸籍事務の処理上、見出しとしての役目をはたすにすぎない。ここには、夫婦が夫の氏を称するときには夫、妻の氏を称するときには妻の氏名が記される。

第3に、本籍欄のすぐ脇の欄には、戸籍編製・転籍など戸籍記載者全員に共通する事項が記される。[資料1]の本欄では、新戸籍法にもとづいて戸籍編製の行なわれたことが明らかにされている。

第4に、以上のような総括的事項の記載につづいて、夫婦とその氏を同じくする子供の各人につき、身分登録の記載が行なわれる。その順序は、筆頭者・配偶者(夫からみて妻、妻からみて夫のことをいう)・子とつづくが、子は出生順に記される。この場合、各人についての記載事項は、氏名、生年月日、実父母の氏名と続柄(つづきがら)(長男とか二女などと記されるが、非嫡出子は単に男・女とされる)、養父母があるときはその氏名と続柄、夫または妻の別および一生の重要な身分関係に関する事項である(戸13条)。一生の重要な身分関係に関する事項としては、たとえば、出生・認知・婚姻・離婚・養子縁組・離縁・死亡などが記載される。

この身分事項欄に記される用語として、「入籍」というのは、ある戸籍に入ることであり、これには、生まれた子が父母の戸籍に入る場合の原始的入籍と、婚姻・養子縁組・復籍(離婚・離縁によりもとの氏を称する者が、婚姻・縁組前の戸籍に入ること)などの場合の移転的入籍とがある。また、「除籍」とは、ある者をその戸籍から除くことで(氏名欄に朱で×印をつけて表示する)、これは、婚姻・分籍(氏を変えることなく従来の戸籍から分離独立して新戸籍を作ることで、成年に達した子は分籍することができる。戸21条)などによる新戸籍編製の場合や離婚・離縁・死亡などの場合に生ずる(なお、戸籍者全員が

1　戸　籍

[資料3　戸籍の全部事項証明書]

(2の1)	全部事項証明
本　　籍 氏　　名	東京都○○区○○町九丁目8番地 甲野太郎
戸籍事項 　戸籍編製 　転　籍	【編製日】平成5年6月7日 【転籍日】平成7年8月9日 【従前の記録】 　【本籍】東京都○○区○○町九丁目10番地
戸籍に記録されている者	【名】太郎 【生年月日】昭和38年7月6日 【配偶者区分】夫 【父】甲野春男 【母】甲野雪子 【続柄】長男
身分事項 　出　生 　婚　姻	【出生日】昭和38年7月6日 【出生地】東京都○○区 【届出日】昭和38年7月8日 【届出人】父 ────────────── 【婚姻日】平成5年6月7日 【配偶者氏名】乙野花子 【従前戸籍】東京都○○区○○町九丁目10番地　甲野春男
戸籍に記録されている者	【名】花子 【生年月日】昭和42年3月4日 【配偶者区分】妻 【父】乙野次郎 【母】乙野月子 【続柄】長女
身分事項 　出　生	【出生日】昭和42年3月4日

発行番号　　　　　　　　　　　　以下次頁

(2の2)	全部事項証明
婚　姻	【出生地】名古屋市○○区 【届出日】昭和42年3月4日 【届出人】父 ────────────── 【婚姻日】平成5年6月7日 【配偶者氏名】甲野太郎 【従前戸籍】名古屋市○○区○○町6番地　乙野次郎
戸籍に記録されている者	【名】夏彦 【生年月日】平成6年7月8日 【父】甲野太郎 【母】甲野花子 【続柄】長男
身分事項 　出　生	【出生日】平成6年7月8日 【出生地】東京都○○区 【届出日】平成6年7月11日 【届出人】父
	以下余白

発行番号000010

これは、戸籍に記録されている事項の全部を証明した書面である。

　　　　　　　　　　平成　年　月　日

　　　　　　東京都○○区長○○　[職印]

除籍されたときには、その戸籍は除籍簿に綴りかえられる。戸12条)。ちなみに、[資料1]の太郎は婚姻によって除籍され、その婚姻によって作られた新戸籍が[資料2]である。また、[資料1]の梅子も婚姻によって一たん除籍されたが、離婚で復籍し(戸籍作成後に入籍する者は、戸籍の末尾に記載される)、さらに分籍して除籍されている。

ところで、上の諸例でも分かるように、他の戸籍から入った者については、前の戸籍が表示される(戸13条7号)。そして、新戸籍編製・入籍・転籍の場合には、前の戸籍の記載事項も移記されるが、そのすべてが移記されるわけではなく、一定の事項は省略できるから、正確な身分調査のためには、その者の従来のすべての戸籍をたどる必要があることになる。

本来、戸籍はこれを綴って帳簿とすべき

5

ものとされており（戸7条）、従来は紙の帳簿が作られてきた。しかし、コンピュータによる事務処理は戸籍事務の分野にも及び、法務大臣の指定する市町村長は、法務省令の定めるところにより戸籍事務の全部または一部を電子情報処理組織によって取り扱うことができるものとされるに至った（戸117条の2）。この場合、戸籍は、磁気ディスク等に記録して調製するとともに、磁気ディスク等によって調製された戸籍を蓄積して戸籍簿とし、磁気ディスク等によって調製された除かれた戸籍を蓄積して除籍簿とするものとされている（戸117条の3）。

■ 戸籍の届出と公証

以上の身分事項の記載は、国民からの届出にもとづいて行なわれる。戸籍は、本籍地の市区町村長が役場または役所（以下、役場という）で保管して、その事務を扱うが（戸1条）、届出は、原則として、届出事件の本人（たとえば婚姻事件の場合は夫か妻）の本籍地または届出人の所在地で行なわれる（戸25条。いずれの地で届け出るかによって提出用紙の枚数が異なる）。届出用紙は役場に用意されているが、特に出生・婚姻・離婚・死亡の4つの用紙は、人口動態調査の資料となる関係で、その様式が法定されている（本書12頁、18頁、30頁、45頁参照）。届出には、出生・裁判離婚・裁判離縁・死亡などのように過去の事実を報告的にするもの（報告的届出）と、認知・婚姻・協議離婚・養子縁組・協議離縁・分籍・転籍などのようにそれによって一定の身分的変動を生じさせるためのもの（創設的届出）とがあるが、役場では、届出を受け付けると、それが民法や戸籍法の要件に反していないかを調べ（形式的審査）、その審査ののちにこれを受理して、戸籍への記載手続を行なう。そして、創設的届出の場合には、受理されると、その効力は受付日に遡って発生する。

ところで、先の報告的届出については、届出義務者と届出期間とが法定され（たとえば、戸49条1項・52条）、法の定めに反すると制裁が課せられる（戸120条・121条）。また、一般に、虚偽の届出をして戸籍に真実でない記載をさせた者は刑法上の罪（刑157条など）に問われるが、これらは、戸籍の記載を真実に合致させるための方策である。

こうして、戸籍の記載は、いちおう真実であるとの推定を受け、戸籍は国民の身分関係を公証するものとして、以前は一般に公開された。しかし、こうした閲覧の自由の結果として個人のプライバシーが侵される問題が生じたので、昭和51年に閲覧制度は廃止された。

したがって、今日では、戸籍をみることはできないが、戸籍の写しを必要とする場合には、その写しを貰うことができる（料金は平成12年度現在1通につき450円。封筒と料金を添えて郵便で申し込むこともできる）。戸籍の写しは、自分のものだけでなく、他人のものも貰うことができるが、その際には、請求の理由を明らかにして申請する必要がある（戸10条）。この場合、戸籍の全部の内容の写しを戸籍謄本といい、戸籍の一部分（たとえば甲野太郎の部分）だけの写しを戸籍抄本という。また、戸籍・除籍が磁気ディスク等によって調製されているときは、請求により、磁気ディスクをもって調製された戸籍または除かれた戸籍に記録されている事項の全部または一部を証明する書面が交付され、これが戸籍謄本等の代わりになる（戸籍117条の4）。[資料3]は、戸籍に記載されている事項の全部を証明する書面である。

なお、真実の身分関係に反した届出がなされて戸籍の記載が誤っている場合には、家庭裁判所の審判などを得て戸籍を訂正することができる（戸113条以下。役場の誤記による場合には、戸24条2項後段で職権により訂

[資料4　住民票の写し]

住　民　票

東京都西多摩郡○○○町

| 世帯主 | 山田一郎 | | |

| 住所 | 大字○○2000番地2 |

	氏名	生年月日	性別	続柄	住民となった年月日
1	ヤマダ　イチロウ 山田　一郎	昭和22年5月27日	男	世帯主	昭和63年3月26日
	本籍：東京都△△区大山町3丁目1番			筆頭者：山田一郎	
	前住所：東京都○○区富士見1丁目2番－1－708号				昭和63．3．26転入
	転出先：				
2	ヤマダ　ヨシコ 山田　良子	昭和25年7月23日	女	妻	昭和63年3月26日
	本籍：東京都△△区大山町3丁目1番			筆頭者：山田一郎	
	前住所：東京都○○区富士見1丁目2番－1－708号				昭和63．3．26転入
	転出先：				
	以下余白				

この写しは、世帯全員の住民票の原本と相違ないことを証明する。

平成9年1月13日

東京都西多摩郡○○○町長　春木夏太郎　職印

正できる）。また，出生届の怠りや戸籍の脱落などによって戸籍に登載されていない者があるときには，その者は家庭裁判所の許可などを得て就籍することができる（戸110条～112条）。

■ 住民基本台帳

ところで，本籍は現住所と必ずしも一致していないから，住民の居住関係の公証その他住民に関する行政事務は，戸籍を基本にして行なうことができない。そこで，住民の居住関係の公証，選挙人名簿の調整，国民健康保険，国民年金などの各種行政事務を行なうにあたってその基本となる台帳として，住民基本台帳というものが市区町村役場に設けられている（この台帳は，さらに，学校の入学通知や予防接種，生活保護，住民税などの基礎にもなる）。

従来，住民登録制度というものがあったが，これは住民の居住関係の公証を主たる

I 家族生活と法律

[資料5　戸籍の附票]

本籍	住所									氏名
	住所			住所を定めた年月日						名
東京都中央区京橋一丁目一二番地三	名古屋市西区笹塚町三丁目一二番地	右に同じ	右に同じ	昭和26年8月20日	昭和29年6月11日	昭和37年3月20日	年月日			山本 太郎
	西宮市苦楽園四丁目八三番地	右に同じ	右に同じ	昭和26年8月20日	昭和29年6月11日	昭和37年3月20日	年月日			和枝
	神戸市灘区藤原五丁目一四番地	右に同じ	右に同じ				年月日	年月日	年月日	博

目的とし，他の行政事務はその事務ごとに処理されていたから，住民に関する事務手続は煩雑をきわめていた。そこで，昭和42年の住民基本台帳法により，住民の住所に関する届出などを簡素化して住民の利便をはかるとともに国および地方公共団体の行政を合理化する見地から住民基本台帳の制度が設けられたのである（住民台帳1条。なお，この台帳の整備は，準備の都合上，昭和44年3月末までに完了すべきものとされた）。

住民基本台帳は，市区町村長が個人を単位とする住民票を世帯ごとに編成して作るが，住民票は，世帯単位で作成することも許される（住民台帳6条1項・2項）。住民票には，住民の氏名，出生年月日，男女の別，世帯主の氏名と続柄，本籍，住所などとともに，選挙人名簿の登録，国民健康保険・国民年金の被保険者の資格等が記載される（住民台帳7条）。なお，住民基本台帳の作成についても，市町村長は，政令で定めるところにより，住民票を磁気ディスク等をもって調製することができるものとされている（住民台帳6条3項）。

住民票の記載は住民からの届出または職権で行なわれるが，住民に関する正確な記載を確保するために，住民は，住所を移動したときには，従来の住所地の市区町村長に転出届をだすとともに，転入地の市区町村長に転入後14日以内に転入届を提出すべきものとされている（住民台帳22条・24条）。同一市区町村内で転居したときや世帯に関して変更を生じたときにも，14日以内に転居届や世帯変更届の提出が必要である（住民台帳23条・25条）。これらの届出は本人（または世帯主）が文書で行なうが（転入届のときは，従来の住所地からの転出証明書が必要とされる），正当な理由なしに届出を怠ると，5,000円以下の過料に処せられる（住民台帳26条・27条・51条2項）。何人でも，市町村長に対し，住民基本台帳のうち，住所等所定の事項に係る部分の写し（住民基本台帳の一部の写し）の閲覧を請求することができるものとされているが，請求にあたっては，原則として，請求事由等所定の事項を明らかにしなければならない（住民台帳11条）。また，住民票の写し［資料4］が必要な場合は，その交付を請求することができる（住民台帳12条）。

磁気ディスクをもって住民票を調製している場合，住民基本台帳の一部の閲覧は，住民基本台帳（磁気ディスクにより調製された住民票を編成して作成されている）に記録されている事項を記載（アウトプット）した書類によることとなり，住民票の写しの交付は，住民票（磁気ディスクにより調製されている）に記録されている事項を記載（アウトプット）した書類によることとなる（手数料は，東京都千代田区の場合，平成12年現在，住民票の一部の閲覧の場合は1通につき100円，住民票の写しの場合は1通につき300円である）。

なお，住民票には上に述べたように本籍が記載されるが，この記載によって市区町村長は住民の住所を本籍地の役場に通知すべきものとされ，これにもとづいて，本籍地の役場では，戸籍に付随して，[**資料5**]のような，戸籍者の住所を表示した「戸籍の附票」を作成している（住民台帳16条以下）。したがって，戸籍者が基本台帳への届出を正確にさえ行なっていれば，本籍を知ることによって，その者の現住所を探すとの可能な体制もとられている。戸籍の附票についても，磁気ディスクによる調製が認められている（住民台帳16条）。

[林屋礼二・北沢豪]

コラム　住民基本台帳法の改正

　平成11年の住民基本台帳法の改正により，住民票の記載事項として，住民票コードが追加された（住民基本台帳法7条13号）。住民票コードは，10桁程度の数字によって構成され，全国を通じて重複しないよう調整されてすべての国民に付与される。住民票コードは，住民基本台帳ネットワークシステムの整備と関連する。このシステムは，住民基本台帳に関する事務処理を市町村の区域を越えて行うとともに，国の行政機関等に本人確認情報の提供を行う。この改正により，国民は，住民基本台帳ネットワークシステムを通じ，全国どこからでも，自らの住民基本台帳にアクセスすることが可能となる。本人確認情報は，都道府県に保存され，他の行政機関がこれを利用することが可能となる。さらに，本人の申請により，住民基本台帳カードが交付される。住民票コードの創設と住民基本台帳ネットワークシステムの整備は，行政事務の効率化と高度な行政サービスの提供のために必要不可欠な基盤を提供するという評価がなされる一方で，プライバシー侵害の危険性が増大するとの指摘もある。

[北沢豪]

2 婚　　姻

■ 法律婚主義と内縁

　家制度の下では，婚姻（法律的には，結婚といわずに婚姻という）は，家と家との結びつきとしての意味をもち，当事者の意思よりも家の格や利害を中心にして考えられがちであったが，家制度を廃止した今日では，憲法24条が明言しているように，婚姻は，両性の合意のみにもとづいて成立する（結婚式場でみかける「○○家△△家結婚披露宴」という表現は，家制度下の婚姻意識の残滓である）。そして，民法739条によれば，「婚姻は，戸籍法の定めるところによりこれを届け出ることによって，その効力を生ずる」ものとされている。

　男女2人が事実上の婚姻生活をはじめることによって婚姻の成立を認める主義を事実婚主義というが，現代のような複雑な法律関係の生ずる社会では，婚姻の成立を明確にしておく必要があるので，ほとんどの近代国家では，婚姻の成立について，一定の法律上の手続をふむことを要求している。これを法律婚主義というが，わが国もこの主義をとり，婚姻の成立には，婚姻の届出が必要とされている。すなわち，届出は，婚姻の形式的成立要件である。

　届出をしていない事実上の婚姻関係を内縁（ないえん）と呼ぶが，内縁の場合には，法律上は婚姻として扱われないから，夫婦の氏は別々であり，後述のように，子供が生まれても非嫡出子となり，相手方が死亡しても配偶者としての相続権は認められず，また，相手方が離れていってもこれをひきとどめる手段をもたない。

　日本では従来この内縁関係が相当に多く，そこで，判例も内縁を不当に破棄した者に対しては損害賠償の負担を命じたり（大審院連合部大正4年1月26日判決），また，社会保障関係の法（たとえば労基則42条，健保49条など）でも内縁の妻を法律上の妻に準じて扱うなどして保護をはかっているが，法律上の要件を備えないかぎりは法の十分な保護を受けることができないのであるから，法治国家の国民としては，婚姻の挙式と同時に婚姻届をだすように心がけるべきである。

　なお，婚姻の約束すなわち婚約については，民法にはなんらの手続も要求されていない。したがって，当事者が将来婚姻をすることについて真面目に合意さえすれば，それで婚約が成立する。その意味では，婚約の儀式や品物（結納）の交換なども，べつに必要ではない。しかし，婚約を不当に破棄された者は不当破棄者に対してその精神的ならびに物質的損害の賠償を請求することができるから，もし当事者間で婚約の成立をめぐって争いが生じたときには，それらは，婚約成立の証拠となる点で意味をもつことになる。この場合，結納については（結納は，婚姻の不成立によって解除される贈与ということができ，したがって，婚姻が成立しなかった場合には，受領者はその返還をしなければならないが），不当破棄者は，もらった結納を返還しなければならない反面，贈った結納の返還を求めることはできないと解すべきであろう。

■ 婚姻届と婚姻の成立要件

　婚姻届の用紙は，［資料6］のような様式に一定されている。婚姻の実質的成立要件としては，民法上，婚姻適齢・重婚の禁止・再婚禁止期間・近親婚の制限・父母の同意が定められているが，これらの要件の具備は，

婚姻届の記載および当事者から提出される戸籍抄本などによって調査される。

婚姻届には，第1に，夫になる者と妻になる者の氏名・生年月日・住所・本籍を記入する。民法は一夫一婦制の原則の下に重婚を禁止しているが（民732条），重婚となるか否かは当事者の戸籍を調べれば分かることであるから，まず，本籍と氏名の記載にもとづいて，当事者の戸籍の調査が行なわれる。また，民法は早婚の弊を防止するために，婚姻適齢を男は満18歳，女は満16歳と定め，この年齢に達しなければ婚姻できないものとしているから（民731条），この点は，生年月日によって調査される。

日本にいる外国人同士または外国人と日本人が婚姻をする場合には，婚姻の実質的成立要件は各人の本国法による（法例13条1項。その要件の具備については，当事者の本国の権限ある官憲の発行する婚姻要件具備証明書等を提出して証明する）。形式的成立要件（方式）については，婚姻挙行地法である日本法によることが原則となるが，当事者の一方の本国法によることも認められる。ただし，日本で婚姻が行なわれた場合で当事者の一方が日本人であるときは，日本法のみによる（法例13条2項・3項）。

これに対し，外国にいる日本人同士が婚姻をする場合には，実質的成立要件は前述のとおり各人の本国法すなわち日本法に従うが，形式的成立要件については，婚姻挙行地法または日本法（当事者の一方の本国法）のいずれかを選択することとなる。婚姻挙行地法の方式に従って婚姻をしたときは，これにより婚姻は有効に成立するが，成立した婚姻関係を日本の戸籍に反映させるため，その国の方式に従って婚姻証書を作成させたときは，3ヵ月以内に，その国に駐在する大使，公使または領事にその証書の謄本を提出すべきものとされている（戸41条）。日本法の定める方式に従う場合には，民法741条によりその国に駐在する日本の大使，公使または領事に届出をする方法（領事婚または外交婚と呼ばれる）と，婚姻挙行地から本籍地の市町村長に婚姻届を郵送する方法とがある。

第2に，当事者の実父母の氏名とその続柄および養父母の氏名とその続柄を明らかにする（養父母との関係は「その他」の欄に記す）。この記載は，婚姻の成立要件との関係では，近親婚の禁止違反を調査するうえで意味をもつことになる。すなわち，一定の近親者間の婚姻は，民法で禁止されている（民734条～736条）。まず，直系血族または3親等内の傍系血族間では，婚姻が許されない。血族とは，血縁のある者（自然血族），および法律上これと同視される者（法定血族＝養親子関係）であり，このうち，父と子のように一方が他方の子孫の関係にある場合を直系血族といい，兄と弟のように両者が共通の祖先（この場合は父母）からの子孫の関係にある場合を傍系血族という。そして，この血族関係の遠近度は，その間にいくつの世代（親子関係）があるかを標準にして計られ（民726条），1つの世代があるときは，これを1親等（しんとう）という（[**資料7**]参照）。

したがって，3親等内の傍系血族とはオジ・オバとオイ・メイの間がらまでであるが（イトコは4親等の傍系血族），自然血族においては，もっぱら優生学的見地から，また，法定血族においては，もっぱら道義的見地から，婚姻が禁止されている。ただし，養子と養親の実子や兄弟姉妹との関係は，3親等内の傍系血族ではあるが，実害はないので婚姻は禁止されない。

I　家族生活と法律

[資料6　婚姻届]

婚 姻 届

平成 8 年 5 月 3 日届出

東京都文京区長　殿

受理	平成　年　月　日　第　　号
送付	平成　年　月　日　第　　号
発送	平成　年　月　日
長印	
書類調査　戸籍記載　記載調査　調査票　附票　住民票　通知	

		夫 に な る 人	妻 に な る 人
(1)	（よみかた） 氏　　名	よしだ　ただし 吉田　正	やまもと　たえこ 山本　多恵子
	生年月日	昭和 44 年 5 月 21 日	昭和 49 年 3 月 3 日
(2)	住　所 （住民登録をしているところ） （よみかた） 世帯主の氏名	東京都文京区向丘 一丁目20番地 3号 よしだ　みのる 吉田　実	芦屋市東芦屋町 65番 1号 やまもと　たかしげ 山本　高重
(3)	本　籍 （外国人のときは国籍だけを書いてください） 筆頭者の氏名	東京都文京区向丘 一丁目112番地 吉田　実	大阪市住吉区住吉町 三丁目58番 山本　高重
	父母の氏名 父母との続き柄	父 吉田　実 母　　敏子　　長男	父 山本　高重 母　　和江　　3女
(4)	婚姻後の夫婦の氏・新しい本籍	☑夫の氏　□妻の氏　　新本籍（左の☑の氏の人がすでに戸籍の筆頭者となっているときは書かないでください） 東京都文京区向丘一丁目112番地	
(5)	同居を始めたとき	平成 8 年 5 月　（結婚式をあげたとき、または、同居を始めたときのうち早いほうを書いてください）	
(6)	初婚・再婚の別	夫 ☑初婚　□再婚（□死別／□離別　年　月　日）	妻 ☑初婚　□再婚（□死別／□離別　年　月　日）
(7)	同居を始める前の夫妻のそれぞれの世帯とおもな仕事と	夫☐妻☐ 1．農業だけまたは農業とその他の仕事を持っている世帯 夫☑妻☐ 2．自由業・商工業・サービス業等を個人で経営している世帯 夫☐妻☑ 3．企業・個人商店等（官公庁は除く）の常用勤労者世帯で勤め先の従業者数が1人から99人までの世帯（日々または1年未満の契約の雇用者は5） 夫☐妻☐ 4．3にあてはまらない常用勤労者世帯及び会社団体の役員の世帯（日々または1年未満の契約の雇用者は5） 夫☐妻☐ 5．1から4にあてはまらないその他の仕事をしている者のいる世帯 夫☐妻☐ 6．仕事をしている者のいない世帯	
(8)	夫妻の職業	（国勢調査の年…平成　年の4月1日から翌年3月31日までに届出をするときだけ書いてください） 夫の職業 会社員　　妻の職業	
	その他		
	届出人署名押印	夫 吉田　正 ㊞	妻 山本　多恵子 ㊞
	事件簿番号		

住所を定めた年月日	
夫	平成3年5月3日
妻	平成8年5月3日

連絡先　電話（××××）7890番　自宅・勤務先・呼出　方

2　婚　姻

(正式の届は茶色刷)

> **記入の注意**

鉛筆や消えやすいインキで書かないでください。
この届は、あらかじめ用意して、結婚式をあげる日または同居を始める日に出すようにしてください。その日が日曜日や祝日でも届けることができます。(この場合、宿直等で取扱うので、前日までに、戸籍担当係で下調べをしておいてください。)
届書は、1通でさしつかえありません。
この届書を本籍地でない役場に出すときは、戸籍抄本(謄本)が必要ですから、あらかじめ用意してください。

	証　　　　人	
署　名 押　印	酒井　一郎　㊞	鈴木　春子　㊞
生年月日	昭和27年　3月　5日	昭和31年　10月　20日
住　　所	東京都目黒区中根町 二丁目30 番地/番　5 号	鎌倉市材木座 651 番地/番　　号
本　　籍	仙台市青葉区東二番丁 18 番地/番	鎌倉市材木座 651 番地/番

→　「筆頭者の氏名」には、戸籍のはじめに記載されている人の氏名を書いてください。

→　父母がいま婚姻しているときは、母の氏は書かないで、名だけを書いてください。
　　養父母についても同じように書いてください。

→　□には、あてはまるものに☑のようにしるしをつけてください。
　　外国人と婚姻する人が、まだ戸籍の筆頭者となっていない場合には、新しい戸籍がつくられますので、希望する本籍を書いてください。

→　再婚のときは、直前の婚姻について書いてください。
　　内縁のものはふくまれません。

◎**署名は必ず本人が自署してください。**
◎**印は各自別々の印を押してください。**
◎**届出人の印をご持参ください。**

つぎに，直系姻族間でも婚姻が許されない。姻族とは配偶者の血族のことであり（したがって，逆にみれば，血族の配偶者も姻族である），直系姻族とは，たとえば妻と夫の父親との関係である。この婚姻も道義的見地から禁止される。そして，直系姻族間や，養親（またはその直系尊属）と養子やその配偶者および直系卑属の間では，その関係終了後（民728条・729条参照）も婚姻が禁止される。

ここに尊属とは，ある人を基準にして，血族関係においてその者に先行する世代にある者（父母，祖父母，オジ・オバなど）をいい，その者に後行する世代にある者（子，孫，オイ・メイなど）を卑属という。しかし，実父母・養父母の氏名とその続柄の記載および今日の戸籍（前述のように，三代戸籍は禁止されている）の調査からだけでは，たとえば当事者が3親等内の傍系血族の関係にあるかどうかまでは分からないから，近親婚禁止の調査資料としては，これだけでは不十分で，さらに戸籍の調査が必要である。なお，民法は，6親等内の血族・配偶者・3親等内の姻族を法律上の親族と定めているが（民725条），こうした親族範囲の限定は，今日では，ほとんど意味がない。

第3に，婚姻によって夫婦が称する氏と，――新戸籍を編製する場合には――新しい本籍を定める。前述のように夫婦は同じ氏を称すべきものとされるから，婚姻の届出においては，従来の夫の氏か妻の氏かに，氏の統一をはかる必要がある（この場合，第3の氏を称することは許されない）。また，婚姻によって夫婦については新戸籍が編製されるから，その本籍を定めなければならない。しかし，たとえば，夫の氏を夫婦の氏とする場合で，夫がすでに戸籍の筆頭者であるようなときには，妻はその戸籍に入るだけであるから，本籍を定める必要はない。

第4に，当事者について初婚か再婚の別

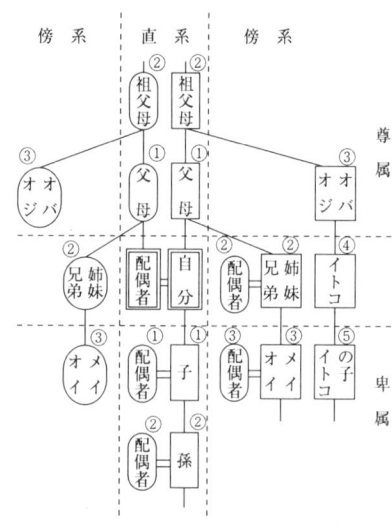

[資料7　親族の範囲]

□は血族，○は姻族，①②は親等を表わす。

および再婚の場合の前婚解消の事由と年月日を記入する。この記載は，特に妻の再婚について意味をもつ。すなわち，女性の再婚は，前婚の解消（または取消し）の日から6ヵ月を経過したのちでなければ許されない（民733条）。これは，夫との生別または死別後すぐに女性が再婚すると，その後に生まれる子供について，前夫の子か，夫の子か判断できない場合を生ずるためである（民772条参照。なお，前婚解消事由の記載は，調査資料として必要とされる）。しかし，ここに前婚とは，法律上の婚姻の意味で，内縁関係は含まれない。

第5に，同居を始めたときと，同居を始める前の当事者の世帯の主な仕事と当事者の職業を記す。これは，人口動態調査の資料となる。

第6に，「その他」の欄には，たとえば，未成年者の婚姻についての父母の同意などを記載する（しかし，父母の同意は，同意書を

別に添付してもよい)。未成年者が婚姻をするときには,父母の同意が必要とされる(民737条)。民法は満20歳をもって成年とし(民3条),20歳にいたらぬ者(未成年者)を無能力者として財産上の保護をはかっているが(民4条),この同意の要件も,婚姻の面で未成年者の保護を意図するものである。この場合,父母の一方が同意しないときは,他の一方の同意だけで足りる。なお,未成年者が婚姻をすると成年として扱われるが(民753条),この取扱いは,私法上の生活面(すなわち,財産関係と家族関係)に限られ,公法上の生活面(たとえば選挙関係や刑事関係)にはおよばない(したがって,酒や煙草もいぜんとして禁止される。未成年者飲酒禁止法1条,未成年者喫煙禁止法1条参照)。

第7に,当事者の署名押印および証人2人の署名押印その他の記載がなされる。証人は満20歳以上の者であれば誰でもよく,仲人でも友人でも,また,両親でもよい。なお,民法には――あまりにも当然なことなので――規定されていないが,婚姻が成立するためには,当事者の間に婚姻意思の存在することが,もっとも大切な要件である。

■ **婚姻の届出**

婚姻届は,前述のように,夫となる者または妻となる者の本籍地か所在地の市区町村役場へ提出する。この所在地には,届出当時の住所地・居所地のほか,一時的な滞在地も含まれる。したがって,婚姻届は,結婚式場のある市区町村の役場あるいは旅行先の役場へ提出することも可能である。原則として,所在地の役場に届け出るときには,婚姻届3通と当事者の戸籍謄抄本各1通が必要であり,当事者の一方の本籍地に届け出るときには,婚姻届2通と相手方の戸籍謄抄本1通が必要である。婚姻届は,郵送や使者によっても提出することができ,また,日曜祝日や夜間でも,役場の宿直人に受け付けてもらうことができる。

戸籍担当者は,婚姻届を受け付けると,その記載事項および当事者の戸籍にもとづいて民法上の成立要件が備わっているかを審査し,その具備を認めるときには,これを受理(届出を有効な行為として受領する行為)する(民740条)。婚姻届には届出の日が記入されるが,婚姻届が受理されると,前述のように,この効力の発生は受け付けた日すなわち現実に届出をした日に遡り,この日に婚姻が成立したことになる。

■ **婚姻届出の効果**

婚姻届を受理すると,戸籍担当者は,婚姻届の氏名・本籍・父母欄などにもとづいて当事者の従来の戸籍に婚姻届出の旨を記載する手続や新戸籍編製の手続をとるが([資料1][資料2]の太郎の戸籍参照),それと同時に,婚姻届の住所欄の記載にもとづいて,婚姻に関する事項を住民基本台帳へ記入するための通知手続をとる。この場合,戸籍編製の手続には時間がかかるので,婚姻の成立を証明する必要があるときは,婚姻届受理証明書を発行してもらうこともできる(手数料は,東京都千代田区の場合平成12年度現在1件350円)。なお,届出人が婚姻届を郵送して到達前に死亡しても,届は受理され,死亡の時に届け出たものとして扱われる(戸47条)。

民法上の婚姻成立要件に反した届が誤って受理されたときには,各当事者・親族・検察官などから,その取消しを裁判所に請求することができる(民744条~746条)。ただし,未成年者の婚姻についての父母の同意は,それが欠けていても,取り消すことはできない。当事者の間に婚姻意思がなかったとき(たとえば,失恋した男が腹いせに相手の女性との婚姻届をだした場合)には,その婚姻届は受理されても,婚姻は無効である(民

742条1号)。この場合には,前述のように,家庭裁判所の審判などを得て戸籍の訂正をすることができる。婚姻が詐欺・強迫によったときも,意思の自由が妨げられているから,詐欺を発見しまたは強迫を免れた後3ヵ月以内に限り,婚姻の取消しを裁判所に請求することができる(民747条),

届出が受理されて婚姻が成立すると,夫婦は,身分的には,相互に貞操の義務を負うとともに同居し協力する義務を追うことになる(民752条)。これらの義務に反すると,離婚原因になる(民770条1項1号・2号参照)。また,財産的には,それぞれが自己の財産をもち,夫婦のいずれに属するか不明な財産は,共有に属するものと推定される(民762条)。しかし,このように夫婦別産制をとりながらも,もちろん,夫婦は相互に扶助の義務を負い(民752条),その資産・収入その他いっさいの事情を考慮して,婚姻から生ずる費用を分担する(民760条)。そして,対外的には,夫婦の一方が日常の家事に関してなした第三者との法律行為については,原則として夫婦が連帯して責に任ずるものとされる(民761条)。

[林屋礼二・北沢豪]

3 親　子

■ 子の出生と届出

　子供が生まれたときには、後述の届出義務者は、14日以内に、市区町村役場に[**資料8**]のような出生届を提出しなければならない。この場合の届出は、届出人の所在地のほか子供の出生地でも行なうことができる(戸49条1項・51条)。正当な理由なしに届出を怠ると、過料に処せられる(戸120条)。

　なお、アメリカ・カナダ・メキシコ・ブラジル・インド・オーストラリアその他の出生地主義(自国の領土内で生まれた者に国籍を与える主義)をとる国で子供が生まれた場合には、出生の日から14日以内に、出生届とともに国籍留保の届をその地の在外公館にしておかないと、その子は日本の国籍を取得しえないことになるから、注意が大切である(国籍12条参照)。

　出生届には、第1に、生まれた子の氏名および嫡出子(てきしゅつし・ちゃくしゅつし)か否かの別を記入する。嫡出子とは、父母の法律上の婚姻関係から生まれた子であり、そうでない子を非嫡出子というが、子が生まれた場合に、その子が父母の婚姻関係から生まれたものであるかどうかは容易には分からない(母との関係は分娩の事実によって分かるが、父の子であることは明らかでない)。そこで、民法は、婚姻成立の日から200日後か、婚姻関係の解消もしくは婚姻取消しの日から300日以内に生まれた子は、婚姻関係存続中に懐胎したものであり、婚姻関係存続中に懐胎した子は夫の子と推定している(民772条)。これを「推定をうける嫡出子」という。しかし、これは推定であるから、父親は、自分の子ではないことを嫡出否認の訴えという特別の訴えで争うことができる(民774条・777条)。

　したがって、婚姻成立後200日以内に生まれた子は嫡出子の推定を受けえないことになるが、従来、わが国では、妊娠してから婚姻届を出す例が少なくなかったので、判例は、こうした実情を斟酌して、内縁関係が先行している場合には、200日以内に生まれた子であっても嫡出子となると判示している(大審院連合部昭和15年1月23日判決)。これを「推定をうけぬ嫡出子」という。この場合の嫡出性は、民法772条の強い推定は受けないから、特別の嫡出否認の訴えではなく、通常の親子関係不存在確認の訴えによって、利害関係者(父親に限らず)から争うことができる。

　嫡出子は両親と同一の氏を称するが、非嫡出子は母の氏を称する(民790条)。子の名前については、使用できる文字の範囲が常用漢字・人名用漢字・片かな・平かな(変体かなを除く)に限定されており、これらの文字以外の字を使用した出生届は受理されない。また、同じ戸籍の中の者と同一の名を用いることも、許されない。名は、「正当な事由」があれば、家庭裁判所の許可をえて変更することができるが(戸107条の2)、正当な事由の存在は、珍奇な名前、性別を間違えるような名前、その名前では社会生活上甚しく支障がある場合などに認められ、姓名判断などの迷信的な場合には認められない。

　第2に、出生の年月日時分を記す。これによって、子の戸籍や住民票に出生年月日が記載される。かつて、長男と次男とで相続法上の権利を異にした時代には、出生の時分が重要な意味をもったが(そこで、出生の時期については、一部露出説・全部露出説・

17

I　家族生活と法律

[資料8　出生届]（正式の届は青色刷）

出　生　届

平成 8 年 4 月 6 日届出

京都市右京区 長　殿

受理 平成　年　月　日　第　　　号		発送 平成　年　月　日　長印
送付 平成　年　月　日　第　　　号		
書類調査　戸籍記載　記載調査　調査票　附票　住民票　通知		

(1) 子の氏名　（よみかた）なかむら　とおる　氏名 中村 徹　父母との続き柄　☑嫡出子（2男）□嫡出でない子（□男 □女）

(2) 生まれたとき　平成 8 年 4 月 3 日　☑午前 □午後　5 時 15 分

(3) 生まれたところ　京都市左京区北白川小倉町 50 番地 80 号

(4) 住所（住民登録をするところ）　京都市右京区竜安寺西ノ川町21 番地　号
　　（よみかた）なかむらきよし
　　世帯主の氏名　中村 清　　世帯主との続き柄　2男

(5) 父母の氏名　生年月日（子が生まれたときの年齢）
　父 中村 清　昭和39年12月15日（満31歳）
　母 中村久美子　昭和42年3月7日（満29歳）

(6) 本籍（外国人のときは国籍だけを書いてください）　京都市右京区竜安寺西ノ川町21 番地
　筆頭者の氏名　中村 清

(7) 同居を始めたとき　平成 4 年 10 月（結婚式をあげたとき、または、同居を始めたときのうち早いほうを書いてください）

(8) 子が生まれたときの世帯のおもな仕事と
　□1. 農業だけまたは農業とその他の仕事を持っている世帯
　□2. 自由業・商工業・サービス業等を個人で経営している世帯
　☑3. 企業・個人商店等（官公庁は除く）の常用勤労者世帯で勤め先の従業者数が1人から99人までの世帯（日々または1年未満の契約の雇用者は5）
　□4. 3にあてはまらない常用勤労者世帯及び会社団体の役員の世帯（日々または1年未満の契約の雇用者は5）
　□5. 1から4にあてはまらないその他の仕事をしている者のいる世帯
　□6. 仕事をしている者のいない世帯

(9) 父母の職業　（国勢調査の年…平成　年…の4月1日から翌年3月31日までに子が生まれたときだけ書いてください）
　父の職業 会社員　　母の職業

その他

届出人
　☑1. 父母　□2. 法定代理人（　　　）□3. 同居者　□4. 医師　□5. 助産婦　□6. その他の立会者
　□7. 公設所の長
　住所 京都市右京区竜安寺西ノ川町21　番地　号
　本籍 京都市右京区竜安寺西ノ川町21 番地　筆頭者の氏名 中村 清
　署名 中村 清 ㊞　昭和39年12月15日生

事件簿番号

連絡先　電話（××××）7890 番　自宅・勤務先・呼出　方

［資料9　出生証明書］

出 生 証 明 書

子 の 氏 名	中村　徹	男女の別	①男　2女	
生まれたとき	平成 8 年 4 月 3 日	午前午後	5 時 15 分	
(10) 出生したところ及びその種別	出生したところの種別	①病院　2診療所　3助産所　4自宅　5その他		
	出生したところ	京都市左京区北白川小倉町 50 番 80 号		
	（出生したところの種別1～3）施設の名称	小林病院		
(11) 体重及び身長	体重 3,200 グラム	身長 50 センチメートル		
(12) 単胎・多胎の別	①単胎　2多胎（　子中第　子）			
(13) 母 の 氏 名	中村久美子	妊娠週数	満40週 1日	
(14) この母の出産した子の数	出生子（この出生子及び出生後死亡した子を含む）	1人		
	死産児（妊娠満22週以後）	胎		
(15) ①医師　2助産婦　3その他	上記のとおり証明する。平成 8 年 4 月 4 日 （住所）京都市左京区北白川小倉町 50 番 80 号 （氏名）　小林　勇　㊞			

これは正式には前頁の出生届と同一の用紙の右側に印刷されている

独立呼吸説などの学説が主張された），今日では，子は平等に相続をすることになったので，時分の記載にそのような重要性はない（しかし，刑法上は，出生の時期が重要である）。なお，ひとは，この出生の瞬間から，権利を享有しうる資格すなわち権利能力を取得するが（民1条ノ3），胎児については例外が認められ，損害賠償の請求・相続・遺贈などの場合には，胎児もすでに生まれたものとみなされる（民721条・886条・965条）。

第3には，出生の場所を記すが，出生の場所は，子の戸籍に記載されるとともに，この場所がどこであるかによって，前述のように，届出の役場が決まる。

第4に，子の住所などを記すが，これは，子について住民票を作成するためのものである。

第5に，父母の氏名・生年月日・本籍（国籍）などを記入する。非嫡出子の場合には，後述の胎児認知があった場合をのぞき，母だけを記載するが，この父母の本籍・氏名の記載によって，出生した子が入るべき戸籍が明らかとなる（なお，子の出生によって三代戸籍となるときは，「その他」の欄に新本籍を定める必要がある）。父母が外国人のときは国籍を記載するが，これは，子が日本の国籍を有するか否かを判断する基準となる（日本の国籍を有しないときは，戸籍には記載されない）。

ちなみに，子が日本国籍を取得するのは，①出生の時に父または母が日本国民であるとき，②出生前に死亡した父が死亡の時に日本国民であったとき，③日本で生まれた場合において，父母がともに知れないとき，または国籍を有しないときである（国籍2条）。

第6に，父母が同居を始めた時期・世帯の仕事・父母の職業を記載するが，これらは，人口動態統計の資料となる。

第7に，その他の事項欄には，たとえば，胎児が認知されていることとか，子の名が未定であることなどを記す。

そして最後に，届出人の記載をするが，届出義務者は法定されており（戸52条），嫡出子については，父または母が提出を行ない（子の出生前に離婚したときは母），父母が

届出をなしえないときは，同居者・出産に立ち会った医師・助産婦その他の者が順次届出義務者となる。これに対し，非嫡出子の場合は，母である。

なお，出生届には［資料9］のような出生証明書がついており，医師・助産婦・その他の者（出産に立ち会ったひとたち）に出生を証明してもらうことが必要である。これは，子の出生年月日を偽ったり，他人の子を自分の子として虚偽の出生届を出したりすることを防止する目的のものである。

生まれた子は，成年に達するまでは，父母の親権に服する（民818条1項）。

親権の内容は，前述のように，子の身上監護と財産管理にあるが（これは，同時に親の義務でもある。民820条），その実をあげるために，親権者には，①監護教育権，②居所指定権，③懲戒権，④職業許可権，⑤財産管理権・代表権などが認められる（民820条以下）。

この親権は，父母が婚姻中は共同して行なうが（共同親権。民818条3項），非嫡出子の場合は，母が行なう。しかし，親権を行なう者がいなくなったり，親権者が管理権を有しなくなったときには，後見人が選ばれる（民838条）。未成年者のための後見人は，最後に親権を行なう者の指定か家庭裁判所の選任によるが，その権利義務は，親権者ときわめて類似している（民839条以下）。

■ 認知と認知届

ところで，非嫡出子については，その父が，これを自分の子と認める意思表示をすることができる（民779条）。この意思表示を認知というが（民779条は母による認知も認めているが，母子関係は分娩の事実によって明瞭であり，棄児などの場合以外は，特に認知の必要はない），認知は，［資料10］のような届を出すことによって行なわれる（民781条1項）。認知は胎児についてもすることができ（民783条1項），これを胎児認知という。

認知届には，第1に，認知をされる子と認知をする父について，氏名・住所・本籍などを記す。これによって，両者の戸籍に認知の旨が記載される（子については，［資料1］の務の戸籍を参照）。第2に，認知の種類を記す。これは認知の種類によって，届出人・届出先・届出期間・添付書類などが異なるためである。

認知は大別すると，任意認知と強制認知に分けられる。

まず，任意認知とは，父が自由意思にもとづいて認知をする場合であるが（この場合は，詐欺・強迫を理由にして認知を取り消すことはできない。民785条)，この任意認知では，①胎児を認知する場合には，母の承諾が，②成年の子を認知する場合には，その子の承諾が，③死亡した子を認知する場合には（死亡した子でも，その子に直系卑属があるときは，認知しうる），その直系卑属中の成年者の承諾が必要とされる（民782条・783条）。これらの承諾は，「その他」の欄に記載するか，承諾書を別に添付して，明らかにする。また，認知は，遺言によってもすることができる（民781条2項，戸64条）。

つぎに，強制認知とは，子が申し立てた裁判で父子関係が認められる場合（裁判上の認知）であるが，この訴えを認知の訴えといい，これは，父の死亡後も3年間に限り許される（民787条）。この訴えを提起する場合にも，まず調停を求めることが必要であるが，この調停で当事者間に認知についての合意が成立したときには，家庭裁判所は，その合意の正当性を審理のうえ，認知の審判をすることが許される。

ほんらい，こうした事件は，基本的身分関係に関するものとして，第三者の利害にも影響をもつから，当事者の合意に委ねられる筋合いのものではないが，家庭事件はできるだけ調停手続で処理すべきものとす

[資料10 認知届]

認　知　届

平成 8 年 2 月 7 日届出

名古屋市千種区長　殿

受理	平成　年　月　日 第　　　　号	発送	平成　年　月　日
送付	平成　年　月　日 第　　　　印		長印
書類調査	戸籍記載	記載調査	附票	住民票	通知

		認知される子	認知する父
氏　　名		氏名　山田　浩　☑男 □女	氏名　関　一郎
生年月日		平成 7 年11月10日	昭和31年 5 月 1 日
住　　所 (住民登録をしているところ)		横浜市西区西前町 三丁目　45 番 6 号 世帯主の氏名　山田咲子	名古屋市千種区清住町 五丁目　43 番 2 号 世帯主の氏名　関　一郎
本　　籍 (外国人のときは国籍だけを書いてください)		横浜市西区西前町 三丁目　45 番地 6 筆頭者の氏名　山田咲子	高知市永国寺町 丁目　34 番地 筆頭者の氏名　関　一郎
認知の種別		☑任意認知　　□審判　年　月　日確定　　□判決　年　月　日確定 □遺言認知（遺言執行者　年　月　日就職）	
子　の　母		氏名　山田咲子　　昭和39年 6 月 4 日生 本籍　横浜市西区西前町三丁目　45 番地 6 筆頭者の氏名　山田咲子	
その他		☑未成年の子を認知する　□成年の子を認知する　□死亡した子を認知する　□胎児を認知する	
届出人	☑父　　□その他（　　　　　）		
	住所	名古屋市千種区清住町五丁目　43 番 2 号	
	本籍	高知市永国寺町　34 番地　筆頭者の氏名　関　一郎	
	署名	関　一郎　㊞	昭和31年 5 月 1 日生

る考え方から、家庭裁判所が利害関係人の利益をも配慮して審判をすることが認められているのである。これを「合意に相当する審判」（家審23条）というが、この審判は、その他、婚姻・養子縁組の無効・取消事件など身分関係における法定の重要な事項に関しても認められる（異議の申立てについて、家審25条参照）。そして、こうした審判または裁判で認知が認められたときには、その確定の日から10日以内に、調停または訴えの申立者は、その謄本を添付して認知届を出す必要がある（戸63条）。

認知届には、第3に、子の母について記載をなし、第4に、届出人の記載をするが、届出人は、遺言と裁判による場合のほかは、父である。届出先は、子または父の本籍地もしくは届出人の所在地の役場であるが、胎児認知の場合は、母の本籍地の役場となる（戸61条）。

認知届が受理されると、認知者と被認知者の間に親子関係が生ずる。この効果は子の出生の時に遡って発生するが、第三者がすでに取得した権利を害することはできない（民784条）。ただし、相続については、被認知者は、他の相続人に対して価額のみによる支払いの請求をすることができる（民910条）。認知があっても、親権者や監護権者には当然の変更を生じないが、認知後に、父母の協議か家庭裁判所の審判によって、父を親権者と定めることもできる（民819条4項・5項）。

なお、父が子を認知して、父がその子の母と婚姻すると、その子は婚姻の時から嫡出子の身分を取得する。また、非嫡出子の母と婚姻した者が、その後にその子を認知すると、子は認知の時から嫡出子となる（民789条）。これを準正（じゅんせい）というが、この制度は、内縁関係の多いわが国では重要なはたらきをなしている。

■ 養子制度と縁組届

親と血縁関係のある子を実子というが、これに対し、血縁関係のない者の間に法律的に親子関係を設定するものが養子制度であり、養子と養親との間でこうした関係の設定を目的としてなされる契約が養子縁組である。かつての養子法は「家のため」「親のため」の養子制度を定めていたが、現代養子法は、子の福祉を目的とし、「子のため」の養子制度を理想とする。

養子縁組も、［資料11］のような届を戸籍役場に提出することによって行なわれる（民799条・739条）。この養子縁組届には、まず、養子になる者と養親になる者の氏名・生年月日・住所・本籍などを記入する（養子が女性の場合は、養女欄に記す）。これによって、養子と養親につき戸籍上および住民票上の記載がなされるが、その前に、この記入と提出された戸籍抄本などにもとづいて、つぎのような養子縁組成立のための実質的要件の具備が調査される。

第1に、養親は、成年に達していなければならない（民792条）。第2に、養子は、養親よりも年長あるいは尊属であってはならない（民793条）。しかし、尊属のうちオジ・オバの関係などは、氏が同一であるような場合をのぞき、今日の戸籍の記載からは調査が困難であろう）。第3に、養親と養子の間に後見人・被後見人の関係があるときは（後見人の関係は、養子の戸籍から調査される）、養子の財産保護の見地から、家庭裁判所の許可（審判書の謄本を添付する）が必要とされる（民794条）。第4に、養子も養親も、配偶者があるときは、夫婦そろってでなければ縁組ができない（民795条）。第5に、養子が未成年者であるときは、家庭裁判所の許可が必要である（民798条）。最後の要件は、まさに、子のための養子法の規定であるが、その反面で夫婦養子が認められているのは、家のための養子法の残滓である。

養子は通常，養親の従来の戸籍に入るが（[資料1]の務の戸籍参照），この縁組によって三代戸籍となるときは新戸籍を編製する必要があるので，つぎに，こうした入籍する戸籍あるいは新本籍を記入する。そして，最後に，届出人として縁組の当事者が署名押印するが，もし養子となる者が15歳未満のときは，下の特別の届出人の欄に，代諾権者が必要事項を記載して署名押印をする。すなわち，養子縁組においても縁組意思の存在が重要であるが（この意思を欠くときは，縁組は無効である），養子が15歳未満のときは，こうした意思の形成に問題があるので，法定代理人（親権者や後見人）が代わって縁組の承諾をすることになっている（民797条）。この届でも，2人の証人が必要である。

民法上の要件の具備が認められて届が受理されると（民800条），養子縁組は成立し，当事者の間に法律上の親子関係が認められる（いわゆる里子は，児童福祉法の立場から，里親との間で親子のように生活することを認められた者であって，法律上親子となるものではなく，この点で養子と異なる）。すなわち，養子は，養親の氏を称して（民810条），その嫡出子たる身分を取得する（民809条。このために，民798条但書のように，自己または配偶者の非嫡出子を養子とすることも行なわれる）とともに，未成年の場合には，養親の親権に服する（民818条2項）。また，養子と養親の血族との間には，血族間におけると同様の親族関係が発生する（民727条）。しかし，縁組によっても実親子関係は消滅しないから，養子は，実親の遺産も相続することができる。

養子縁組の解消すなわち離縁の方法としては，離婚の場合と同様に，協議離縁・調停離縁・審判離縁・裁判離縁の4つがある。協議離縁（民811条〜813条）も届出によって成立するが，養子が15歳未満のときは，代諾離縁となる（なお，養子は，養親死亡後も，家庭裁判所の許可をえて離縁することができる）。裁判離縁（民814条・815条）の原因としては，①悪意の遺棄，②養子の3年以上の生死不明，③その他縁組を継続し難い重大な事由があげられているが，この場合にも，養子が15歳未満のときは，代諾権者が代わって当事者となる。協議離縁以外の場合にも，報告的意味での離縁届を提出する必要があるが，離縁が成立すれば，養親族関係も終了する（民729条）。養子は，離縁によって，原則として縁組前の氏に復するが，縁組の日から7年を経過した後に縁組前の氏に復した場合は，離縁の日から3ヵ月以内に届出をなすことにより，離縁に際して称していた氏を称することができる（民816条）。

■ **特別養子制度とは**

昭和62年の民法改正により，特別養子の制度が創設された（届出書は[資料12]参照）。通常の養子と異なり，特別養子は，縁組によって養親の嫡出子たる身分を取得し，婚姻障害を除いて実親との親族関係が終了する（民817条の2，817条の11）。特別養子については，養子の利益のため特に必要がある場合を除き，原則として離縁が認められず（民817条の10），戸籍上の記載も実子に近い内容となっている。

このような特別養子縁組が認められるためには，①養親は25歳以上（養親の一方が25歳以上であるときは，他方は20歳以上であれば足りる）で配偶者のある者でなければならない（民817条の3，4），②養子は原則として6歳未満でなければならない（6歳に達する前から引き続き養親となる者に監護されているときは8歳未満であれば足りる。民817条の5），③原則として実親の同意を要する（民817条の6），④実親による監護が著しく困難または不適当であることその他特別の

I　家族生活と法律

[資料11]

養子縁組届

平成8年3月1日届出
仙台市青葉区長　殿

受理　平成　年　月　日　第　号	発送　平成　年　月　日	長印
送付　平成　年　月　日　第　号		
書類調査　戸籍記載　記載調査　附票　住民票　通知		

	養子になる人	
氏　名	養子　氏　名　大　川　二　郎	養女　氏　名
生年月日	昭和59年5月8日	年　月　日
住　所（住民登録をしているところ）	盛岡市上田中堰　18番地9号　世帯主の氏名　大川　勇	
本　籍（外国人のときは国籍だけを書いてください）	盛岡市上田中堰　18番地9号　筆頭者の氏名　大川　勇	
父母の氏名父母との続き柄	父　大川　勇　　母　秋子　続き柄　2男	父　　母　続き柄　女
入籍する戸籍または新しい本籍	☑養親の現在の戸籍に入る　□養親の新しい戸籍に入る　□養子夫婦で新しい戸籍をつくる　□養子の戸籍に変動がない　仙台市青葉区堤通　51番地3　筆頭者の氏名　黒田哲雄	
監護をすべき者の有無	（養子になる人が十五歳未満のときに書いてください）□届出人以外に養子になる人の監護をすべき　□父　□母　□養父　□養母がいる　☑上記の者はいない	
届出人署名押印	印	印

届出人 （養子になる人が十五歳未満のときに書いてください）		
資　格	親権者（☑父□養父）□後見人□特別代理人	親権者（☑母　□養母）
住　所	盛岡市上田中堰　18番地9号	盛岡市上田中堰　18番地9号
本　籍	盛岡市上田中堰　18番地9号　筆頭者の氏名　大川　勇	盛岡市上田中堰　18番地9号　筆頭者の氏名　大川　勇
署名押印	大川　勇　㊞	大川秋子　㊞
生年月日	昭和25年9月16日	昭和28年1月4日

3 親子

養子縁組届

> 記入の注意

鉛筆や消えやすいインキで書かないでください。
本籍地でない役場に出すときは、2通または3通出してください。また、その戸籍謄本も必要です。
養子になる人が未成年で養親になる人が夫婦のときは、一緒に縁組しなければなりません。
養子になる人が未成年のときは、あらかじめ家庭裁判所の許可の審判を受けてください。
養子になる人が十五歳未満のときは、その法定代理人が署名押印してください。また、その法定代理人以外に監護すべき者として父又は母（養父母を含む。）が定められているときは、その者の同意が必要です。
筆頭者の氏名欄には、戸籍のはじめに記載されている人の氏名を書いてください。

氏　　名	養親になる人	
	養父　氏　名 黒田　哲雄	養母　氏　名 黒田　敏子
生年月日	昭和35年1月30日	昭和40年6月18日
住　所 (住民登録をしているところ)	仙台市青葉区堤通　　51番3号 世帯主の氏名　黒田　哲雄	
本　籍 (外国人のときは国籍だけを書いてください)	仙台市青葉区堤通　　51番地3号 筆頭者の氏名　黒田　哲雄	
その他	添付書類 家庭裁判所の許可の審判書の謄本	
新しい本籍（養親になる人が戸籍の筆頭者およびその配偶者でないときは、ここに新しい本籍を書いてください）　　　　番地　番		
届出人署名押印	養父　黒田　哲雄　㊞	養母　黒田　敏子　㊞

	証　　人	
署名押印	中村　肇　㊞	酒井　元　㊞
生年月日	昭和22年5月3日	昭和32年10月11日
住　所	仙台市青葉区片平丁 115番地7号	仙台市青葉区堤通 48番地4号
本　籍	浜松市鴨江町 23番地番号	日立市水木町 607番地番号

Ⅰ 家族生活と法律

[資料12 特別]

(1) **特別養子縁組届**

平成8年3月1日届出

仙台市青葉区長　殿

受理 平成　年　月　日	発送 平成　年　月　日	
第　　　号		長　印
送付 平成　年　月　日		
第　　　号		

書類調査	戸籍記載	記載調査	附　票	住民票	通　知

		養　子　に　な　る　人		
(1)	氏　　名	氏　大　川	名　春　子	
	生年月日	平成 4 年 1 月 16 日		
(2)	住　　所（住民登録をしているところ）	仙台市青葉区堤通　　51 番 3 号 ~~番地~~		
		世帯主の氏名　黒　田　哲　雄		
(3)	本　　籍（外国人のときは国籍だけを書いてください）	盛岡市上田中堰　　18 番地 9 ~~番　号~~		
		筆頭者の氏名　大　川　勇		
(4)	父母の氏名 父母との続き柄	父　　大　川　勇		続き柄 2　☐ 男　☑ 女
		母　　　　　秋　子		
(5)	審判確定の年月日	平成 8 年 2 月 27 日		
(6)	養父母との続き柄	~~男~~	長　女	
	入籍する戸籍または新しい本籍	☑ (3)の本籍と同一の場所に新戸籍をつくった後下記養親の現在の戸籍に入る		
		☐ 養子の戸籍に変動がない		
		☐ 下記のとおり		
		養親の戸籍		
		仙台市青葉区堤通　51 番地 3 ~~番　号~~	筆頭者の氏名　黒　田　哲　雄	

3 親子

養子縁組届]

記入の注意

鉛筆や消えやすいインキで書かないでください。
本籍地でない役場に出すときは，2通または3通出してください。また，その戸籍謄本も必要です。
特別養子縁組についての家庭裁判所の審判書の謄本と確定証明書が必要です。
筆頭者の氏名欄には，戸籍のはじめに記載されている人の氏名を書いてください。

		養親になる人	
氏 名		養父 氏 名 黒田 哲雄	養母 氏 名 黒田 敏子
生 年 月 日		昭和 35 年 1 月 30 日	昭和 40 年 6 月 18 日
住 所 (住民登録をしているところ)		仙台市青葉区堤通　　~~番地~~ 51 番 3 号	
	世帯主の氏名	黒田 哲雄	
本 籍 (外国人のときは国籍だけを書いてください)		仙台市青葉区堤通　　51 番地 3 ~~番~~	
	筆頭者の氏名	黒田 哲雄	
そ の 他	添付書類 特別養子縁組許可の審判書の謄本及び確定証明書		
届出人署名押印		養父 黒田哲雄 ㊞	養母 黒田敏子 ㊞

事情がある場合において，子の利益のため特に必要があること(民817条の7)，⑤養親となる者が養子となる者を6ヵ月以上の期間監護すること(その状況を考慮する。民817条の9)等の要件を満たす必要がある。

そして，特別養子縁組は，養親となる者の申請により家庭裁判所が審判をすることによって成立する。特別養子縁組の審判が確定したときは，養親は確定の日から10日以内に審判書の謄本を添付してその旨を届け出なければならない(戸68の2，63条1項)。

[林屋礼二・北沢豪]

コラム　介護保険制度の意義

　平成12年4月，介護保険制度がスタートした。高齢者介護のための制度としては，これまで，措置制度による特別養護老人ホームと在宅介護サービス，老人保険制度による老人保健施設と療養型病床群等があった。措置制度は，市町村が職権をもって給付を決定する行政処分であり，利用者は，サービスを受ける権利を有するのではなく，これに基づく利益は，市町村の措置義務に対応する反射的利益に過ぎないものとされてきた。介護保険制度は，この行政処分による措置制度を契約の仕組みに置き換えるものと位置づけることができる。介護保険制度においては，保険料を拠出した利用者(被保険者)に保険事故(要介護状態および要介護状態となるおそれがある状態)が発生した場合，市町村(保険者)が，その認定を行った上で，介護サービス(保険給付)を提供する。措置制度のもとでは，介護サービスは，制度上および事実上，低所得・困窮者層に対する救済としての色彩が強かったが，介護保険制度のもとでは，保険給付を受けることは，保険料を拠出したことによる当然の権利とされる。介護サービスの提供については，規制緩和を通じ，民間業者の参入が予定されている。なお，介護保険制度の導入にあたっては，被保険者および保険給付を受けられる者の範囲，保険給付の内容，水準等，多くの点で意見の対立があり，法律施行後5年を目途としてその全般に関して再検討することとされている。

[北沢豪]

4 離婚

■ 協議離婚

外国では，普通，裁判によってしか離婚はできないが，わが国では，夫婦の協議で離婚をすることが認められている（民763条）。これを協議離婚というが，協議離婚は，[資料13]のような離婚届を夫婦の本籍地か所在地の市区町村役場へ提出し，それが受理されることによって成立する（民764条・739条）。

離婚届の提出は，後述の調停離婚・審判離婚・裁判離婚の場合にも必要とされるが，協議離婚の場合の届出は創設的届出であるのに対し，その他の場合の届出は報告的届出である（後者の場合には，調停の成立や審判・裁判の確定後10日以内に，調書・審判書・裁判書などの謄本を添えて届け出ることが必要である。戸77条・63条）。

離婚届には，第1に，夫婦の氏名・生年月日・住所・本籍および夫婦の実父母名や養父母名などを記入する。これらは，届が受理されたときに，戸籍への離婚記載や住民基本台帳への記載手続をすすめるうえでの資料となる。

第2に，離婚の種別を明らかにするが，これは，上述のように，離婚の種類によって手続が異なるためである。

第3には，離婚により婚姻前の氏にもどる者について，復籍すべき本籍または新本籍を記入する。婚姻によって氏を改めた者は離婚によって婚姻前の氏にもどるが（民767条1項），その戸籍が全員除籍ですでに除かれている場合とか本人が新戸籍の編製を希望した場合などには新戸籍が編製されるので（戸19条），復籍や新戸籍編製かを選び，その本籍を記入する。

なお，協議上の離婚によって婚姻前の氏に復した夫または妻は，離婚の日から3ヵ月以内に[資料14]の届出をなすことにより，離婚の際に称していた氏を称することもできる（民767条2項）。この届出をする者については，離婚の際，復籍または新戸籍編製がなされているが，この届出によって再び氏が変わることになるため，さらに新戸籍が編製される場合がある（戸19条3項）。

第4に，夫婦間の未成年の子の氏名とその親権者名を記す。親は，子の福祉を守るために，子を監護（監督保護）し，その財産を管理する権利として，未成年の子に対して親権をもつが（民818条），この親権は，離婚によって，父母共同親権から単独親権に移る。そこで，未成年の子があるときは，父母の一方を離婚後の親権者として定める必要があるが（民819条1項），この場合，未成年の子が数人いるときは，それぞれについて親権者を決めることができる。また，民法は親権から特に監護権だけを分離し，親権者とは別に監護権者を定めることも認めているから（民766条1項），たとえば，親権者を父親，監護権者を母親とする取決めも可能である（この点は，「その他」の欄に記載する）。

要は，子供の利益を中心にして決定されなければならないが，この点の協議ができないときは，子の住所地の家庭裁判所に調停か審判を申し立てることができる（民766条1項後段）。この親権者の定めを欠くときには，離婚届は受理されない（民765条）。

なお，子の氏や戸籍は父母の離婚によっても影響を受けないから，離婚した母（または父）が復氏したことにより，親権者（あるいは監護権者）としての母（または父）と子が

Ⅰ　家族生活と法律

[資料13　離婚届]（正式の届は緑色刷）

離　婚　届

平成8年4月17日届出
名古屋市千種区長　殿

	受理	平成　年　月　日　第　　号	発送	平成　年　月　日	長印
	送付	平成　年　月　日　第　　号			
	書類調査	戸籍記載	記載調査	調査票	附票	住民票	通知

		夫	妻
(1)	（よみかた） 氏　　名 生年月日	ふじむら　せいじ 氏　　名 藤　村　誠　二 昭和31年7月10日	ふじむら　まさこ 氏　　名 藤　村　昌　子 昭和35年1月3日
	住　　所 （住民登録をしているところ） （よみかた） 世帯主の氏名	名古屋市千種区唐山町 一丁目65番地1号 ふじむら　せいじ 藤　村　誠　二	福岡市中央区弥生町 三丁目36番地9号 すぎやま　えいいち 杉　山　栄　一
(2)	本　　籍 （外国人のときは国籍だけを書いてください） 筆頭者の氏名	名古屋市千種区唐山町一丁目　　　　65番地1 藤　村　誠　二	
	父母の氏名 父母との続き柄 （他の養父母はその他の欄に書いてください）	夫の父　藤村　健 母　　節子	続き柄 2　男	妻の父　杉山　栄一 母　　梅子	続き柄 3　女
(3)(4)	離婚の種別	☑協議離婚 □調停　　年　月　日成立	□審判　　年　月　日確定 □判決　　年　月　日確定
	婚姻前の氏にもどる者の本籍	□夫　は　☑もとの戸籍にもどる ☑妻　　　□新しい戸籍をつくる 福岡市中央区弥生町三丁目　　36番地9	（よみかた）すぎやま　えいいち 筆頭者の氏名　杉山　栄一
(5)	未成年の子の氏名	夫が親権を行う子　藤村　紀彦	妻が親権を行う子　藤村　直子
(6)(7)	同居の期間	昭和59年5月から（同居を始めたとき）	平成8年2月まで（別居したとき）
(8)	別居する前の住所	名古屋市千種区唐山町一丁目　　　　65番地1号	
(9)	別居する前の世帯のおもな仕事と	□1．農業だけまたは農業とその他の仕事を持っている世帯 □2．自由業・商工業・サービス業等を個人で経営している世帯 □3．企業・個人商店等（官公庁は除く）の常用勤労者世帯で勤め先の従業者数が1人から99人までの世帯（日々または1年未満の契約の雇用者は5） ☑4．3にあてはまらない常用勤労者世帯及び会社団体の役員の世帯（日々または1年未満の契約の雇用者は5） □5．1から4にあてはまらないその他の仕事をしている者のいる世帯 □6．仕事をしている者のいない世帯	
(10)	夫妻の職業	（国勢調査の年…平成　年…の4月1日から翌年3月31日までに届出をするときだけ書いてください） 夫の職業	妻の職業
	その他		
	届出人署名押印	夫　藤村　誠二　㊞	妻　藤村　昌子　㊞
	事件簿番号		

	住所を定めた年月日		連絡先	電話（×××）6789番
	夫	昭和59年5月7日		㊥自宅・勤務先・呼出　　方
	妻	平成8年2月17日		

＊　次頁証人欄につづく

4 離婚

証　人（協議離婚のときだけ必要です）		
署名押印	大　石　哲　　　㊞	小　平　茂　　　㊞
生年月日	昭和13年　10月　5日	昭和24年　9月　30日
住　所	名古屋市千種区園山町 二丁目　15 番　2 号（番地）	神戸市灘区篠原本町 三丁目　38 番　6 号（番地）
本　籍	金沢市手木町 40 番地	熊本市島崎町島崎 1016 番地

＊　この証人欄は正式には「離婚届」用紙の右側に設けられている。

［資料14　離婚の際に称していた氏を称する届］

離婚の際に称していた氏を称する届
（戸籍法77条の2の届）

平成8年5月7日届出
福岡市中央区長　殿

受理	平成　年　月　日　第　号	発送	平成　年　月　日
送付	平成　年　月　日　第　号		長印
書類調査	戸籍記載	記載調査	附票	住民票	通知

(1)	（よみかた） 離婚の際に称していた氏を称する人の氏名	（現在の氏名、離婚届とともに届け出るときは離婚前の氏名） 氏　すぎやま　　名　まさこ 杉　山　　　昌　子	昭和35年　1月　23日生
(2)	住　所 （住民登録をしているところ）	福岡市中央区弥生町三丁目36番9号 世帯主の氏名　（よみかた）すぎやま　えいいち 杉　山　栄　一	
(3)	本　籍	（離婚届とともに届け出るときは、離婚前の本籍） 福岡市中央区弥生町三丁目36番地9 筆頭者の氏名　杉　山　栄　一	
(4)	（よみかた） 氏	変更前（現在称している氏） 杉　山	変更後（離婚の際称していた氏） ふじ　むら 藤　村
(5)	離婚年月日	平成8年　4月　17日	
(6)	離婚の際に称していた氏を称した後の本籍	((3)欄の筆頭者が届出人と同一で同籍がない場合には記載する必要はありません) 福岡市中央区弥生町三丁目36番地9 筆頭者の氏名　藤　村　昌　子	
(7)	その他		
(8)	届出人署名押印 （変更前の氏名）	杉　山　昌　子　　　㊞	

| 連絡先 | 電話　（×××）4567　番
自宅・勤務先・呼出　　　　　方 |

氏・戸籍を異にして不便な場合も生じうるが，その場合には，家庭裁判所に「子の氏変更許可の審判」を求め，子は，その氏を母（または父）の氏に改めて，その戸籍に入ることができる（民791条1項）。

第5に，同居の期間，別居する前の住所や世帯の主な仕事と夫婦の職業を記載するが，これらは，人口動態調査の資料となる。そして，第6に，届出人としての夫婦の署名押印および証人2名の署名押印などがなされる。ただし，証人は，協議離婚の場合だけに必要とされる（民764条・739条2項）。

協議離婚のこうした届出がなされたときには，民法上の成立要件の具備が調査され，それが認められた場合には受理されて（民765条），離婚が成立する。

しかし，協議離婚の場合にも，当事者の離婚意思の存在が重要であるから（離婚届に署名押印したのちに離婚の意思がなくなったときには，離婚届を受理しないで欲しい旨の申出書を戸籍役場に提出することによって，離婚意思を撤回できる），たとえば妻の知らぬ間に夫が勝手になした離婚の届出は無効であり，戸籍の訂正を求めることができる。また，届出が詐欺・強迫によった場合にも，離婚の取消しを裁判所に請求することができる（民764条・747条）。

なお，一般に，離婚した者の一方は，相手方に対して，財産の分与を請求することができる（民768条1項）。すなわち，夫婦の一方（特に夫）の名義になっている財産でも，婚姻生活中に作られたものは，夫婦の協力の賜として，実質的には夫婦の共同財産とみるべきものであるから，離婚にさいしてはその清算をなすべきであるし，また，一方（特に妻）が離婚後すぐに生活に困窮するというような事情にある場合は，将来の生活保障のために，他方の財産を分け与えるということが妥当であるので，財産分与という制度が設けられている。

したがって，当事者としては，この制度の趣旨に照らして，財産分与をなすべきか否かを決め，分与するとすれば，その額および方法を協議する。協議が成立したときには，財産分与の条件を文書で（できれば後述の和解調書などの形で）明確にしておくべきであるが，協議ができないときは，家庭裁判所に調停または審判を求めることができる（民768条2項・3項）。

■ **家事調停と調停離婚**

ところで，離婚の協議がととのわず，夫婦間で離婚をめぐって争いが生じたときには，どのようにして解決をしたらよいであろうか。

離婚紛争のような家庭に関する事件は，すぐに訴訟に持ち込むことが許されず，まず家庭裁判所に調停（家事調停）の申立てをすることが原則とされている（家審18条）。これを調停前置主義というが，家庭に関する事件は公開の法廷で対立的に争わせるのが妥当でないため，まず調停で非公開のまま円満に解決をはかることとし，訴訟は，調停ができなかった場合に最後の手段として行なうべきものとされているのである（なお，家庭に関する事件については，家裁の家事相談室で気軽に相談をすることもできる）。しかし，相手方が行方不明とか精神病などで，はじめから協議ができないときには，すぐに訴訟を起こすことができる。

一般に，家事調停の申立ては，相手方の住所地の家庭裁判所（または，当事者が合意で定めた家裁）に書面または口頭で行なう。離婚調停を書面で申し立てるときは，[資料15]のような夫婦関係事件調停申立書（申立てをするときに窓口で無料でもらえるが，家裁の売店でも売っている。なお，[資料15]と異なる形式の申立書もある）に必要事項を記入して，戸籍謄本とともに提出する。

この申立書では，第1に，紛争当事者と

4　離婚

［資料15　夫婦関係事件調停申立書］

受付印	郵送	準口頭	関連事件番号　昭和・平成　　年（家　）第　　号

夫婦関係事件調停申立書　　事件名〔☆　　　　　〕

△△家庭裁判所　御中

平成　8 年　2 月　12 日

申立人の署名押印または記名押印：　甲野　花子　㊞

子納郵便切手　　円

この欄に収入印紙900円をはる。
（消印しないこと。）

添付書類：申立人・相手方の戸籍謄（抄）本　1 通

申立人
- 本籍：××市××区××町 2 丁目345番
- 住所：××市××区××町 1 丁目123番 4 号　　（乙野　方）　電話（＊＊＊局）1234番
- 呼出のための連絡先：上に同じ　（　　　方）　電話（　　局）　番
- 氏名：甲野　花子　　　明治・大正・㊞昭和　33年 5 月 6 日生
- 職業：なし　勤務先：　　　電話（　局）　番

相手方
- 本籍：申立人に同じ
- 住所：××市××区××町 6 丁目34番 5 号　（　　方）　電話（＊＊＊局）2345番
- 呼出のための連絡先：上に同じ　（　方）　電話（　局）　番
- 氏名：甲野　太郎　　　明治・大正・㊞昭和　31年 4 月 5 日生
- 職業：会社員　勤務先：＊＊株式会社　電話（＊＊＊局）3456番

☆この欄には記入しないこと。

申立ての趣旨

円満調整
※ 1　申立人と相手方間の 1 婚姻関係 / 2 内縁関係 を円満に調整する。
2　相手方は、申立人と同居する。
3　相手方は、申立人に夫婦関係を維持するための生活費として、毎月金　　　円を支払う。
4

夫婦関係解消
※ ① 申立人と相手方は、1 婚姻 / 2 内縁関係 を解消する。
(1) 未成年の子の親権者を次のように定める。
　　　　　　　　　　　　　　　　　　　　については父。
　　　　甲野　月子　　　　　　　　　　　については母。
(2) 相手方は、申立人に未成年の子の養育費として、毎月金　50,000　円を支払う。
(3) 相手方は、申立人に ①財産分与金　／　相当額　／を支払う。
　　　　　　　　　　　②慰謝料　／　相当額　／
(4)

申立ての実情

| 同居を始めた日 | 昭和・平成　56年　5 月　20日 | 別居をした日 | 昭和・平成　7 年　10月　31日 |

（夫婦関係が不和となった事情、その後のいきさつなどを簡単に記入する。）

相手方は、昨年春頃より、会社の同僚であった人の未亡人と不倫な関係に入り、自宅にもなかなか寄りつかず、たまに帰宅しても酒を飲んで妻子にどなり散らすばかりで、笑顔一つみせず、ために、一人の子供もすっかりおびえてしまい、また生活費にも困って、昨年秋以降娘を連れて実家に戻っておりますが、このままでは到底婚姻生活を続けていくことができませんので、上記のような調停をお願いいたします。

（利害関係人として呼び出してもらいたい人、とくに希望したいことなどがあったら記入する。）

相手方は一見温和そうにみえますが、飲酒すると性格が一変し、きわめて傲慢・強暴な性格に変わりますので、この点ご承知のうえ相手方の話を聞いていただきたいと思います。

申立ての動機

☆
1　性格があわない
②　異性関係
3　暴力をふるう
④　酒を飲みすぎる
5　性的不満
6　浪費する
7　異常性格
8　病気
⑨　精神的に虐待する
⑩　家族をすててかえりみない
11　家族と折合いが悪い
⑫　同居に応じない
⑬　生活費を渡さない
14　その他

※ あてはまる番号を○でかこむこと。

☆ あてはまる番号を○でかこみ、そのうち最も重要と思うものに◎をつけること。

Ⅰ 家族生活と法律

[資料16 調停調書]

調　書（成　立）

家事審判官認印	事件の表示	平成　8　年　（家イ）第　×××　号　　夫婦関係調整　　　事　件
執行文の付与等 平成　年　月　日 付与を受ける者 付与の範囲 　　　　通 裁判所書記官印	当事者等及びその出頭状況	本　籍　××市××区××町2丁目345番地
		住　所　××市××区××町1丁目123番4号　乙野方
		申立人　甲　野　花　子
		本　籍　申立人に同じ
		住　所　××市××区××町6丁目34番5号
		相手方　甲　野　太　郎
		以　上
		平成　8　年　5　月　22　日午前10時　場所　△△家庭裁判所
		申　立　人　甲　野　花　子
		相　手　方　甲　野　太　郎

期　　　日	平成　8　年　5　月　22　日　午前・後　10時　　分		
場　　　所	△△家庭裁判所		
家事審判官	氏　名　㊞	家事調停委員	氏　名　㊞
裁判所書記官	氏　名　㊞		氏　名　㊞

　下記条項のとおりの調停が成立した。

　　　　　　　　　　　△　△　家　庭　裁　判　所

　　　　　　　　　　　　　　　　裁判所書記官　氏　名　㊞

調　停　条　項

1　申立人と相手方とは、本調停により離婚する。

2　申立人と相手方間の長女月子（昭和57年6月7日生）の親権者を申立人と定める。

3　相手方は申立人に対し、長女月子の養育費として、平成8年5月から、同人が成年に達するまで、毎月金5万円を毎月末日限り申立人住所に持参または送金して支払う。

4　相手方は申立人に対し、慰謝料および財産分与として金350万円を支払うこととし、本日、調停の席上においてその授受を了した。

5　以上をもって、本件紛争は一切解決したものとし、上記条項の他、相互に何らの債権債務関係のないことを確認する。

6　調停費用は各自の負担とする。

しての申立人と相手方を記し，第2に，申立人としては相手方との関係でいかなる内容の調停を求めるかを「申立ての趣旨」欄に記載する。そして，第3には，上の申立てにいたった経過などを「申立ての実情」欄で明らかにする。申立書には手数料として900円の印紙を貼用するが，通知用の若干の切手の納付も必要とされる。

　申立書が受理されると，それから1ヵ月前後の日を第1回の調停期日（調停をする日）として指定した呼出状が，裁判所より当事者に送られてくる。調停は，1名の家事審判官（家庭裁判所の裁判官）と民間の有識者から選ばれた2名（東京地裁では，男女各1名）の調停委員で組織された調停委員会によって行なわれるが（家審3条2項・22条），1ヵ月に1回ぐらいのわりで調停期日が開かれる。

　調停期日には原則として当事者が出頭しなければならないが，弁護士などを代理人として出頭させることもできる（弁護士でないものが代理人となるときは，裁判所の許可が必要である）。しかし，正当な事由なしに出頭しないときには，期日ごとに5万円以下の過料に処せられる（家審27条）。

　離婚調停の調停期日では，調停委員会は，当事者の主張をきくとともに申立書にもとづいて夫婦の生活の実情を職権で調査し（この調査は，家庭裁判所調査官などによって行なわれる），事案の真相を明らかにしたうえで，双方に互譲を勧告し，あるいは調停案を示して，合意の斡旋をする。

　それによって調停が成立したときには，調停条項を明確にして，[資料16]のような調停調書を作成する（なお，財産分与と慰謝料は相互に関係するので，調停では，両者を区別していないのが普通である）。こうして成立した離婚を調停離婚という。

　家事調停一般についていえば，平成11年の事件総数は148,670件（新受109,263件，旧受39,407件）であり，既済となった件数は109,660件，調停が成立したものは51,044件となっている。また，既済件数109,660件のうち，審理期間が2年を超えるものは1,726件，2年以内のものは4,649件であり，残りの103,285件は1年以内に審理が終了している（「平成11年司法統計年報3家事編」）。しかし，調停は当事者の合意を基礎とするから，相手方があくまでも争うときには不成立に終る。

　調停調書は，後述の確定判決と同一の効力をもつ（家審21条）。したがって，相手方が調停で定められた義務（たとえば，養育費や財産分与・慰謝料の支払義務）の履行をしないときには，この調書にもとづいて直ちに強制執行をすることができる（188頁参照）。しかし，すぐに強制執行を申し立てずに，その前に，家庭裁判所に申し出て，相手方に対し履行の勧告や履行命令をだしてもらうこともできる（正当な事由なしにこの命令に従わない者は，10万円以下の過料に処せられる）。また，金銭の支払いを内容とする義務の履行については，義務者からの申出により，裁判所が権利者のために金銭の寄託を受けるという途も開かれている（家審25条の2・15条の5〜15条の7）。

■ 調停に代わる審判と審判離婚

　調停をすすめていくうちに，基本線では当事者の合意をみたが，細部の点で意見が一致しないという場合もでてくる。離婚調停についていえば，たとえば，離婚をすることについては合意ができたが，財産分与・慰謝料の額や親権者の決定などで意見が対立しているという場合である。

　このような場合には，家庭裁判所は，調停委員会の意見をきき，いっさいの事情を勘案するとともに当事者双方への衡平の見地から，事件解決のために審判をすることが認められる（家審24条）。これを「調停に

代わる審判」という。

この審判に対しては，当事者・利害関係人は2週間以内に家庭裁判所に対して異議の申立てをすることが許され，その異議申立てがあると審判は効力を失うが，異議申立てがなければ，その審判には，確定判決と同一の効力が認められる（家審25条）。こうした形で成立した離婚を審判離婚というが，実際例としては，あまり多くはない。

■ 人事訴訟と裁判離婚

しかし，調停によっても離婚紛争の解決ができなかったときには，最後の手段として，訴訟による解決がはかられる。この訴訟手続については，人事訴訟手続法に特別の規定がある。

すなわち，民事訴訟法は――特に財産上の紛争を前提にして考えているために――紛争を紛争当事者間だけで個別的・相対的に解決する原理をとっているが（その結果，たとえば，甲は，ある土地について，乙との関係では所有者と確定されても，丙との関係では所有者でないと判断されることもありうる），ひとの身分関係は紛争当事者の間だけで相対的に決定されるべきものではない。したがって，この身分上の紛争の特殊性にもとづき，基本的な身分関係に関する一定の婚姻事件・養子縁組事件・親子関係事件（これらを人事訴訟事件という）については，民事訴訟法（一般法）の手続（171頁以下参照）に対して特別の手続が人事訴訟手続法（特別法）で規定されている。離婚事件は，こうした婚姻事件の1つとして，人事訴訟事件に属する。

離婚訴訟を起こす裁判所は，夫婦が共通の住所地をもつときにはその住所地の地方裁判所というように法律で一定されており（人訴1条），離婚を求める原告は，この裁判所に対して，訴状を提出する（なお，わが国では，女性からも離婚を請求できるようになったのは，明治6年の太政官布告以後のことであり，それ以前は，男子のみに離婚権が認められていた）。

訴状では，「請求の趣旨」欄で，原告が求める離婚判決の内容（慰謝料や財産分与の請求もできる）を明らかにし，「請求の原因」欄で，こうした判決を求める根拠を記載する。これに対し被告から答弁書が提出されて，当事者間の離婚紛争の大要が明らかとなる。民事訴訟では，後述のように，事実の主張や証拠の提出はすべて当事者の責任とされ，これを弁論主義と呼ぶが（この主義に関し182頁参照），人事訴訟では，身分関係の明確な決定の基礎として，真実の発見という要請がきわめて強くはたらくために，弁論主義は制限されて，裁判所自身も積極的に事実関係を調査し究明する（人訴14条）。これを職権探知主義というが，その結果認定された事実を基礎にして，裁判所は，原告の離婚請求を認むべきか否かを法にしたがって判断する。

■ 離婚が認められる要件

この場合の裁判官の判断の基準となる法（実体法）は，民法770条である。すなわち，同条1項は，離婚の訴えを提起しうる事由として，①不貞な行為，②悪意の遺棄，③3年以上の生死不明，④不治の精神病，⑤その他婚姻を継続し難い重大な事由の5つをあげている。

歴史的には，西洋では，はじめキリスト教の教義の下に離婚は禁止されたが，やがて，姦通・遺棄など相手方に責むべき原因がある場合に限って離婚が許容されることになり（有責主義），さらに，生死不明・精神病などが離婚原因に加えられるにおよんで，結局，当事者間の婚姻が客観的に破綻した場合には離婚が認められるべきものとされた（破綻主義）。

民法770条もこうした西洋の離婚法の歴

史を背景にもった規定であり，上の①から④までの事由も，今日では，⑤の「婚姻を継続し難い重大な事由」の例示と解されている。

したがって，裁判所は，審理の結果，当事者間の婚姻関係がすでに破綻していると認定する場合には，民法770条にしたがって，「原告と被告を離婚する」という離婚判決を下すことになるが（それらが認められないときは，原告の請求を棄却する判決をする），こうして成立した離婚が裁判離婚である。この離婚判決では，職権で子の親権者についての決定もなされる（民819条2項）。

なお，平成9年現在，離婚事由につき，④の不治の精神病を削除し，「夫婦が5年以上継続して婚姻の本旨に反する別居をしているとき」を追加する旨の改正が検討されている。この改正が成立すると，不治の精神病は，⑤の婚姻を継続しがたい重大な事由の一要素として考慮されることとなる。

［林屋礼二・北沢豪］

コラム　離婚の慰謝料の「相場」

慰謝料はどれくらいの金額になるのか，という質問は，離婚に関する法律相談の中で，もっともポピュラーなものではないかと思われる。「慰謝料」と「財産分与」は，理論的には別のものであるが，混同して使用されることもある。財産分与は，離婚に際し婚姻の当事者の一方から他方に支払われる財産上の給付をさし，婚姻中に形成された一方当事者名義の財産の清算，離婚後の一方当事者への扶養料，離婚に関し責任がある当事者の他方に対する損害賠償という三つの要素からなるとされている。これに対し，慰謝料は離婚に関して被った精神的損害の賠償とされており，財産分与と一部重複するところから，両者の関係が問題となる。判例は，この点につき，①財産分与請求権は，必ずしも相手方に離婚につき有責不法の行為のあったことを要件とするものではなく，慰謝料請求権とは性質を異にし，権利者は財産分与請求権と慰謝料請求権のどちらかを選択して行使することができるが（最判昭和31年2月21日民集10巻2号124頁），②財産分与がなされても，それが損害賠償を含めた趣旨と解せられないか，または，その額・方法が請求者の精神的苦痛を慰謝するに足りないと認められるときは，別個に慰謝料を請求することができる（最判昭和46年7月23日民集25巻5号805頁），という立場をとっている。

ある調査によると，昭和55年から平成元年までの間の東京地裁の判決で，認容された財産分与の平均額は1,035万円，同じく慰謝料の平均額は190万円とされている。ただし，財産分与ゼロの判決の件数は約55％，慰謝料ゼロの判決も約35％とされている（鈴木眞「東京地裁離婚判決にみる離婚給付の額・方法と決定基準」判例タイムズ788号6頁）。純粋の慰謝料の額としては，200万円前後が「相場」であり，多くても数百万円のレベルにとどまる，というのが一般的傾向ではないかと思われる。

［北沢豪］

5　扶　養

■ 扶養制度と私的扶養

扶養とは，生活不能者を扶(たす)け養うことである。どこの社会にも老齢・不具・疾病などによって自らの手では生活してゆけない者が存在するが，こうした生活不能者の面倒を誰がみるかが，扶養の問題である。

かつて，家制度の時代には，家がその生産活動にもとづいて取得した家産によって生活不能者の面倒をみたが，現代の家族は，消費家族（1頁参照）であるから，それは，もはや家産というべきものをもっていない。では，こうした今日の社会で，生活不能者の面倒は誰がみるか。

現代の国家は福祉国家であり，社会全体の向上発展を意図するものであるから，生活不能者の面倒は，国家がみるべきものと考えられる。そして，現に，わが憲法25条も，国民に対し，最低限度の生活をいとなむ権利を保障している。

しかし，わが国の財政の仕組みからすれば，国には，生活不能者すべての面倒をみうるだけの余裕がない。そこで，現行法の建て前としては，生活不能者は，第1に，その近親者に頼るべきものとされ，そうした近親者がいないか，あるいは，それに扶養の経済的余裕がない場合に，第2次的に，国家が面倒をみるということになっている。

すなわち，わが国では近親者を頼る観念がいまなお強いことから，こうした家族制度的道徳観の残影にすがって，第1次的には近親者による扶養を考えているのであり，これを私的扶養といい，これに対して，国家の手によって行なわれる扶養を公的扶助と呼ぶ。

■ 扶養義務者の範囲

では，いかなる範囲の近親者が扶養義務を負うものであろうか。

民法は，この点について，第1に，直系血族および兄弟姉妹は，互に扶養をする義務があるとしている（民877条1項）。すなわち，祖父母・父母と子・孫などの直系血族と兄弟姉妹は，相互に法律上当然の扶養義務者とされる（世間では，戦後，新民法で子には親を養う義務がなくなったということがいい伝えられたが，これは大変な誤解である）。そして，第2に，家庭裁判所は，特別の事情があるときは，3親等内の親族間においても，扶養の義務を負わせうるものとしている（民877条2項）。

したがって，事情によっては，オジ・オバとオイ・メイなどの間柄でも，扶養関係が認められるが，これは，家庭裁判所の審判で決められる義務者であるので，審判上の扶養義務者という。

■ 扶養義務の順位・程度

扶養義務者（あるいは扶養権利者）が数人いる場合の扶養の順位や扶養の程度・方法などは，当事者間の協議によって決められる。

たとえば，老母を扶養すべき3人の子がいる場合には，親子4人で相談のうえ，3人の子が平等に生活費を分担するとか，あるいは，長女と次男が生活費を出して長男が母親の身柄を引き取るとかいうように，その取り決めが行なわれる。しかし，この協議が調わないときには，家庭裁判所で決めてもらうことができる（民878条・879条）。

なお，夫婦間にも扶養の義務があるが（民

752条)，この夫婦間や未成熟の子に対する親の扶養義務と，他の生活不能者に対する扶養義務とは，性格的に異なるものである。すなわち，前者は，自己と同じ程度の生活を相手方に保障することを内容とするものであるのに対し，後者は，相手方の生活の倒壊を外部より扶けることを内容とする義務である。

■ 扶養請求事件と家事審判

家庭裁判所は，第2次大戦後，家庭に関する事件の特殊性を考慮し，その適切妥当な解決を図ることを目的として設けられた裁判所である。今日，家庭に関する事件について訴訟を起こすときには，前述のように，まずこの裁判所に調停を求めることが必要とされるが，それとともに，一定の家庭に関する事件の処理は，──通常の裁判所ではなく──家庭裁判所の専権に属するものとされている（ただし，人訴15条1項，家審9条乙4・5参照）。

この場合に家庭裁判所によって行なわれる一種の裁判を審判というが，この家事審判がなされる事件については，家事審判法9条1項に列挙されている（その他の法律にも，若干の定めがある）。

■ 甲類審判事項と乙類審判事項

家事審判事項には，甲類審判事項と乙類審判事項の区別がある。

まず，甲類審判事項とは，たとえば，禁治産宣告・失踪宣告・後見人の選任・未成年者を養子とすることの許可・限定承認や相続放棄の申述の事件などで，要するに──紛争事件ではなく──国家が私人の家庭生活に対して後見的作用を行なう場合である。

これに対し，乙類審判事項とは，たとえば，夫婦の同居協力扶助・婚姻生活費の分担・財産分与・扶養・遺産分割の事件などで，これは，対立当事者が存在して，事件が争訟的性格をもつ場合であるが，こうした紛争事件が家庭裁判所の専権に委ねられたのは，身分上の紛争が財産上の紛争と異なってきわめて非合理的な要素より成り立っていることから，家庭裁判所が柔軟な態度で具体的な場合に即した紛争処理の方法をとることを期待したためである。

しかし，この乙類審判事項は争訟的性格をもつものであるから，それについて審判を求める場合には，──調停前置主義の規定はないが──まず調停を申し立てるのが普通の扱いである（家審11条参照）。

そこで，扶養に関する事件は，乙類審判事項であり，したがって，扶養をめぐって問題が生じたときには，まず家庭裁判所に口頭または書面で調停を申し立て，それが不調となった場合に審判を求めうることになる。この場合に，調停が不調となれば手続は当然に審判手続に移行し，改めて審判申立書を提出する必要はない（家審26条1項）。乙類審判事項の場合の手数料は，1件900円である（甲類審判事項の場合は600円）。

■ 家事審判手続

家事審判手続は，1名の家事審判官によって行なわれるが，1名以上の参与員（調停委員と同様に，民間の有識者の中から毎年家庭裁判所によって選任される）を立ち会わせ，または，その意見を聞いて行なうこともある（家審2条・3条1項）。

家事審判の申立てがあると，その事件の審判官は，審判の期日を指定して関係人を呼び出す。関係人の出頭義務は調停における当事者の場合と同様であり，審判も非公開でなされる。また，審判でも，事実の調査や証拠調べは職権でなされ，そうした事実の調査や証拠調べにもとづいて，事件につき審判がなされる。[資料17]は，扶養審

[資料17　家事審判書]

平成8年（家）第250号　扶養申立事件
審　　判
本　籍　××県××市××町×丁目×番地
住　所　××県××市××町×丁目×番×号
申　立　人　　甲　野　春　子
本　籍　申立人に同じ
住　所　申立人住所に同じ
申立人法定代理人親権者母　　甲　野　夏　子
本　籍　××県××市××町×丁目×番地
住　所　××県××市××町×丁目×番×号
相　手　方　　乙　野　太　郎
主　　文
相手方は申立人に対し，金95万円を直ちに，平成8年9月1日以降申立人が成年に達するまで1か月金5万円の割合による金員を，それぞれ毎月末日限り支払え。
理　　由
1　申立の趣旨
相手方は申立人に対し，相当額の養育費を支払え。
2　申立の実情
申立人は，申立人法定代理人甲野夏子（以下，「申立人の母」という。）と相手方との子として平成4年5月6日に出生し，相手方は平成4年9月1日，届出により申立人を認知した。相手方は申立人の父として養育費を負担する義務あるところ，平成4年9月から平成7年1月までは月額金4万円の養育費を支払ったものの，同年2月以降はこれを支払わない。相手方は平成元年以降××株式会社に勤務しており相当の収入がある。
3　当裁判所の判断
(1)　本件記録によると，次の事実を認めることができる。すなわち，申立人の母は，××に勤務していた平成2年3月ころ相手方と知り合い，間もなく同人と情交関係を持つに至り，平成4年5月6日，申立人を出産した。相手方は，平成4年9月1日，届出により申立人を認知し，以後月額4万円の養育費を支払ってきたが，平成7年2月以降，養育費を支払わなくなった。なお，相手方は，平成7年12月，妻秋子と結婚している。
以上の事実によると，相手方は申立人に対し，未成熟子の父として，監護養育に要する費用を支払う義務があるものと認められる。

(2) 相手方の分担すべき養育費につき検討する。

本件記録によると、申立人の母は25歳であり、現在、××株式会社に勤務し、月額平均12万円の収入（手取）を得ていること、申立人は現在保育園に通園していること、相手方（30歳）は××株式会社に勤務し、賞与等も含め月額平均33万円の収入（手取）を得て、妻とともに生活していること、申立人の母及び相手方とも、資産はないことが認められる。

未成熟子に対する扶養料を算定するにあたっては、親の資産、収入、その生活に必要な費用、子の性別、年齢、就業程度のほか、親や子の最低生活費やその現実の生活程度等諸般の事情を総合して決定すべきであるが、申立人の母及び相手方の収入を基礎とし、これに労働科学研究所が実態調査をして算出した総合消費単位指数を用いて申立人の生活のための消費金額を試算すると、次のとおりである。

申立人の母の下での消費金額　　120,000×45÷(90＋45)＝40,000

相手方の下での消費金額　　　　330,000×45÷(100＋80＋45)＝66,000

親は未成熟子に対し、自己の生活を保持するのと同程度の生活を保持させる義務があるので、上記のうち相手方のもとで生活した場合の消費金額6万6千円をもって申立人の生活費とするが、これを申立人の母と相手方に負担させる場合は、その収入額に比例して按分負担させるのを相当とする。これによる相手方の負担額は、次のとおり、1か月金4万8400円となる。

66,000×330,000÷(120,000＋330,000)＝48,400

以上の計算をふまえ、その他諸般の事情を総合して考えると、相手方の負担すべき養育費は1か月5万円が相当と判断される。

(3) 以上の次第であるから、相手方は申立人に対し、平成7年2月以降本件審判言渡後の月である平成8年8月までの19か月の養育費として合計95万円及び平成8年9月1日以降申立人が成年に達するまでの養育費として1か月5万円の割合による金員の支払をなすべきものと判断する。

よって主文のとおり審判する。

平成8年8月5日

××家庭裁判所

家事審判官　××××

判事件における審判の一例である。

審判書では，まず，関係人として，申立人・相手方などが記載され，つぎに，「主文」欄で，申立人の申立てに対する裁判所の応答としての判断が示される。そして，その主文の判断にいたった根拠が，「理由」中で述べられる。この審判に対しては，その告知を受けた日から2週間以内に高等裁判所に即時抗告という形で不服申立てをすることができるが（家審14条），これについての高等裁判所の判断に対しては，——憲法違反を理由とする特別抗告をのぞき——最高裁判所への再抗告は許されない。

審判が確定したときには，その審判が金銭の支払いや物の引渡しなどの債務者の行為を命ずるものである場合には，審判に執行力が生ずる（家審15条）。したがって，たとえば相手方が扶養料の支払いをしないときには，その審判にもとづいて強制執行をすることができる。なお，家事審判の場合にも，家事調停におけると同様の履行確保の制度が認められている（家審15条の5～7）。

■ 社会保障制度と公的扶助

しかし，こうした私的扶養ができない場合には，公的扶助の形で，生活不能者に対する国家からの扶助が行なわれる。憲法25条は，前述のように，国民に対する最低限度の生活保障を規定している。これは，わが国の進むべき道を示したものとして，いわゆるプログラム規定と呼ばれているが，この精神にしたがって，今日，生活保護法などで種々の具体的な施策が講ぜられている。

一般に，老齢・失業・疾病・傷害・家計担当者の死亡・多子などの原因で国民が生活をしてゆくために必要な所得を得ることが困難である場合に，国家の責任でその生活を保障する制度を社会保障制度という。わが国のような資本主義国においては，この生活保障は，国民所得を税金などの財政収入や保険料の形で吸い上げることにより，それを資金として行なう方法がとられている。

そして，このうち，財政収入を資金として行なう生活保障を公的扶助といい，保険料の形で準備した資金による生活保障を社会保険という。しかし，生活不能者が病人・老人・児童などである場合には，経済的な保障に加えて，さらに医療施設や福祉施設などを提供する形での生活保障も必要になるので，広義で社会保障というときには，経済的保障（狭義の社会保障）とともに，これらの医療保健や社会福祉をも含めて用いている。

こうした広義の社会保障法としては，公的扶助に関する生活保護法，社会保険に関する国民健康保険法・国民年金法・雇用保険法・労働者災害補償保険法，医療保健や社会福祉に関する児童福祉法・老人福祉法・身体障害者福祉法・介護保険法などがある。

■ 保護申請手続

さて，公的扶助（生活保護という）を希望する者は，まず，保護申請書に必要な事項を記入して，これを居住地の福祉事務所に提出することが必要である。

福祉事務所とは，社会福祉行政を行なう第一線の機関で，都道府県および市には，その設置義務がある（事務所の数は，全国で1,000を超える）。

申請は，保護を要する者のほか，その扶養義務者や同居の親族からもなしうるが，この申請があると，ケースワーカーとしての福祉事務所の所員が，申請書にもとづいて，申請者に生活保護を受けうる資格があるか否かの調査を行なう。

生活保護を受けるためには，第1に，利用できる資産や能力はすべてこれを活用し，

それでもなお暮らしてゆけないという事情にあることが必要とされる。また，第2には，前述のように，民法上の扶養によって生活してゆけないという情況にあることが必要である。以上を生活保護の補足性という(生活保護4条)。そして，第3に，――生活保護は世帯を単位として行なわれるから――世帯の構成員がすべて保護の要件を充たすことが必要となる(生活保護10条)。ただし，第3の点については，世帯員の中に保護の要件を欠く者がある場合に，世帯員を二分して，その一方だけに保護を与えるという，いわゆる世帯分離の便法も認められている。

■ 生活保護の種類・内容

この調査が終わると，それを基礎にして，申請者に保護を受ける資格があるかどうか，あるとされる場合にはいかなる内容の保護が与えられるかを，福祉事務所の長が決定する。

この場合，生活保護の種類としては，生活扶助・教育扶助・住宅扶助・医療扶助・出産扶助・生業扶助・葬祭扶助の7種があり，生活困窮者は，保護の要件を具備する限り，これらの扶助の1または2以上の扶助を(これらの扶助は，医療扶助をのぞいて，原則として金銭により給付される)，その必要に応じて受けることができる(生活保護11条)。

生活保護の基準は，厚生省告示(生活保護法による保護の基準)により定められているが，教育扶助・医療扶助・出産扶助・生業扶助を除き，1級地-1から3級地-2の6区分が設けられている。また，基準には一般基準と特別基準があり，要保護者に特別の事由があって告示の基準によりがたいときは厚生大臣が特別の基準を定めることとされている。

この保護の基準によると，東京区部(1級地-1，Ⅵ区)で居宅，家族構成が35歳男，30歳女，9歳子，4歳子の場合の生活扶助基準(冬期加算，住宅扶助を含む)は月額220,980円となる(平成12年度現在)。

■ 社会保障制度の運用と問題点

いわゆる朝日訴訟は，昭和31年7月当時の療養患者に対する生活扶助基準が違憲であることを主張して裁判所で争われた事件として，著名である(東京地裁昭和35年10月19日判決，東京高裁昭和38年11月4日判決，最高裁昭和42年5月24日判決参照)。

決定がなされると，それは，申請の日から原則として14日以内(おそくとも30日以内)に，書面の形で申請者に通知されなければならず，30日以内に通知がなければ，申請者は，申請が却下されたものとして不服申立てをすることができる(生活保護24条)。決定に対する不服申立ては都道府県知事に対する審査請求として行なわれるが，知事の裁決に対しては，厚生大臣に再審査請求をするか，あるいは処分の取消しを求めて裁判所に訴訟を提起することもできる(生活保護64～69条)。

生活保護が与えられると，その後は，前述のケースワーカーが被保護者の生活指導にあたるが，その中で被保護者が所持していた耐久消費財等の処分を命じたことから種々のトラブルを生じた例もこれまでに多くある。

しかし，生活保護は，生活困窮者に対して最低生活を保障するとともに，その自立助長を図るための制度であるから(生活保護1条)，この点にも十分留意して，その取扱いは慎重になされることが期待される。

なお，平成8年度における生活保護の受給世帯は約61万3千世帯，受給者数は約88万7千人となっている。

［林屋礼二・北沢豪］

6 相続

■ 死亡と相続

ひとが死亡した場合には、家族の者や同居者などの届出義務者(戸87条)は、死亡の事実を知った日から7日以内に、[資料18]のような死亡届を市区町村役場(死者の本籍地か死亡地または届出人の所在地の役場)に提出しなければならない(戸86条1項・88条)。死亡届に刷りこまれている死亡診断書([資料19])は医師に記入を頼むが、事故死の場合とか変死の疑いがある場合には、直ちに警察に連絡して検死を受け、死体検案書という形で記入してもらうことになる。

ひとが死亡すると、その瞬間に相続が開始する(民882条)。相続とは、死亡によって、死亡者(被相続人)の財産に関する権利義務が一定の近親者(相続人)に法律上当然に移転することである。

民法旧規定の下では、相続には、家長としての地位と家産を承継する家督相続と、家族の者が死亡した場合にその者の財産を受け継ぐ遺産相続とがあったが、家制度を廃止した今日の民法では、各人の財産についての遺産相続があるだけである。

なお、この相続では、不正な利益を得ようとして相続に関して不法な行為をなした者などは相続人となることができず(民891条)、また、虐待・重大な侮辱などの事由があるときには、被相続人は、家庭裁判所に調停や審判で(審判の場合は、被相続人の住所地の家裁)相続人となる筈の者(推定相続人)の廃除(相続権の剥奪)を求めることができる(民892条)。

■ 相続人になる順序

誰が相続人となるかは法律で一定され、血族では、第1順位は子、第2順位は直系尊属、第3順位は兄弟姉妹であって、配偶者は、これらの者と共に常に相続人となる(民887条~890条。そこで、配偶者がいないときは、順位にしたがって血族相続人だけが、また、血族相続人がいないときは、配偶者だけが相続人となる)。

■ 相続の放棄

相続は被相続人の財産的な権利義務を受け継ぐものであるから、被相続人の債務も承継する(この場合、判例は、普通の保証債務は相続するが、身元保証・信用保証は、その責任範囲が不明確であるから、相続しないと解している)。しかし、相続人が被相続人の債務の弁済を常に当然に強制されるものとすることは妥当ではない。

そこで、相続人には、相続を全くしないこととする相続放棄(民915条以下)と、相続人が相続財産を限度として債務の負担をする(もしプラスの財産が残れば、その相続をする)限定承認(民922条以下)という制度が認められている(もっとも、相続放棄は、相続人中の1人に全財産を相続させる手段としても広く用いられている)。

これらは、相続開始を知った時から3ヵ月以内(この期間は延長を申し立てることもできる)にその旨を被相続人の住所地の家庭裁判所へ申述(しんじつ)することによって行なわれるが(民924条・938条)、[資料20]は、相続放棄の場合の申述書である。相続人が数人いるとき(共同相続のとき)には、限定承認は全員共同ですることが必要であるが、放棄は単独でなしうる。

6 相続

[資料18 死亡届] （正式の届は黒色刷）

死亡届

平成 8 年 3 月 30 日届出

横浜市鶴見区長　殿

受理	平成　年　月　日	発送	平成　年　月　日
	第　　　　号		
送付	平成　年　月　日		長印
	第　　　　号		
書類調査	戸籍記載	記載調査	調査票	附票	住民票	通知

(1)(2)	氏　名	（よみかた）ほんま　たもつ 氏　本間　名　保	☑男　□女
(3)	生年月日	明治 44 年 2 月 26 日　（生まれてから30日以内に死亡したときは生まれた時刻も書いてください）　□午前　□午後　　時　　分	
(4)	死亡したとき	平成 8 年 3 月 29 日　□午前　☑午後　10 時 45 分	
(5)	死亡したところ	横浜市鶴見区北寺尾町123　番地　番 4 号	
(6)	住　所 （住民登録をしているところ）	横浜市鶴見区北寺尾町123　番地　番 4 号 （よみかた）ほんま　たもつ 世帯主の氏名　本間　保	
(7)	本　籍 （外国人のときは国籍だけを書いてください）	広島市吉島本町二丁目563　番地番 筆頭者の氏名　本間　保	
(8)(9)	死亡した人の夫または妻	☑いる（満 62 歳）　いない（□未婚　□死別　□離別）	
(10)	死亡したときの世帯のおもな仕事と	□1. 農業だけまたは農業とその他の仕事を持っている世帯 □2. 自由業・商工業・サービス業等を個人で経営している世帯 □3. 企業・個人商店等（官公庁は除く）の常用勤労者世帯で勤め先の従業者数が1人から99人までの世帯（日々または1年未満の契約の雇用者は5） □4. 3にあてはまらない常用勤労者世帯及び会社団体の役員の世帯（日々または1年未満の契約の雇用者は5） □5. 1から4にあてはまらないその他の仕事をしている者のいる世帯 □6. 仕事をしている者のいない世帯	
(11)	死亡した人の職業・産業	（国勢調査の年…平成　年…の4月1日から翌年3月31日までに死亡したときだけ書いてください） 職業　　　　　　　　　　　産業	
	その他		

届出人		
	□1. 同居の親族　☑2. 同居していない親族　□3. 同居者　□4. 家主　□5. 地主 □6. 家屋管理人　□7. 土地管理人　□8. 公設所の長	
住　所	横浜市鶴見区北寺尾町567	番地　番 8 号
本　籍	広島市吉島本町二丁目563　番地番　筆頭者の氏名　本間　保	
署名	本間 きん　㊞　昭和 8 年 9 月 23 日生	

事件簿番号		連絡先	電話（×××）4567 番 自宅・勤務先・呼出　　　　　　方

45

Ⅰ 家族生活と法律

[資料19 死亡診断書]
(これは正式には前頁の死亡届と同一の用紙の右側に印刷されている)

死亡診断書(死体検案書)

この死亡診断書(死体検案書)は、我が国の死因統計作成の資料としても用いられます。かい書で、できるだけ詳しく書いてください。

氏 名	本間 保	①男 2女	生年月日	明治 大正 昭和 平成 (生まれてから30日以内に死亡したときは生まれた時刻も書いてください。) 44年2月26日 午前・午後 時 分

死亡したとき	平成 8年 3月 29日 午前・午後 10時 45分

死亡したところ及びその種別	死亡したところの種別	1病院 2診療所 3老人保健施設 4助産所 5老人ホーム ⑥自宅 7その他
	死亡したところ	横浜市鶴見区北寺尾町123 番地 番4号
	(死亡したところの種別1〜5) 施設の名称	

死亡の原因	Ⅰ	(ア)直接死因	脳出血	発病(発症) 又は受傷から死亡までの期間 ◆年、月、日等の単位で書いてください ただし、1日未満の場合は、時、分の単位で書いてください (例:1年3ヵ月、5時間20分)	20時間
◆Ⅰ欄、Ⅱ欄とも に疾患の終末期の状態としての(心不全、呼吸不全等は書かないでください ◆Ⅰ欄では、最も死亡に影響を与えた傷病名を医学的因果関係の順序で書いてください ◆Ⅰ欄の傷病名の記載は各欄一つにしてください ただし、欄が不足する場合は(エ)欄に残りを医学的因果関係の順番で書いてください		(イ)(ア)の原因	動脈硬化症		7ヵ月
		(ウ)(イ)の原因			
		(エ)(ウ)の原因			
	Ⅱ	直接には死因に関係しないがⅠ欄の傷病経過に影響を及ぼした傷病名等			
	手術	1無 2有	部位及び主要所見	手術年月日	平成 昭和 年 月 日
	解剖	1無 2有	主要所見		

死因の種類	1病死及び自然死 外因死 不慮の外因死 {2交通事故 3転倒・転落 4溺水 5煙、火災及び火焔による傷害 6窒息 7中毒 8その他} その他及び不詳の外因死 {9自殺 10他殺 11その他及び不詳の外因死} 12不詳の死

外因死の追加事項 ◆伝聞又は推定情報の場合でも書いてください	傷害が発生したとき	平成・昭和 年 月 日 午前・午後 時 分	傷害が発生したところ	都道府県 市 区 郡 町村
	傷害が発生したところの種別	1住居 2工場及び建築現場 3道路 4その他( )		
	手段及び状況			

| 生後1年未満で病死した場合の追加事項 | 出生時体重 グラム | 単胎・多胎の別 1単胎 2多胎 (子中第 子) | 妊娠週数 満 週 |
| | 妊娠・分娩時における母体の病態又は異状 1無 2有 [ ] 3不詳 | 母の生年月日 昭和 平成 年 月 日 | 前回までの妊娠の結果 出生児 人 死産児 胎 (妊娠満22週以後に限る) |

その他特に付言すべきことがら	

上記のとおり診断(検案)する 診断(検案)年月日 平成 8年 4月 1日
本診断書(検案書)発行年月日 平成 年 月 日

病院、診療所若しくは老人保健施設等の名称及び所在地又は医師の住所 横浜市鶴見区馬場町678 番地 番9号

(氏名) 医師 藤田 一郎 ㊞

[資料20 相続放棄申述書]

相続放棄申述書

関連事件番号 昭和・平成　年（家）第　号

東京家庭裁判所 御中
平成 8 年 3 月 6 日

申述人（未成年者などのときは法定代理人）の署名押印：田中　泰子 ㊞

予納郵便切手　　円

（この欄に収入印紙600円をはる。）

（消印しないこと。）

添付書類：申述人・法定代理人の戸籍謄（抄）本 1通　　被相続人の戸籍謄（抄）本 1通

申述人
- 本籍：東京都××区××町50番地
- 住所：東京都××区××町1丁目2番3号（　　　方）　電話（××××局）××××-○○ 7890番
- 氏名：田中　泰子　　大正・昭和・平成 26年 9月 17日生　職業：会社員
- 被相続人との関係：※ 被相続人の……①子　2 孫　3 配偶者　4 直系尊属（父母・祖父母）　5 兄弟姉妹　6 おいめい　7 その他（　　　）

法定代理人
※ 1 親権者　2 後見人　3 特別代理人
- 住所：　　　　　　　（　　　方）○○○-○○　電話（　　局）　番
- 氏名：　　　　　　　　氏名：

被相続人
- 本籍：東京都××区××3丁目100番地
- 最後の住所：東京都××区××町3丁目4番5号　　死亡当時の職業：会社員
- 氏名：村田　一郎　　大正・昭和・平成 7年 12月 19日死亡

※ あてはまる番号を○でかこむこと。

申立ての趣旨	相続の放棄をする。

申立ての実情

※ 相続の開始を知った日 ……… 平成 7 年 12 月 19 日
① 被相続人死亡の当日　　3 先順位者の相続放棄を知った日
2 死亡の通知をうけた日　　4 その他（　　　）

放棄の理由
※
① 被相続人から生前に贈与をうけている。
2. 生活が安定している。
3. 遺産が少ない。
4. 遺産を分散させたくない。
5. 債務超過のため。
6. その他（　　　）

相続財産の概略
- 資産
  - 農地……約　　　平方メートル
  - 山林……約　　　平方メートル
  - 宅地……約 396 平方メートル
  - 建物……約 82 平方メートル
- 現金……約 1200 万円
- 預貯金
- 有価証券……約　　　万円
- 負債……約　　　万円

※ あてはまる番号を○でかこむこと。

［資料21　遺言書］

　　　遺　言　書

私は、つぎのとおり遺言する。

一、東京都港区×××四丁目所在、地番壱〇五〇番の宅地参〇平方メートルおよび同所同番地所在家屋番号壱〇五〇番弐参の居宅一棟ならびに第二信託銀行貸付信託参千萬円は、妻初枝に相続させる。

一、残りの財産は、長男勝および次男実に弐分の壱ずつ相続させる。

一、ただし、富岡鉄斎掛軸一幅は、弟の二郎に遺贈する。

　　平成八年一月二日

　　　　　　　木　村　一　郎　㊞

弐字訂正
木村一郎㊞

■ 遺言のある場合の相続

　満15歳以上の者は，一定の身分上または財産上のことがらに関する措置を自己の死によって効力を生ずる遺言（いごん）の中で明らかにしておくことができるが（民961条。たとえば民781条2項参照），死後の財産の処分についても，遺言で決めておくことができる（このように遺言で自由に自己の財産を処分しうることを遺言自由の原則という）。

　しかし，この遺言は，遺言者の真意を伝える必要上から，法律の定める一定の方式にしたがったものであることが要求される（民960条。この要式を備えない遺言は，無効となる）。そして，この方式には，普通方式と特別方式の2種がある。

■ 遺言の普通方式

　普通方式の第1は，もっとも簡単な遺言の方式で，遺言書の全文・日付け（必ず記入が必要。月日だけでなく年まで書くこと）・氏名を遺言者が自書し（したがって，代筆やタイプ，テープレコーダーなどではいけない），それに印（認印でよい）を押したものである（封筒に入れるか否かは自由）。この場合，［資料21］におけるように，文面を訂正したときには，その訂正箇所に押印し，その行の上部などに訂正字数を明記して署名することが必要である。これを自筆証書遺言という（民968条）。

　しかし，自筆証書遺言は簡単なだけに偽造・変造の危険もあるので，第2に，遺言者が公証人役場へ行って（公証人の出張を頼

むこともできる）遺言を公正証書の形で作る方法もある。この場合には証人（遺言では一般に，未成年者・推定相続人・受遺者やその関係者などは証人となることが許されない。これらの者が関与すると，遺言は無効となる。民974条・982条）2人以上の立会いが必要で，遺言者が公証人に遺言を口述し，公証人が筆記したものを遺言者と証人に読み聞かせ，遺言者・証人が署名押印することによって，この遺言が成立する。これを公正証書遺言という（民969条）。

しかし，この方法でも遺言の内容が他人に知られてしまうという欠点があるので，これを好まぬ人のために，第3の方式として，遺言者が遺言書を封筒に入れて封印をし，中に自分の遺言書が入っていることを公証人に公証してもらう方法がある。中に入れる遺言書は自筆でなくてもよいが，自ら署名押印することと加除訂正の明記は必要であり，また，封印の印章は遺言書に用いたと同一のものでなければならない。この手続でも，証人2人以上の立会いが必要である。

これを秘密証書遺言という（民970条）。なお，以上いずれの方式による場合にも，2人以上の者が遺言を同一の証書で共同にすることは禁止される（共同遺言の禁止。民975条）。

■ 遺言の特別方式

ところが，こうした通常の遺言ができないという場合もある。そこで，そうした場合には，特別方式の遺言が認められる。

まず，病気などで死亡の危険が迫っている者には，臨終遺言として，証人3人以上の立会いの下に口頭で遺言をすることが許される（民976条）。この遺言は，証人の1人が遺言者の口授を筆記してそれを遺言者および他の証人に読み聞かせ，証人全員がその書面に署名押印することによって行なわれるが（加除訂正には，証人全員の署名押印が必要），この遺言は，遺言の日から20日以内に証人または利害関係人より相続開始地または遺言者の住所地の家庭裁判所に請求して，それが遺言者の真意にもとづくことの確認を得る必要がある。

その他，伝染病で隔離中の者や船舶で遭難した者などの遺言についても，特別方式が認められる（民977条以下）。しかし，これらの遺言は，危険が去ってから6ヵ月たつと効力を失う（民983条）。

■ 遺言自由の範囲

遺言において，遺言者は，相続人の全員あるいはその一部の者（たとえば妻だけ）について，遺産の全部あるいは一部（たとえば土地だけ）に関する相続の割合すなわち相続分を指定することができる（指定相続分。遺言で一部の者の相続分が決められたにすぎない場合には，他の共同相続人の相続の割合は，後述の法定相続分にしたがう。民902条2項）。また，遺言者は，自ら指定せずに，相続人以外の第三者に相続分の指定を委任することもできる（民908条）。

さらに，遺言で財産を第三者に贈与することもできる（民964条）。遺言による贈与を遺贈というが，遺産の全部または何分の1という形で遺贈を受けた者は包括受遺者と呼ばれ，相続人と同様の権利義務をもつことになる（民990条）。

なお，遺言者は，遺言の執行（たとえば相続人の廃除や遺贈など）をするために，遺言執行者を定めておくこともできる（民1006条）。

■ 遺留分制度

しかし，上述のような遺産分配の定めは，遺留分を侵すものであってはならない（民902条1項）。

遺留分とは，一定の相続人のために必ず

残しておくことを要する相続財産の一定部分をいう。すなわち，被相続人の財産の蓄積にはその近親者たちの協力もあったであろうし，また，従来被相続人の働きに依拠して生活してきた者にとっては，被相続人の財産によって今後の生活も保障されることが望まれるであろうから，遺言自由の原則にも一定の制限を課し，一定割合の財産だけは相続人のために保留すべきものとされているのである（もっとも，この遺留分を相続開始前に家裁の許可をえて放棄することも許される。民1043条）。

この遺留分は，相続人が配偶者・直系卑属・直系尊属であるときに認められ（兄弟姉妹には遺留分はない），①直系尊属のみが相続人であるときは，被相続人の財産の3分の1，②その他の場合には，被相続人の財産の2分の1とされる（民法1028条）。そして，共同相続のときには，この遺留分の中で後述の法定相続分にしたがって各自の取り分が決まる（民1044条・900条）。そこで，もし遺言者が遺留分を侵して遺産を処分したときには，遺留分権利者はその侵された部分の回復を——1年以内に限り（1042条参照）——主張することができるが，これを遺留分の減殺（げんさい）という（民1031条以下）。

■ 遺言書を発見したとき

死亡者が遺言書を残していたときには（遺言書は，死後発見できるような場所に保管されることが必要である），その遺言書の保管者あるいはこれを発見した相続人は，それが公正証書遺言以外の場合には（すなわち，自筆証書遺言をはじめとして秘密証書遺言や臨終遺言などの場合には），直ちに相続開始地または遺言者の住所地の家庭裁判所に遺言書を提出して，遺言書の状態の検認（検査確認）を受ける必要がある（民1004条1項2項）。また，封印されている遺言書は，家庭

[資料22　法定相続分]

①	子	$\frac{1}{2}$ （各人均分）	配偶者	$\frac{1}{2}$
②	直系尊属	$\frac{1}{3}$ （各人均分）	配偶者	$\frac{2}{3}$
③	兄弟姉妹	$\frac{1}{4}$ （各人均分）	配偶者	$\frac{3}{4}$

裁判所で相続人またはその代理人立会いの下に開封されなければならない（同条3項）。

これらは，遺言書の偽造・変造を防ぐための手続であり，これに違反した者は，過料に処せられる（民1005条。しかし，これらによって遺言自体が無効となることはない）。なお，遺言書が数通あって内容が矛盾するときには，矛盾する部分については，一番新しい日付けの遺言が有効となる（民1023条。なお，遺言者は，すでに行なった遺言を遺言の方式で取り消すこともできる。民1022条）。

■ 遺言のない場合の相続

これに対し，以上のような遺言がなかった場合には，法定の順位により，もし同順位の者が数人いるときは民法が定める相続分（法定相続分［資料22］参照。民900条）にしたがって，相続が行なわれる。そこで，遺言がなかった場合の相続の態様を総括すると，つぎのようになる。

第1に，被相続人に配偶者と子があるときは，この両者だけが相続人となり，その相続分は，それぞれ2分の1である（［資料22］の①の例）。もし配偶者がいなければ，子だけで全部を相続する。

子は実子・養子を含み，実子である限りは，結婚した者も養子(特別養子を除く。民817条の9)に行った者も含まれる。また，相続の場合には，前述のように，胎児もすでに生まれたものとみなされる(民886条)。そして，子が2人以上いるときには，遺産の2分の1を平等の割合で分ける(諸子均分相続制)。非嫡出子の相続分は嫡出子の2分の1となる。

死亡・廃除などにより相続権のない子があって，その者に子供があるときには，その子供が亡父に代わって亡父の分を相続する(民887条2項)。これを代襲相続という。

なお，現在，非嫡出子の相続分を嫡出子と同等とする趣旨の改正が検討されている。

第2に，被相続人に子がないときには，配偶者と直系尊属が相続人となる。その相続分は，配偶者が3分の2，直系尊属が3分の1である(上掲②の例)。配偶者もいなければ，直系尊属だけで全部の相続をする。直系尊属の中では，親等の近い者(たとえば祖父母より父母)が優先する(民889条1項1号)。

第3に，直系尊属もいないときには，配偶者と被相続人の兄弟姉妹が相続人となる。その相続分は，配偶者が4分の3，兄弟姉妹が4分の1である(上掲③の例)。

もし配偶者もいなければ，兄弟姉妹だけで相続をする。この場合，父母の一方だけを同じくする兄弟姉妹の相続分は，父母の双方を同じくする者の2分の1となる。兄弟姉妹についても，代襲相続が認められる(民889条2項)。

配偶者のほかに子も直系尊属も兄弟姉妹もいないときには，配偶者だけが相続をする。

■ 相続人がいない場合

もし，これらの相続人の存在が全く分からない場合には，利害関係人または検察官から被相続人の住所地の家庭裁判所に請求して，相続財産管理人を選任し，相続人の捜索をするが(民952条・958条)，その結果相続人が判明しなかったときには，家庭裁判所は，被相続人と特別の縁故があった者(たとえば看護者・内縁の妻など)からの申立てにより(申立期間に制限がある)，これに遺産の一部または全部を与えることができる(民958条の3)。しかし，特別の縁故者もいなければ，遺産は，国庫に帰属する(民959条)。

■ 相続人間の公平を図る制度は

ところで，相続人の中に，被相続人から遺贈を受けた者や，婚姻・養子縁組のためもしくは生計の資本として(たとえば学資の形で)生前に贈与を受けた者がいるときには，現実に残された財産にこれらの贈与額を加えたものを相続財産として，これに対する各自の相続分を計算し，その額から受贈額を差し引いたものをその者の取り分とする(民903条)。これは，相続人間の公平を期するためである。

しかし，被相続人がこれと異なった意思を表示していたときには，遺留分に反しない限り，それに従う。なお，贈与された物の評価は，原則として相続開始時の時点でなされる(民904条)。したがって，たとえば，贈与された土地の値が騰貴していれば，その高い値で贈与を受けたものとして扱われる。

また，相続人の中に，被相続人の事業に関し労務の提供や財産の給付を行なったり，

[資料23　遺産分割協議書]

遺産分割協議書

東京都世田谷区玉川奥沢町一丁目五八番七号
　　　相続人　長男　小林　祐一
藤沢市鵠沼藤ヶ谷一丁目八番七号
　　　相続人　次男　小林　幸二

平成八年三月一五日小林太郎の死亡により、右共同相続人は、被相続人の遺産分割につき左のとおり合意した。

一、東京都世田谷区玉川奥沢町一丁目所在、地番五五八番の宅地弐参壱平方メートルおよび同所同番地所在、家屋番号五五八番参弐の居宅壱棟ならびに×××局五六七八番の電話加入権は、相続人小林祐一が取得する。

二、長野県北佐久郡軽井沢町大字軽井沢字大久保所在、地番八弐〇番の宅地参〇平方メートルおよび同所同番地所在、家屋番号八弐〇番壱〇の居宅壱棟は、小林幸二が取得する。

三、××製鉄株式会社株式弐千株および〇〇銀行自由ヶ丘支店の被相続人名義の普通預金弐百万円は、小林祐一が取得する。

四、△△不動産株式会社株式四千株、□□電鉄株式会社株式四千株および第二信託銀行貸付信託壱千万円は、小林幸二が取得する。

五、右第一項ないし第四号に記載する以外の遺産は、すべて小林祐一が取得する。

右協議の成立を証するため、この証書弐通を作成し、各署名捺印して、その壱通を所持する。

平成八年五月二十日

　　　　　右
　　　　　　小林　祐一　㊞
　　　　　　小林　幸二　㊞

被相続人の療養看護につとめたりして被相続人の財産の維持・増加に特別の寄与をした者がいるときには，共同相続人の協議でその者の寄与分を定め，これを被相続人が相続開始の時において有した財産の価額から控除した残りを相続財産とみなし，これに対する各自の相続分を計算し，その額に寄与分を加えた額をもってその者の相続分とする（民904条の2第1項）。これも相続人間の公平を期するための規定である。

■ **遺産分割と相続税**

共同相続の場合には，共有となっている遺産を各自の相続分にしたがって現実に分割することが必要となる。共同相続人は遺産の分割を請求できるが，この分割は，相続人間の協議によってなされる（この協議では，法定相続分と異なった割合で分割を決めることもできる）。協議が調えば，普通，[資料23]のような形式の遺産分割協議書が作られるが，この協議が調わないときまたは協議ができないときには，家庭裁判所に分割の調停や審判（審判の場合は，被相続人の住所地または相続開始地の家裁）を請求することができる（民907条）。

遺産の分割は，遺産の種類・性質，各相続人の職業その他いっさいの事情を考慮して行なわれるが（民906条），現物で遺産を分ける現物分割や遺産を換価して代金を分配する換価分割のほか，債務負担の方法による分割も認められる。

すなわち，家庭裁判所は，特別の事由があると認めるときには（たとえば農地の相続の場合），共同相続人中の1人または数人に遺産の全部を与え，他の相続人の相続分に応ずる価額をこれに債務として負担させて，分割支払いなどの方法でその債務の弁済をさせることもできる（家審規109条）。

6 相　続

[資料24　相続税の速算表]　　　（平成8年分）

法定相続分に応ずる取得金額	税率	控除額	法定相続分に応ずる取得金額	税率	控除額
千円以下	%	千円	千円以下	%	千円
8,000	10	—	2,000,000	60	75,200
16,000	15	400	千円超		
30,000	20	1,200	2,000,000	70	275,200
50,000	25	2,700			
100,000	30	5,200			
200,000	40	15,200			
400,000	50	35,200			

（注）　この速算表による相続税額の計算方法は，次のとおりである。
　　　例えば，[資料27]の乙野花子の場合には，
　　　　210,000千円×50％－35,200千円＝69,800千円
　　　となる。

[資料25　贈与税の速算表]　　　（平成8年分）

基礎控除後の課税価格	税率	控除額	基礎控除後の課税価格	税率	控除額
千円以下	%	千円	千円以下	%	千円
1,500	10	—	10,000	45	1,400
2,000	15	75	15,000	50	1,900
2,500	20	175	25,000	55	2,650
3,500	25	300	40,000	60	3,900
4,500	30	475	100,000	65	5,900
6,000	35	700	千円超		
8,000	40	1,000	100,000	70	10,900

（注）　この速算表による贈与税額の計算方法は，次のとおりである。
　　　例えば，年間200万円の財産の贈与を受けた場合には，
　　　　(2,000千円－600千円)×10％＝140千円
　　　となる。

I　家族生活と法律

[資料26　相続税の申告書(1)]

相続税の申告書

税務署受付印

世田谷 税務署長殿

8 年 12 月 3 日提出

被相続人　住所：東京都世田谷区砧町150　フリガナ：オツノ　タロウ　氏名：乙野太郎　年齢：73歳　職業：会社員

相続開始年月日：8 年 8・7

第1表（平成八年分以降用）

○申告書への記入はなるべく黒インクか黒のボールペンを使用してください。

			（各人の合計）	乙野花子 ㊞ (昭3・4・12生)	甲山春子 ㊞ (昭27・5・13生)	乙野一郎 ㊞ (昭30・10・6生)
フリガナ	氏名（生年月日）			オツノハナコ	コウヤマハルコ	オツノイチロウ
住所及び電話番号				〒157 世田谷区砧町150 (XXXX-XXXX)	〒157 世田谷区成城町300 (XXXX-XXXX)	〒157 世田谷区砧町150 (XXXX-XXXX)
職業				なし	なし	会社員
[被相続人との続柄] 取得原因				妻　相続・遺贈	長女　相続・遺贈	長男　相続・遺贈
課税価格の計算	取得財産の価額（第11表③）	①	510,000,000 円	285,000,000 円	100,000,000 円	125,000,000 円
	債務及び葬式費用の金額（第13表3⑦）	②	10,000,000	10,000,000		
	純資産価額（①-②）（赤字のときは0）	③	500,000,000	275,000,000	100,000,000	125,000,000
	純資産価額に加算される贈与財産価額（第14表1④）	④				
	課税価格（③+④）（1,000円未満切捨て）	⑤Ⓐ	500,000,000	275,000,000	100,000,000	125,000,000
各人の算出税額の計算	法定相続人の数及び遺産に係る基礎控除額	Ⓑ	(3 人) 80,000,000 円	この欄には、第2表の②欄のⒷの人数及びⒷの金額を記入します。		
	相続税の総額	⑥	123,400,000	この欄には、第2表の⑧欄の金額を記入します。		
	一般の場合 あん分割合（各人の③／Ⓐ）	⑦	1.00	0.55	0.20	0.25
	算出税額（⑥×各人の⑦）	⑧	123,400,000 円	67,870,000 円	24,680,000 円	30,850,000 円
	相続税特別措置法第70条の6第2項の規定の適用を受ける場合 算出税額（第3表⑬）	⑨	相続や遺贈によって財産を取得した人のうちに農業相続人がいる場合には、⑦、⑧欄の記入を行わず、この欄に第3表の⑬欄の税額を記入します。			
	相続税額の2割加算が行われる場合の加算金額（⑧×0.2）又は（⑨×0.2）	⑩	円	円	円	円
各人の納付税額の計算	税額控除 贈与税額控除額（第4表⑬）	⑪				
	配偶者の税額軽減額（第5表Ⓐ又は○）	⑫	61,700,000	61,700,000		
	未成年者控除額（第6表1②、③又は⑥）	⑬				
	障害者控除額（第6表2②、③又は⑥）	⑭				
	相次相続控除額（第7表⑬又は⑱）	⑮				
	外国税額控除額（第8表1⑧）	⑯				
	計	⑰	61,700,000	61,700,000		
	差引税額（納付すべき税額）（⑧+⑩-⑰）又は（⑨+⑩-⑰）（100円未満切捨て）（赤字のときは0）	⑱	61,700,000	6,170,000	24,680,000	30,850,000
	納税猶予税額（第8表2⑦）	⑲	00	00	00	00
	申告期限までに納付すべき税額（⑱-⑲）	⑳	61,700,000	6,170,000	24,680,000	30,850,000

第1表（平8.5）　　　（資4-20-1-A4統一）

[資料27 相続税の申告書(2)]

相続税の総額の計算書

被相続人　乙野　太郎

第2表（平成八年分以降用）

この表は、第1表及び第3表の「相続税の総額」の計算のために使用します。
なお、被相続人から相続や遺贈によって財産を取得した人のうちに農業相続人がいない場合には、この表の㋺欄及び㋩欄並びに⑨欄から⑪欄までは記入する必要がありません。

① 課税価格の合計額	② 遺産に係る基礎控除額	③ 課税遺産総額
㋑ (第1表⑤㋐) 500,000,000 円 (第3表⑤㋐) ,000	5,000万円 + (1,000万円 × (㋐の法定相続人の数) 3人) = ㋺ 8,000 万円	㊁ (㋑-㋺) 420,000,000 円 ㊂ (㋩-㋺) ,000

㋺の人数及び㋺の金額を第1表㋑へ移記します。

④ 法定相続人 ((注)1参照)		⑤ 左の法定相続人に応じた法定相続分	第1表の「相続税の総額⑥」の計算		第3表の「相続税の総額⑦」の計算	
氏　名	被相続人との続柄		⑥ 法定相続分に応ずる取得金額 (㊁×⑤) (1,000円未満切捨て)	⑦ 相続税の総額の基となる税額 「下の速算表」で計算します。	⑨ 法定相続分に応ずる取得金額 (㊂×⑤) (1,000円未満切捨て)	⑩ 相続税の総額の基となる税額 「下の速算表」で計算します。
乙野　花子	妻	$\frac{1}{2}$	210,000,000 円	69,800,000 円	,000 円	円
甲山　春子	長女	$\frac{1}{2} \times \frac{1}{2} = \frac{1}{4}$	105,000,000	26,800,000	,000	
乙野　一郎	長男	$\frac{1}{2} \times \frac{1}{2} = \frac{1}{4}$	105,000,000	26,800,000	,000	
			,000		,000	
			,000		,000	
			,000		,000	
			,000		,000	
			,000		,000	
			,000		,000	
法定相続人の数	㋐ 人 3	合計 1	⑧ 相続税の総額 (⑦の合計額) (100円未満切捨て) 123,400,000		⑪ 相続税の総額 (⑩の合計額) (100円未満切捨て)	00

○この表を修正申告書の第2表として使用するときは、④欄には修正申告書第1表の㋺欄の⑤㋐の金額を記入し、㋭欄には修正申告書第3表の1の㋺欄の⑥㋐の金額を記入します。

(注) 1　④欄の記入に当たっては、被相続人に養子があるときや相続の放棄があった場合には、申告のしかたをよく読んで記入してください。
2　⑧欄の金額を第1表⑥欄へ移記します。財産を取得した人のうちに農業相続人がいる場合は、⑧欄の金額を第1表⑥欄へ移記するとともに、⑪欄の金額を第3表⑦欄へ移記します。

I 家族生活と法律

[資料28 相続税の申告書(3)]

配偶者の税額軽減額の計算書　被相続人　乙野　太郎

第5表（平成八年分以降用）

私は、相続税法第19条の2第1項の規定による配偶者の税額軽減の適用を受けます。

1　一般の場合

この表は、①被相続人から相続や遺贈によって財産を取得した人のうちに農業相続人がいない場合又は②配偶者が農業相続人である場合に記入します。

課税価格の合計額のうち配偶者の法定相続分相当額

（第1表の④の金額）　　（配偶者の法定相続分）
500,000,000円 × $\frac{1}{2}$ ＝ 250,000,000円

上記の金額が16,000万円に満たない場合には、16,000万円

㋑※ 250,000,000

配偶者の税額軽減額を計算する場合の課税価格	① 分割財産の価額（第11表の配偶者の①の金額）	分割財産の価額から控除する債務及び葬式費用の金額		⑤ 純資産価額に加算される贈与財産価額（第1表の配偶者の④の金額）	⑥ (①-④+⑤)の金額(⑤の金額は⑤の金額)より小さいときは⑤の金額）(1,000円未満切捨)
		② 債務及び葬式費用の金額（第1表の配偶者の②の金額）	③ 未分割財産の価額（第11表の配偶者の②の金額）	④ (②-③)の金額(③の金額が②の金額より大きいときは0)	
円	285,000,000	10,000,000		10,000,000	※ 275,000,000

⑦ 相続税の総額（第1表の⑥の金額）	⑧ ㋑の金額と⑥の金額とのうちいずれか少ない方の金額	⑨ 課税価格の合計額（第1表の④の金額）	⑩ 配偶者の税額軽減の基となる金額（⑦×⑧÷⑨）
円 123,400,000	円 250,000,000	円 500,000,000	円 61,700,000

配偶者の税額軽減の限度額　（第1表の配偶者の⑧の金額）（第1表の配偶者の⑪の金額）
(67,870,000 円 － 　　円)　㋺ 67,870,000

配偶者の税額軽減額　（⑩の金額と㋺の金額とのうちいずれか少ない方の金額）　㋩ 61,700,000

(注) ㋩の金額を第1表の配偶者の「配偶者の税額軽減額⑫」欄に移記します。

2　配偶者以外の人が農業相続人である場合

この表は、被相続人から相続や遺贈により財産を取得した人のうち配偶者以外の人が農業相続人である場合に記入します。

課税価格の合計額のうち配偶者の法定相続分相当額

（第3表の④の金額）　（配偶者の法定相続分）
　　　　,000円 × 　　＝ 　　円

上記の金額が16,000万円に満たない場合には、16,000万円

㋥ 　円

配偶者の税額軽減額を計算する場合の課税価格	⑪ 分割財産の価額（第11表の配偶者の①の金額）	分割財産の価額から控除する債務及び葬式費用の金額		⑮ 純資産価額に加算される贈与財産価額（第1表の配偶者の④の金額）	⑯ (⑪-⑭+⑮)の金額(⑮の金額より小さいときは⑮の金額)(1,000円未満切捨)
		⑫ 債務及び葬式費用の金額（第1表の配偶者の②の金額）	⑬ 未分割財産の価額（第11表の配偶者の②の金額）	⑭ (⑫-⑬)の金額(⑬の金額が⑫の金額より大きいときは0)	
円	円	円	円	円	※ ,000

⑰ 相続税の総額（第3表の⑦の金額）	⑱ ㋥の金額と⑯の金額とのうちいずれか少ない方の金額	⑲ 課税価格の合計額（第3表の④の金額）	⑳ 配偶者の税額軽減の基となる金額（⑰×⑱÷⑲）
円 00	円	円 ,000	円

配偶者の税額軽減の限度額　（第1表の配偶者の⑨の金額）（第1表の配偶者の⑪の金額）
(　　円 － 　　円)　㋠ 　円

配偶者の税額軽減額　（⑳の金額と㋠の金額とのうちいずれか少ない方の金額）　㋷ 　円

(注) ㋷の金額を第1表の配偶者の「配偶者の税額軽減額⑫」欄に移記します。

第5表 (平8.5)　(資4-20-6-1-A4統一)

※ ④、⑥、⑭及び⑯の各欄は、本表を修正申告書又は期限後申告書の第5表として使用する場合において、相続税法第19条の2第1項((隠ぺい又は仮装があった場合の配偶者の相続税額の軽減の不適用))の規定の適用があるときには、第5表の付表で計算した金額を移記します。

なお，相続権のない者が相続人として相続財産の分割を受けたような場合には，真正の相続人は相続の回復を請求できるが，その請求権は，権利侵害を知ってから5年たつと時効で消滅する（民884条）。

遺産分割の協議や調停もしくは審判が成立したときには，相続人は，相続をしたもの（たとえば預金・株式・電話・不動産・自動車など）について名義書換えの手続をとることが必要となる。この場合，不動産の相続登記のためには，移転登記申請書・被相続人および相続人の戸籍謄本等・遺産分割協議書・相続人の住民票・固定資産税評価証明書などが必要であり，登録免許税は，固定資産税評価額の1,000分の6である。

■ 相続税の申告が必要

名義変更は単独相続の場合にももちろん必要であるが，それと同時に，相続人は，次の場合には，相続開始の日から6ヵ月以内に，被相続人の死亡時の住所地の税務署に，相続税の申告をしなければならない（申告を怠ると，税額に1割5分の加算がなされる）。

すなわち，相続税法では，遺産については5,000万円と法定相続人（相続放棄者も入る）の人数に1,000万円をかけた額の合計額が基礎控除額とされているので，遺産（遺贈額や相続開始前3年以内に被相続人が相続人らに贈与した額も含めて計算する）が上記の基礎控除額を超える場合には，申告の必要がある。

遺産の価額は，原則として相続時の時価で評価するが，その評価方法は一定されている（たとえば，家屋は固定資産税評価額により，自家用宅地は税務署で定めている路線価または固定資産税評価額に一定の倍率をかけて評価し，貸宅地は自家用宅地から借地権の価額を差し引いて評価する）。

■ 相続税の計算方法

相続税の申告書は，[資料26]のように，相続人が共同で提出できるが，各自の税額は，おおよそ次のような原理で計算される。

第1に，上の方法で評価した各人の相続財産の額から債務・葬式費用額を引き，これらの合計価額（課税される財産価格[資料27]①）から更に基礎控除額を差し引いて「課税遺産総額」（同③）を算出し，これに対する税額（同⑧）を計算する（具体的には，課税遺産総額を法定相続分で分けた場合の各相続人の税額を上の「相続税の速算表」で計算し，これを合計する）。

第2に，この税額を遺産の取得割合（未分割のときは，法定相続分）によって各相続人に按分比例し，この各人の税額（[資料26]⑧）からさらに特別の控除――配偶者の税額軽減（配偶者の取得する相続財産については，遺産額の2分の1相当額または1億6,000万円のいずれか多い金額まで税金がかからない）とか未成年者控除（成年に達するまで1年につき6万円控除される）など――をして，各相続人の「納付税額」（[資料26]⑱）を算出する。

したがって，現行相続税法は，遺産課税説（遺産に税をかける考え方）に遺産取得課税説（遺産取得者に税をかける考え方）を加味しているものといえる。

■ 贈与税

生前に財産を贈与することによって，相続税の負担を容易に回避することができるので，これを防止するため生前の贈与に対して贈与税が課せられる。

贈与税は，その年中に贈与によって取得した財産の価額が合計60万円を超える場合に，贈与を受けた人に対して課される税金である。ただし，婚姻期間が贈与の時に20年以上である夫婦間の居住用不動産の贈与については，通常の基礎控除（60万円）のほ

かに最高2,000万円の配偶者控除が認められる。

贈与税の計算方法は，［資料25］贈与税の速算表の注記のとおりである。

財産の贈与を受けた人は，贈与を受けた年の翌年の2月1日から3月15日までに住所地の税務署に贈与税の申告書を提出しなければならない

（注）　相続や遺贈によって財産を取得した者が，その被相続人から相続開始前3年以内に財産の贈与を受けている場合には，その財産の価額をその者の相続税の課税価額に加算して相続税を計算するが，贈与を受けた財産について課された贈与税額は，その者の相続税額から差し引かれることになっている。

［林屋礼二・北沢豪］

II 経済生活と法律

1 不動産の売買
2 建築
3 借地・借家
4 クレジット契約と自己破産・免責
5 金銭貸借（ローン）と担保
6 手形・小切手
7 労働
8 株式と社債
9 保険
10 事故と賠償

1 不動産の売買

■ 売買契約書の作成

土地売買契約書[資料29]，建物売買契約書[資料30]の2つをみると，その様式にはほとんど差異がない。契約をするにあたって注意すべき点は，この両者に共通しているからである。目的物件の表示，価格，登記手続，手付，違約金，危険負担，失権約款などからできている（これらの説明は後述する）。

ところで，このような契約書を作成する理由は何であろうか。売買契約は，たとえば，売主が，「この物件を〇〇円で売りたい」という申込をし，買主が，「それなら買いたい」という承諾をすれば（申込と承諾の内容が一致する場合には），それだけで法律的には成立する。契約書を必要とするわけではない。

しかし，単なる口約束では，その契約の存在そのものについて，また契約の内容について，あとで紛争が生じたときに，水掛け論になり易い。それを防ぐために契約書を作成するのである。

したがって，土地や建物の売買契約のみならず，これはと思うような契約を締結するには契約書を作成すべきである。そして，市販の契約書を使用する場合にも，その内容をよく読まなければならない。

■ 手付（金）とは

売買契約を締結するにあたって，手付（金）を交付することがある。普通は代金の1割くらいの金銭を交付する。

手付（手金と呼ばれることもある）が交付されると，少なくとも契約が成立したという証拠になる。そのほかに，手付を交付した者が約束を守らなかった場合に，その金額を没収されるという意味をもつ場合（違約手付という）もあるし，自分の都合で契約を解除したい場合には，手付を交付した者からならその手付を放棄すればよいし，手付を受領した者からなら受領した金銭を倍にして返せば，契約を解除できるという意味（解約手付という）をもつ場合もある。

手付の意味について格別の特約をしていなければ，解約手付だという推定をうける（民557条）。この意味では，手付を交付するということは，契約を弱くすることになる。

■ 危険負担とは

前述した危険負担とは何か。

特定の建物の売買について説明するならば，契約はしたけれど，建物の引渡しをしないうちに，例えば隣からの火事で類焼した場合に，買主が代金を支払う必要があるかないかという問題をいい，わが国は，こういう場合には特約をしておかなければ買主は代金を支払わなければならないとしている（民534条）。しかし，多くの場合は［資料29・30］のように，危険を売主が負担する特約が交わされている。

■ 任意規定・強行規定

上に述べた，民法557条とか534条とかいう条文は，当事者が特約によって排斥することができる（即ち，特に別個の合意をすればその合意の方が契約の内容になる）が，こういう規定を任意規定という。特約のない場合に，裁判官に判断の基準を与えた規定である。

これに対して，当事者の特約で排斥できない規定，すなわち当事者が規定に反する合意をしてもその合意が効力をもたず，その規定によって規律されるものを強行規定という。親族法や相続法，物権法の規定などがそうである。

■ 代理人と委任状

いろいろな契約を締結する場合に，契約当事者本人が直接に締結する場合もあるが，代理人によって締結する場合もある。

不動産業者に売主が売却を依頼する場合には，適当な買主の斡旋をしてもらって，契約の締結は本人がするというのが普通であろうが，売主が不動産業者に委任状（［資料31］），印鑑，印鑑証明書（［資料32］），権利証を渡して一切を依頼するというのであれば，不動産業者が売主の代理人となって売買契約を締結することになる。

代理というのは，本人甲野の代理人丙野が相手方乙野と売買契約をしたとすると，

一〇　本件土地の所有権移転の時期は、五の売買代金の支払いが完了された時とする。
一一　（特約条項）なし

売買物件の表示
東京都世田谷区成城町一二三番
一、宅地　一六五平方メートル

右後日の証として本契約書二通を作成し各自署名捺印の上、各一通を所持する。

平成八年一月二五日

売主　住所　東京都三鷹市井ノ頭一ノ三〇ノ三
　　　氏名　甲野太郎㊞

買主　住所　東京都豊島区要町三丁目三〇番六号
　　　氏名　乙野二郎㊞

[資料29　土地売買契約書]

土地売買契約書

売主甲野太郎と買主乙野二郎との間に土地売買に関し左のとおり契約する。

一　（売買の目的物及価格）　売主は、売主所有の後記土地を価格平方メートル当り金一四〇万円也合計金二億三一〇〇万円也にて買主に売渡し、買主は、之を買受けるものとする。
ただし、実測面積により取引するものとする。

二　（手付金）　本契約締結と同時に、買主は、売主に対し、手付金として金二四〇〇万円也を支払い、売主は、これを受領した。この手付金は、後に定める残代金授受のときに、之を売買代金の一部に充当するものとする。

三　（売主の引渡義務）　売主は、買主に対し、平成八年二月二六日までに本件土地を完全に明け渡し、かつ所有権の移転登記申請手続を完了しなければならない。ただし、所有権移転登記に要する費用は、買主の負担とする。
本件土地に関する抵当権、質権、先取特権または賃借権の登記等本件土地の完全なる所有権の行使を阻害する一切の負担は、売主の責任において所有権移転登記申請のときまでに完全に抹消しなければならない。

四　（地積）　本件土地の地積を明確にするため、売主は、七日以内に買主に対し、境界を指示する地形図を手交するものとする。ただし、その地積に境界の移動により僅少の増減ありたるときは、後記土地に表示された面積によるものとする。

五　（買主の代金支払義務）　買主は、売主が三項および四項所定の手続一切を完了するのと引換えに、残代金金二億七〇〇万円也を支払わなければならない。

六　（収益および負担の帰属）　本件土地より生ずる収益または本物件に賦課される公租公課等の負担は、すべて、本件土地引渡しのときを境とし、日割計算によって精算する。

七　（危険負担）　本契約締結後本件土地引渡し完了までの間に、売主の故意または過失によらずして本件土地の全部または一部が流失、陥没、その他の毀損を生じたとき、および公用徴収、建築制限、道路編入等の負担が課せられたときは、その損失は売主の負担とする。前段に定める毀損によって本契約を締結した目的を達することができないときは、買主は本契約を解除することができる。本項にもとづいて買主が本契約を解除したときは、売主は、既に受け取った手付金および内払金を買主に返還しなければならない。

八　（失権約款）　本契約の当事者の一方が、本契約の諸条項に違背したときは、その相手方は、何等の催告を要せずして、本契約を即時解除することができる。

九　（違約金）　前項に定める契約解除が売主の義務不履行にもとづくときは、売主は既に受け取った手付金の倍額を買主に支払わなければならない。

収入印紙

[資料30　建物売買契約書]

引継ぎ、敷地境界線の確認ならびに本件建物の所有権の移転登記申請の手続を完了しなければならない。ただし、所有権移転登記に要する費用は、買主の負担とする。

本件建物に関する抵当権、質権、先取特権または賃借権の登記等本物件の完全なる所有権の行使を阻害する一切の負担は、売主の責任において所有権移転登記のときまでに完全に抹消しなければならない。

四（買主の代金支払の義務）　買主は、売主が三項所定の手続一切を完了するのと引換えに、売主に対して残代金金三六〇〇万円也を遅滞なく支払わなければならない。

五（収益および負担の帰属）　本件建物より生ずる収益または本件建物に賦課される公租公課もしくは瓦斯、電気、水道料金等の負担は、すべて本件建物引渡しの時を境とし、日割計算によって精算する。

六（危険負担）　本契約締結後本件建物引渡し完了までの間に、売主の故意または過失によらずして本件建物の全部または一部が滅失または毀損したときは、その損失は売主の負担とする。前段に定める滅失または毀損によって本契約を締結した目的を達することが出来ないときは、買主は、本契約を解除することができる。

七　本項にもとづいて買主が本契約を解除したときは、売主は、既に受け取った手付金および内払金を買主に返還しなければならない。

八（失権約款）　本契約の当事者の一方が本契約の諸条項に違背したときは、その相手方は、何等の催告を要せずして、本契約を即時解除することができる。

九（違約金）　前項に定める契約解除が売主の義務不履行にもとづくときは、売主は既に受け取った手付金の倍額を買主に支払わなければならない。また、買主の義務不履行にもとづくときは、既に売主に対して支払った手付金の返還を請求することができない。

（特約条項）　なし

売買物件の表示

一、木造瓦葺二階建　居宅　一棟
　家屋番号　一〇三番
　東京都武蔵野市吉祥寺本町二丁目三番地
　床面積　一階　四六・二〇平方メートル
　　　　　二階　一九・八〇平方メートル

右後日の証として本契約書二通を作成し、各自署名捺印の上、各一通を所有する。

平成八年一月二〇日

売主　住所　東京都武蔵野市吉祥寺本町二丁目三番五号
　　　氏名　甲野太郎　㊞

買主　住所　東京都豊島区要町三丁目三〇番六号
　　　氏名　乙野二郎　㊞

1　不動産の売買

[資料31　委任状]

委任状

東京都三鷹市井ノ頭一の三〇の三
甲野太郎

私は丙野三郎を私の代理人と定め、左記の事項について一切を委任します。

一、東京都世田谷区成城町一二三番地
　宅地　一六五平方メートル
　右土地の売却

平成八年一月二〇日
　　　右　甲野太郎㊞

建物売買契約書

収入印紙

売主甲野太郎と買主乙野二郎との間に建物売買に関し左のとおり契約する。

一　(売買の目的物及価格)　売主は、売主所有の後記建物を価格金四〇〇〇万円也にて買主に売渡し、買主は、これを買い受けるものとする。

二　(手付金)　本契約締結と同時に、買主は、売主に対し、手付金として金四〇〇万円也を支払い、売主は、これを受領した。

三　(売主の引渡義務)　売主は、買主に対し、平成八年二月七日までに本件建物を完全に明け渡し、かつ本件建物の敷地の賃借権の

その契約から生ずる効果が本人甲野に帰属することである。われわれが自分の生活圏を拡大することができるのは，この代理制度のおかげである。

ところで，このような代理の効果が発生するためには，代理人と称する者に代理権がなければならない。この代理権は，本人から土地の売却を委任されたりすると発生する。上掲の[資料31]は代理権を証明するいわゆる委任状である。委任状はその書式が一定しているわけではない。[資料31]は1つの例である。

■　代理権がない場合

代理人と称する者に代理権がないと，代理の効果は生じない。無権代理とよばれる。

しかし，土地に抵当権を設定するように依頼されただけの者が，権限を逸脱してその土地を売却したような場合，買主が，その代理人から本人の印鑑証明書や実印を示されて，売却の代理権があると信じたとすると，依頼した者は，それが無権代理だという主張ができなくなる場合がある。表見代理と呼ばれる取引の安全をはかった制度である。

しかし，原則としては相手方は無権代理

人と契約を結んでも本人に代理の効果を主張できない。したがって，代理人と契約を結ぶときには，代理人が本人の実印や印鑑証明書を持参しているかどうか，本人の委任状を持参しているかどうか，さらに，本人に直接きいてみるくらいの慎重さが必要である。

■ 実印と印鑑証明

実印というのは，市町村長に届出て，印鑑証明書の交付を受けられるようにしてある印章のことで，届出の印章であることを示す証明書が印鑑証明書（[資料32]）である。重要な取引で，本人が関与したものであることを示すために用いられる。

■ 不動産売買をするときは

[資料33]は俗に公図とよばれるものである。土地の形状をうつした地図で，登記所（登記所については67頁以下参照）に備えつけられている。この地図は，明治時代に作成したものが多い。したがって精密にできているとはいえない。しかし，土地を買おうとする者は，現地にいって現物を確かめると同時に，この公図と対照することが必要である。また，隣地との境界を現地で確認することも必要である。

建物の売買では，そのほかに，その建物に誰が住んでいるかを確かめなければならない。住んでいる人が借家人だとすると，借家人はその賃借権を建物の買主に主張することができるから（84頁参照），買主がすぐにその建物に住むことができない。したがって，居住の目的のために建物を買う者は注意しなければならない。

もちろん，契約を成立させる前に，土地なり建物なりの登記簿を見て（謄本で見るときはできる限り新しいものを見る）抵当権なり地上権なりなどの登記があるかないかを調べることは必ずしなければならない。抵当権のある建物を買って，その後，抵当権が実行されて，第三者が競落すると，買主は所有権を失ってしまうし，地上権のある土地を買っても，その土地を利用できないということになるからである。

そこで，つぎに登記について考えることにしよう。

■ 土地・建物の登記簿

[資料34]は土地の登記簿である。登記簿というのは，土地や建物の履歴書のようなものである。土地については地番ごとに（一筆ごとに），建物については１個の建物ごとに登記されることになっている。もっとも，建物については保存登記自体されていないものも多い。

登記簿は表題部，甲区欄，乙区欄とにわかれている。

表題部というところは，その土地なり建物なりの現況を明示したものである。土地についての表題部に地目とあるのは，土地の種類，たとえば田とか畑とか宅地とかを指す言葉である。

■ 不動産登記簿の読み方

甲区欄というのは，その不動産の所有権に関する事項を記載するところである。土地についての[資料34]の甲区欄を見てみると，甲野太郎は昭和32年１月に誰かからこの東京都世田谷区成城町123番という宅地を購入し，購入の翌日付で自分が所有者になった旨登記をしている。そして，同じ日に，甲野はこの土地を担保に丙野三郎から金を借りたのであろうか，売買の予約に基づく丙野の仮登記がされている。仮登記とは，将来取得する権利のためになされるものである。しかし，借金は返済されたのか，この仮登記は昭和46年に抹消されている。

さらに，平成８年に前述の[資料29]の契約書を作成した売買に基づいて甲野太郎は，

1 不動産の売買

［資料32　印鑑証明書］

印 鑑 登 録 証 明 書

| 印影 | 氏名 | 山田　一郎 | 男 | 昭和22年5月5日生 |
| | 住所 | 東京都西多摩郡○○○町大字××○○○番地 | | |

この写しは、登録された印影と相違ないことを証明します。

平成 9 年 1 月13日

東京都西多摩郡○○○町長　春木　夏太郎

［資料33　公　図］

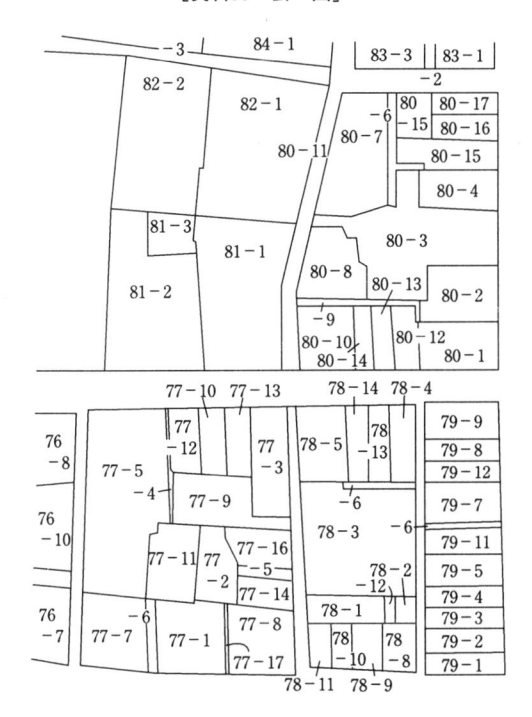

Ⅱ　経済生活と法律

[資料34　旧形式の登記簿謄本]

表題部

土地の表示				所在	枚数
番	番	番	壱弐参地番	東京都世田谷区成城町	2
					3
			②地目 宅地		4
					5
					6
			③地積 ha町 a畝 m²歩（坪） 一六五.〇〇		7
					8
					9
					10
					11
					12
			原因及びその日付 不詳		13
					14
					15
					16
			登記の日付 昭和四弐年弐月参日㊞		地図番号

甲区（所有権）

順位番号	事項欄
壱	所有権移転　昭和参弐年壱月〇日受付第壱弐参八弐号　原因　昭和参弐年壱月〇日売買　所有者　東京都三鷹市〇町　甲野太郎
弐	所有権移転請求権仮登記　昭和参八年壱月参〇日受付第参八参号　原因　昭和参八年壱月参〇日代物弁済予約　権利者　〇県〇〇市〇町　丙野三郎（×抹消）
参	所有権移転　昭和四六年壱〇月五日受付第弐七参号　原因　昭和四六年壱〇月五日放棄　所有者　東京都豊島区要町〇〇　乙野二郎
四	弐番仮登記抹消　平成八年弐月壱〇日受付　原因　平成八年弐月壱〇日

乙区（所有権以外の権利）

順位番号	事項欄
壱	抵当権設定　平成九年四月〇日受付第〇〇〇号　原因　平成九年四月〇日金銭消費貸借契約同日設定　債権額　金五〇〇万円　利息　年九分　損害金　金百円につき日歩二銭七厘　債務者　東京都豊島区要町〇〇　乙野二郎　抵当権者　〇〇市〇〇町丁目〇番〇号　株式会社Ｊクレジット
	これは登記簿の謄本である。 平成9年4月22日 東京法務局〇〇出張所 登記官　広島六郎㊞

資料34・35は、中野哲弘『わかりやすい民事証拠法概説』（信山社、1997年）27, 28頁により、必要に応じ手を加えた。

66

1 不動産の売買

[資料35 新形式の登記簿謄本]

神奈川県横浜市○○区○○1丁目222　　　　　全部事項証明書　　（土地）

【　表　題　部　】	（土地の表示）		調製　平成8年2月22日	地図番号	余　白
【所　在】	横浜市○○区○○1丁目		余　白		
【①　地　番】	【②　地　目】	【③　地　積】　　㎡	【原因及びその日付】		【登記の日付】
222番	畑	532	余　白		余　白
余　白	宅地	532：00	②③昭和39年2月23日地目変更		昭和45年12月10日
余　白	余　白	余　白	余　白		昭和63年法務省令第37号附則第2条第2項の規定により移記　平成8年2月22日

【　甲　　区　】	（所有権に関する事項）			
【順位番号】	【登記の目的】	【受付年月日・受付番号】	【原　　因】	【権利者その他の事項】
1	所有権移転	平成7年2月1日　第○○○○号	平成6年10月4日相続	共有者　東京都品川区○○二丁目3番4－1111号　持分2分の1　甲　野　花　子　東京都○○区○○一丁目2番3－405号　2分の1　乙　野　愛　子　順位2番の登記を移記
	余　白	余　白	余　白	昭和63年法務省令第37号附則第2条第2項の規定により移記　平成8年2月22日

これは登記簿に記録されている事項の全部を証明した書面である。ただし、登記簿の乙区に記録されている事項はない。
　平成8年3月○日
　横浜地方法務局○○出張所　　登記官　　広　島　六　郎　㊞
　　　　　　　　　　　　　　　　　　　　　　　　　　　整理番号　D01234
＊　下線のあるものは抹消事項であることを示す。

乙野二郎に所有権の移転登記をしている。

　乙区欄は、その不動産の所有権以外の権利関係について記載するところである。[資料34]の乙区欄を見ると、乙野二郎がこの土地を購入後の平成9年に、この土地に抵当権を設定して、丁クレジットから金を借りたらしいことがわかる。

■ **新しい不動産登記簿謄本**

　[資料35]は、最近登記所がOA化されたために横書で出るようになった登記全部事項証明書であるが、これは従前の登記簿謄本[資料34]と全く同じ機能を果たすものである。アンダーラインが引いてある部分は、従前の登記簿謄本において大きくバツがされているのと同じで、既に抹消された記載であることに注意しなければならない。つまり、[資料35]の表題部の地目の所に、「畑」という記載があるが、この「畑」の記載には下線が引かれてあり、次の行には「宅地」

の記載がある。これは昭和39年の地目変更により、この土地の地目は畑から宅地に変更され、畑の記載は抹消されたということなのである。地積や甲区、乙区の記載に下線がある場合にも、その記載は抹消されている、ということである。

　建物の登記簿謄本(旧形式)の表題部は土地と異なり、[資料36]のような形式になっている。

　登記簿は上記のようなしくみになっているが、甲野が乙野に、土地や建物を売ったからといって、移転登記をしなければ処罰されるというわけではない。しかし、所有権移転登記(に限らず登記一般)はするべきである。それは何故か。次にそのことを述べたいが、その前に、登記はどんな手続でするかに触れることにする。

■ **登記手続**

　不動産の登記は登記所と呼ばれている役

II　経済生活と法律

[資料36　建物登記簿表題部]

表題部（建物の表示）（建た主）			数枚
			1
居宅	①種類	所	2
	家屋番号		3
木造瓦葺二階建	②構造	在	4
	壱拾参番		5
			6
二階 一階	③床	東京都武蔵野市吉祥寺本町弐丁目参番地	7
			8
			9
一四九・六	面		10
			11
八二・〇〇	積 m²		12
			13
新築 昭和参五年参月壱〇日	原因及びその日付		14
			15
登記する 昭和参五年参月壱五日 [登記官印]	登記の日付		所在図番号

所（〇〇登記所という役所は実際にはない。法務局・地方法務局またはその支局・出張所がそう呼ばれているのである）で行なうが，普通は，手続が面倒だから司法書士（代書人）に頼むことになろう。自分で行なってもちろんよい。自分でといっても，甲野・乙野両者の協力によって行なわなければならないが，もし，この場合に，売主甲野が協力しないために登記の申請ができないときは，乙野は甲野を相手に訴えをおこし，判決をもらって登記をすることになる。

売買による登記をするのに必要な書類は，①売買による所有権移転の登記申請書，②登記原因を証する書面（売買契約書がこれに当るが，普通は，手続を簡単にするためと，印紙税などの関係から不動産売渡証（[**資料37**]）を作成してこれにあてることが多い。また，これらがない場合は，申請書（①）の副本で代用できる），③登記済証（俗に権利証と呼ばれる。たとえば，前述の売渡証に登記所が登記済みの記載をして，印を押して権利者に還付したもの），④代理人によって申請するときは委任状（[**資料31**]），⑤売主甲野の印鑑証明書（[**資料32**]），⑥買主の住民票（[**資料4**]）。

以上のうち，②③は，建物所有権が甲野から乙野に移転したことを証するためのものであり，⑤⑥は本人を確認するためのものである。

なお，登記を申請するに当たっては，登録免許税法の定めるところに従って，登録免許税を納付しなければならないが，税率は，売買による所有権移転登記の場合は，不動産価格の1,000分の50である。不動産価格とは，通常，固定資産評価額による。したがって，実務上は固定資産評価証明書も必要となる。

■ 登記は何のためにするか

乙野が甲野から建物を買って，何のために登記をするのだろうか。いったい登記というのはどういう働きをするのだろうか。

乙野が甲野から建物を買えば，売買契約の効力として，所有権が甲野から乙野に移転する（民176条）。この場合に，丁野が勝手にその建物を不法占拠したとすると，乙野は所有者だから，丁野に対して所有権に基づいて排除の請求ができる。乙野は移転登記をしていなくともそれができる。

ところが，丁野が甲野から二重にその建物を買ったとすると事情が違ってくる。丁野にとってみれば，それ以前に，乙野が甲

[資料37　不動産売渡証]

一　不動産の表示　後記の通り

売渡代金　弐千百九拾五万円也

前記の不動産を本日貴方に売り渡し、その代金を確に受け取りました。若し、この不動産について故障等を申し出る者がありました時は私が一切を引き受けて貴方には少しもご迷惑をお掛けいたしません。

後日のためこの売渡証書を差し入れます。

平成八年壱月八日

売主　杉並区高円寺南四丁目
　　　五〇番地弐参
　　　甲野太郎

右代理人　東京都杉並区東田町壱丁目壱参番地
司法書士　中野　務　㊞

買主　目黒区中目黒参丁目
　　　拾壱番地四五
　　　乙野次郎　殿

物件の表示

杉並区高円寺南四丁目
五〇番地弐参

家屋番号　同町六〇番拾五

居宅　木造瓦葺二階建
　壱階　参八・〇壱平方メートル
　　　（壱壱坪五合）
　弐階　弐八・〇九平方メートル
　　　（八坪五合）

不動産価格　金弐千百九拾五万円也

受付　平成八年壱月壱〇日
第壱弐参号
登記済
法務局出張所之印

野から買っていて，所有権が甲野から乙野に移転していることは，移転登記がされていないと外部からはわからない。その丁野が甲野から買ったところ，それは乙野が前に買って，もう乙野の所有だから丁野は所有権を取得できないとしたのでは丁野に気の毒である。

そこで法律は，甲野から買った乙野は自己の所有であることを登記によって示さないと，原則として丁野＝第三者に，自己が所有者であることを主張できないとした（民177条。このように，権利の存在・変動を広く第三者に公示しなければならないという考え方を公示の原則という。強い権利であればあるほど，それが要請される。わが国は登記をもって，所有権を主張する——対抗する——ための要件とした）。

■ 先に登記した方が勝ち

したがって，乙野が未登記だと，丁野に対して所有権を主張することができないし，丁野もまた，未登記だと，乙野に対して所有権を主張することができない。このように，お互いに所有権の帰属を争っている未登記の者の間では，結局，早く登記をした者が所有権を取得することになる。

このように甲野から買った乙野は，登記をしないでいる間に，二重買受人丁野が先に登記すると所有権を失うのだから，登記をしておかないと，その地位が安全ではないということになるのである。仮に丁野が先に登記をして所有権を取得した場合には，乙野はただ甲野に対して債務不履行の損害賠償として金銭の請求ができるに留まる。

■ 登記名義人を信じる危険

登記名義人は真実の所有権者であることが多いだろうが，必ずしもそうとはいいきれない場合もある。

たとえば，甲野から乙野への所有権の移転登記は，甲野の知らない間に，乙野が勝手に偽造文書を使ってしたものであるとか，あるいは，甲野・乙野間の売買契約が実は無効であったというような場合である。そうすると，甲野から乙野へ所有権は移転しないから，乙野名義の登記は実体の伴わない，偽りの登記だということになる。

その登記をみた丙野が乙野を真実の権利者だと誤信して，乙野から上記の建物を買ったとしよう。この場合に2つの相反する考え方がある。

1つは，われわれは，登記名義人が真実の権利者だと思うのがあたりまえだから，登記，つまり外形を信頼した者は保護される，すなわち，丙野は所有権を取得するというようにしなければならない，という考え方である（この場合，真実の権利者甲野は結果的に建物の所有権を失うことになる）。こういう考えを公信の原則とか，動的安全（あるいは取引の安全）とか呼んでいる。

もう1つの考え方は，不動産は高価だから，真実の権利者甲野を保護しなければならない，すなわち，甲野は所有権を失うことはない，という考え方である。これを静的安全と呼ぶ。

不動産の場合にどちらの主義をとるのがよいかということは非常に困難な問題である。

■ 取引の安全と静的安全

一般的にいえば，転々流通する度合の多いものほど，取引の安全をはからねばならない。それからいうと，不動産の場合は，動産と違って静的安全をとってもよいということになりそうだが，抵当権付債権の譲渡されることの多い今日，登記を信頼した者は保護されて，権利を取得するとしたほうがよさそうにも思われる。

しかし，わが国は，登記を信頼しても保護されないという立場（静的安全）をとっ

た。したがって，丙野は原則として所有権を取得することができない。

その結果，登記名義人を真実の権利者と信じて買って，とんでもない目にあうということもおこってくる。不動産を買うときは，甲野まで遡って尋ねてみるということも必要になってくる場合もあろう。注意が必要である。

但し，例外的に，真実と異なる登記がされてしまった原因即ち甲野と乙野の間の事情によっては，丙野が保護されて所有権が取得できる場合もないわけではない（民94条2項類推）。このようにして法律は当事者たちの利害を調整しようとしているのである。

［遠藤浩・遠藤曜子］

2 建築

■ 建築請負契約

甲野から土地を買った乙野が住宅を建てることにして、近所の評判をきいたり、区役所で調査したりして、信用がおけると確信した山川工務店に建物を建ててもらうことにした。この契約は、建物の建築請負契約とよばれる。

請負契約というのは、請負人が一定の仕事を完成する義務を負い、注文者がそれに対して報酬を支払う義務を負うことを内容とする契約のことである。建物建築の請負などはその典型だが、洋服屋に洋服の仕立てを注文したり、船舶の建造を注文したりするのもみな請負契約である。

請負人が一定の仕事を完成する義務を負うことは、すでに述べたが、その仕事は、請負人が全部自分でやらなければいけないものではない。仕事の一部を他人に下請負させることは差支えない。そればかりでなく、一括して仕事全部を下請負にだすこともできる。もっとも、建設業法によれば、建設業者は、建物の建設工事などを一括して他人に下請負させることは原則として禁止されている。ただし、注文者からあらかじめ書面でその承諾を得ておけば差支えない。

■ 重要事項は書面に

［資料38］は建築工事の請負契約書の1つの例である。前述の建設業法によれば、建設工事の請負契約の当事者は、請負契約を締結するにあたって、重要な事項は書面にしなければいけないことになっている。工事内容、請負代金の額およびその支払時期、工事着手の時および工事完成の時期、引渡の時期などがその内容をなしている。

■ 担保責任とは

ところで、この契約書の六は、請負人の担保責任を規定している。担保責任というのは、請負の目的物が、契約で定められたような内容をもたず、何らかの欠陥——たとえば、タイルの一部がわれているといったような——があった場合に、請負人が負わなければならない責任である。

この欠陥を生じさせた原因が請負人の過失によるものであっても、そうでなくてもこの責任は生ずる。

この責任の内容は、注文者が請負人に対して、欠陥とされた部分の修補を請求したり、損害賠償の請求をしたり、契約の解除をすることなどである。もっとも、建物の請負などの場合には契約全体を解除することができないことになっている。その理由は、契約の解除を認めると、請負人の損失が過大となるだけでなく、解除の結果、建物を毀さざるを得なくなったのでは、社会経済的な損失も大きいからである。

■ 危険負担とは

つぎに、この契約の七が規定する危険負担は、前述の建物の売買などにも記載されていた。

たとえば、建築工事の中途で落雷があって、未完成の建物が焼失したとしよう。この場合に、請負人の仕事完成義務がどうなるのか、報酬請求権はどうなるのか、という問題を生ずる。それが危険負担の問題である。

請負人は仕事が完成することが義務なのだから、それが落雷という自己の責に帰すべき事由でないもので中途で滅失しても、

[資料38　請負契約書]

請負契約書

請負人株式会社　山川工務店と注文者乙野二郎の間に建築工事請負に関し次のとおり契約した。

一　請負人は注文者に対し、左記建築物の建築工事を請負い、これを完成することを約し、注文者はこれに対し報酬を支払うことを約した。

記

東京都世田谷区成城町一二三番地上にブロック造二階建住宅一棟および物置小屋の建築工事一切を完成すること。

二　前項の敷地は注文者の所有に属し、その建築工事に要する材料および労力はすべて請負人がこれを供すること。ただし、その設計仕様は別紙記載のとおりとする。

三　報酬は金三〇〇〇万円と定め、注文者は左記のとおり分割していずれも建築工事場において請負人に支払うこと。
　1　建築工事に着手と同時にその三分の一金一〇〇〇万円
　2　基礎工事を完成すると同時にその三分の一金一〇〇〇万円
　3　建築工事完成引渡しと同時に残金一〇〇〇万円

四　請負人は平成八年三月一五日までに建築工事に着手し、平成八年六月一五日までにこれを完成し、その目的物を注文者に引渡さなければならない。請負人がその引渡しを遅延したときは、その日数に応じ一日金一〇〇〇円の割合の遅延損害金を報酬から控除するものとする。

五　注文者は本建築の設計仕様を変更することができる。この場合には報酬の増減および完成引渡しの時期の変更のうえ、これを定める。ただし、この場合においてもその引渡しを遅延したときは、前項所定の遅延損害金を報酬から控除する。

六　本建築工事に瑕疵があったときは、請負人は、引渡し完了の時から一〇年間その担保責任を負うこと。

七　本建築工事完成前に当事者双方の責に帰すことのできない事由により目的物が滅失または毀損したときは、その危険は請負人が負担すること。

八　本建築工事に関して請負人・注文者の間に紛争を生じたときは、当事者は建設業法による建設工事審査会のあっせんまたは調停によって、その紛争を解決する。それが調わないときは同審査会の仲裁に従う。

右契約を証するため本証書二通を作り署名捺印のうえ各自その一通を所持する。

平成八年三月一日

　　東京都豊島区要町三ノ三〇
　　　注文者　乙　野　二　郎　㊞

　　東京都世田谷区新町一ノ二三四
　　　請負人　株式会社　山川工務店
　　　　代表取締役　山　川　太　郎　㊞

なお，仕事は完成しなければならない。そのために費用が増加しても，その分の請求はできない。

請負をめぐる実際の紛争は，このような問題によることが多い。そこで，このような問題について，しっかりと特約しておくことが望ましいのである。特約がない場合は民法の条文によることになるが民法も上に述べたと同様の規定をおいている。

■ 建物の所有権はどちらのものか

建築工事が完成した場合，その建物の所有権は，はじめはどちらに帰属しているのであろうか。

特約のない場合，請負人が材料の大半を供給して完成したものならば，その建物の所有権ははじめ請負人に帰属し，その建物の注文者への引渡し——たとえば，両当事者が落ち合って点検し，その建物の鍵などを渡すこと——によって所有権は注文者に移転すると考えられている。その逆に，材料の大半を注文者が支給しているときは，その建物は，はじめから注文者の所有だと解されることになる。この点についても特約があるとよい。材料をどちらが供給しても完成と同時に注文者が所有権を取得する，と特約することもできる。

■ 建物についてのいろいろな制限

建物を建てるにあたって，[資料39] の建築確認申請書というものを区役所なり市役所なりに提出しなければならぬことが多い。これは，都市計画の行なわれているところでは，必ず提出しなければならないことになっているからである。

都市計画というのは，一口にいえば，我々の都市における生活環境——交通とか衛生とか保安とか経済など——をよりよくして，我々の生活を快適ならしめようという事業である。全国のすべての市と，建設大臣の指定する町村とで行なわれている。

都市計画区域内では市街化区域と市街化調整区域を分けて，市街化調整区域では市街化を抑制するため，土地の開発や建築に非常に大きな制約がある。市街化区域でも，この計画のもとで，建物についてもいろいろな制限が加えられている。

たとえば，「建蔽（けんぺい）率が何割か」などという話をよくきく。そのために，予定の設計図を変更しなければならなくなったというような愚痴がいわれたりする。

建蔽率というのは，建物の建築面積（普通は1階の面積）の敷地面積に対する割合のことで，延べ面積（各階の面積の合計）の敷地面積に対する割合（容積率）ではない。これは，都会の中に空地を作ることによって，緑に親しませたり，あるいは防火に役立てさせようというのである。建蔽率が7割だといえば，200平方メートルの土地なら，140平方メートルの建物まで建ててもよいということである。

そのほかにも，建物の構造が制限されたり，道路との関係が問題にされたり，いろいろな制限がある。また，建物の全く建てられない土地——たとえば河川敷地——があったり，建物の種類の限定される——たとえば住居地域では，映画館などの建設が制限を受ける——土地があったりする。

このようないろいろな法律や条例等の制限に，この建物が違反していないかどうかを確認するために，前述の確認書を提出させるのである。

■ 新築家屋の表示の登記

家屋が完成して1ヵ月以内にその家屋の表示の登記を申請しなければならない。前述の登記簿の表題部（[資料36]）のところに表示するための制度である。これは前述したような所有権移転などの登記と違って，義務として課せられている。これは建物表

[資料39 建築物建築確認申請書]

確認申請書[建築物]

正

[注意] 記入については副本の下欄の注意事項をよく読んで下さい。　※手数料欄

建築基準法第6条第1項の規定による確認を申請します。この申請書及び添付図書に記載の事項は事実に相違ありません。

平成8年4月20日　申請者氏名　村　田　一　郎　㊞

1. 建築主住所氏名	千葉県黒砂1の1の1　山　田　太　郎　電話　　　番	
2. 代理者資格 住　所　氏　名 建築士事務所名	(2)級建築士(東京都)登録第12345号 東京都品川区西大井2の2の2　村田一郎 (村田)建築士事務所(東京都)登録第2111号　電話(3772)1234番	
3. 設計者資格 住　所　氏　名 建築士事務所名	(2)級建築士(東京都)登録第12345号 東京都品川区西大井2の2の2　村田一郎 (村田)建築士事務所(東京都)登録第2111号　電話(3772)1234番	
4. 工事監理者資格 住　所　氏　名 建築士事務所名	(　)級建築士(　　　)登録第　　号 (　　　　　　　　　　　　　　　　　　　) (　　)建築士事務所(　　)登録第　号(　)　　番	
5 工事施工者住所氏名	建設業者登録第(ヘ)34567号 村田建設設計事務所 電話(3772)1234番	

6 の敷位地地置	イ. 地名地番	東京都世田谷区砧町123の4		
	ロ. 用途地域	[住居]、商業、準工業、工業、指定なし	※ ニ.その他の区域 地域、地区、街区	
	ハ. 防火地域	防火、準防火、[指定なし]		

7. 主要用途	専用住宅	8. 工事種別	[新築]、増築、改築、移転、用途変更、大規模の修繕、大規模の模様替

	申請部分	申請以外の部分	合　計	
9. 敷地面積	167.00m²		167.00m²	※12. 敷地面積との比
10. 建築面積	48.26m²		48.26m²	
11. 延べ面積	(48.26m²)	(　　　　)	(48.26m²)	

13. 工事着手予定日	平成8年5月1日	14. 工事完了予定日	平成8年8月10日

15. その他必要な事項	敷地自己所有

16 申請建築物概要(第　号)								
	イ. 用途	住宅			ニ. 屋根葺材		トタン葺	
	ロ. 工事種別	新築			ホ. 外壁		立下見板	
	ハ. 構造	木造			ヘ. 軒裏		板張り	
	階別	1階	階	階			合計	
	ト. 床面積 申請部分	48.26m²					48.26m²	
	申請以外の部分							
	合計	48.26m²					48.26m²	
	チ. 柱の小径	mm　mm 10.3×10.3			ヲ. 最高の高さ		3.83m	
	リ. 横架材間の垂直距離	2.80m			ワ. 最高の軒の高さ		3.20m	
	ヌ. 階の高さ	2.98m			カ. 居室の床の高さ		0.50m	
	ル. 居室の天井の高さ	2.50m			ヨ. 便所の種類		[水洗] 汲取(改良)	
	タ. 建設設備の機械	電気、水道						

示登記申請書を登記所に申請して行なうことになっている。

そして，所有権の保存登記をしたいと思う者は，その旨の登記をすればよい。これは前述の登記簿の甲区欄になされる。その登記の意味などは既に述べた。

[遠藤浩・遠藤曜子]

コラム　定期借地，定期借家制度について

借地借家関係について，平成4年以降新しく創設された制度のうち，主なものを簡単に紹介します。これらは，従来，旧借地法・旧借家法によれば，契約の法定更新や建物買取請求権など(80～81頁参照)，借主を強く保護する制度は，「強行規定」として，貸主と借主の間の約束で排除できない(つまり，初めに「こういう請求はしません」と約束してもその約束が無効になってしまう(84頁参照))ことになっていたものを，ある特定の要件を満たせば，そういう約束も有効にできる，としたものです。今までよりも，貸主も借主も選択の幅が広がったことになりますが，悪用されないように，それぞれ条件が定められているのです(1～3は借地，4～5は借家の制度です)。

1　定期借地権　建物所有目的の借地権の存続期間を50年以上として定め，上述の借主保護制度を使わない旨(具体的に書く)書面で有効に約束する(必ずしも公正証書である必要はない)ことができます。

2　建物譲渡特約付借地権　建物所有目的の借地権を設定して30年以上経過した時に，借地権の目的である建物を地主に相当の対価で譲渡することによって借地権をその時点で消滅させる約束を，することができます。

3　事業用借地権　借地権の目的とする建物が専ら事業の用に供する建物であり(居住兼用は対象外)，借地権の存続期間を10年以上20年以下として，公正証書で契約すれば，上述の借主保護制度を使わないという約束ができます。

4　定期建物賃貸借(定期借家権)　期間の定めがある借家を行う場合，契約の更新をしない旨，予め定めることができます。但し，この契約は書面で行わなければならず，また，家主は店子に対し，契約更新がない旨を，定められた時期に原則2回，書面を交付して説明しなければなりません。どうしてその期間かについての理由は必要ありません。

5　取壊し予定の建物賃貸借　法令や契約によって一定期間の経過後には取り壊さなければいけないことが明らかな場合にその建物を貸す時は，更新の規定にかかわらず，取り壊すべき時に賃貸借が終了する旨の契約をすることができます。そのためには，その建物を取り壊すべき理由を書いた書面によって約束しなくてはなりません。

注意していただきたいのは，これらの制度は，元々の借地権・借家権の制度の中に設けられた特別な制度であるということです。つまり，元々，借地権・借家権として法が保護していない賃借権，即ち，建物所有目的でない土地の賃借権や，建物でないもの(例えばビニールハウス)の賃借権などは，これらの制度の対象にはなりません(77頁参照)。

[遠藤曜子]

3　借地・借家

■ 借地契約とは

[資料40]は建物をたてるために地代を払って他人の土地を借りる契約，いわゆる借地契約である。不動産に関する法律問題という観点に立てば，不動産の売買とならんで，われわれの生活においてきわめて重要な生活関係である。

他人の土地を賃料を支払って借りて，その上に建物を建てるには地上権による方法と，賃貸借による方法と2通りある。わが国の場合は，ほとんどが賃貸借であるが，後述する旧借地法，借地借家法で「借地権」というのは，建物所有のための地上権と賃借権の両方を指している。

この[資料40]は市販のもので賃貸借の方法によっているが，見たところ，地主に有利にできている。貸す時点では，ふつう賃貸人＝地主の方が，力関係では強いからこういうようになるのだといってよいと思う。

乙野が甲野から土地を賃借したとしよう。その結果，乙野はこの土地を利用できることになる。

利用できるというのは，地上権などの物権の場合だと，その土地を直接に支配する権利とされているから，権利の行使そのものだといってよいが，賃借権の場合は，賃借人が賃貸人に対してその土地を利用させてくれということを請求できる権利として構成されているため，土地に対して直接に関係をもつことはない（賃借人は賃貸人のこの土地を利用させるという義務を介して利用しているのである）。

そのために，もし甲野がその土地を丙野に売ったとすると，乙野と丙野とは契約関係にないのだから，乙野は，丙野が明渡しの請求をするとその土地を明け渡さなければならないことになってしまう。この一例をみてもわかるように乙野（賃借人）の地位は本来はこのように弱いのである。

しかし一般に，特に一時期だけと限定して借りるものを除いては，土地・建物の賃借においては，その貸借に賃借人の生活の基盤がかかっている可能性が高い。

■ 借地・借家関係の法律

そこで，賃借人の立場の強化及び双方の利益調整という観点から，借地法，借家法，建物保護ニ関スル法律（建物保護法）が制定され，平成4年8月1日からは，これら三法を引き継ぐ形での新法である借地借家法が施行された。これにより存続期間の変更や新制度の導入はあるが，根本的な理念は旧三法と変更はないので，旧法と新法を同時に見ていくことにする（なお，借地権や建物賃借権の設定時期が平成4年8月1日よりも前である場合には，原則として旧三法が適用される）。

■ 法の保護を受けるには

ところで，近時は，むしろ「借りている方が強い」と言われることも多い。これは，以上のような法律のため，後に述べるように，契約の期間を短く定めようとしてもその効力が認められないとか，期間が満了しても契約が自動的に更新された扱いになるとか，結局のところ，立退料を支払わないと借主が居座ってしまう，というような事態が頻繁に起こるようになったためである。もちろん，法によって保護されるのは基本的に法に則っている者であるから，例えば賃借料（地代，家賃等）をきちんと支払わない借主は原則として保護されない。した

がって，賃料不払で解除された借主は原則としてただ立ち退くしかないわけである。

ただし，これも裁判所が不払いの程度が重大かどうかを判断する。10円足りないとか，3日遅れたとかでも一応債務不履行には違いないが解約事由になるほどではないからである。裁判所は特別の事情がなければ，3ヵ月位の不払いで解約を認める方向にあるようである。

以下で，借地・借家関係の法律によって借主がどう保護されているのかを借地，借家の順に見ていくことにしよう。なお，これらの保護の定めは強行規定（60頁参照）とされているものが多いので，契約書の記載に優先するものがほとんどである。

■ 借地権の保護

① **対抗力** まず，前述した，地主が土地を誰かに売ってしまった場合の借地人の不安について述べる。この点につき，旧建物保護法，借地借家法は，借地人が，自分が借地上に建てた建物について登記をすれば，その借地権の存在を地主（賃貸人）のみならず，地主から土地を買った第三者に対しても主張することができる（法律的には「対抗できる」という）とした。

前に述べた例でいうと，借地上の建物に登記をすれば，乙野は丙野に対して，自分が借地人だという主張をすることができ，従って丙野の土地明渡しの請求は認められないことになる。その結果，甲野と乙野との間の賃貸借関係がそのまま丙野と乙野との関係に移行することになる。借地人は，地主が代わっても安心していられるといってよい。

② **存続期間** 次に存続期間の点が重要である。[資料40]の三項は借地権の存続期間を定めている。

近代法が採った「我々は自由に契約をなし得る」という契約自由の原則からすれば，

一 この契約につき万一訴訟等の生じた時は、賃貸人の居住地の裁判所を第一審の裁判所とすることにつき各当事者は合意した。

二 （特約条項）なし

右契約を証するため本契約書を三通作成し、各当事者並びに連帯保証人署名捺印して各一通宛を保有する。

平成八年三月一日

賃貸人
氏名　甲野太郎　㊞
昭和二五年六月一五日生
本籍地
東京都文京区本郷六丁目二〇番地

賃借人
氏名　乙野二郎　㊞
昭和三〇年八月二三日生
本籍地
千葉県船橋市海神一丁目二五番地
現住所
東京都文京区根津二丁目三番一〇号

連帯保証人
氏名　乙野一男　㊞
昭和一八年五月一六日生
本籍地
千葉県船橋市海神一丁目二五番地
現住所
右に同じ

[資料40　土地賃貸借契約書]

土地賃貸借契約書

　　　　　　住　所　東京都文京区本郷六丁目二番九号
　　　　　賃貸人　甲　野　太　郎

　　　　　　住　所　東京都文京区根津二丁目三番一〇号
　　　　　賃借人　乙　野　二　郎

右当事者間において、土地の賃貸借をするため左のとおり契約する。

一　賃貸人甲野太郎は、その所有する左記表示の土地を普通建物所有のみの目的をもって賃借人乙野二郎に賃貸し、所定の賃料を支払うことを約した。

物件所在地　東京都文京区西片三丁目五〇番地
一、宅地　一六五・〇平方メートル

二　賃料は一平方メートルにつき一ヵ月金一、〇〇〇円の割にて合計金一六万五、〇〇〇円とし、賃借人は毎月三〇日限り賃貸人の住所に持参して支払うものとする。ただし、経済界の変動、公租公課の増徴、その他の理由により近隣の地代の値上りを生じたときは契約期間中といえども双方協議の上賃料を増額するものとする。

三　賃貸借契約の存続期間はこの契約締結の日より平成三八年二月二八日迄とする。ただし、契約期間満了一年前に双方協議の上期間を更新することができる。

四　賃貸人は、土地の租税その他の公課を負担する。

五　左の場合は、賃借人は、賃貸人の書面による承諾を受けなければならない。
　一、賃借人が賃借権を第三者に譲渡しまたは賃借土地の転貸をするとき、および、名目の如何を問わず同様の結果を生ずる脱法的一切の行為をなすとき。
　二、賃借人がその所有建物を改築または増築するとき。

六　賃借人が前項の定めに違反したときは、賃貸人は本契約を解除することができる。

七　賃借人が三ヵ月以上賃料の支払いを怠ったときは、賃貸人はこの賃貸借契約を解除してただちに土地の明渡しを請求することができる。

八　賃借人は本賃貸借契約終了の場合は、賃借土地を原状に復して返還することを要する。

九　町会費、ゴミ処理費用等町規に係るものは、すべて賃借人の負担とする。

一〇　賃借人および連帯保証人は、本契約において負担する一定額の金銭債務不履行の場合は全財産に対し、直ちに強制執行を受けても異議がないことを認諾した。

期間を何年と定めようが自由なはずであるが，民法は賃貸借契約についてはその最長期間を20年としている(604条)。しかし，高い費用をかけて自分の建物を建設しようとしている借地人はもっと長く借りたいであろうし，最長が20年というのであれば，もっと短く定める羽目になるかも知れない。

そこで，旧借地法では，コンクリート建てのような堅固な建物を所有する目的の借地については最低30年，それほど堅固でない木造建築等のための借地については最低20年とし，更に，契約で期間が定められていない場合，或いは今述べた最低期間よりも短い定めのある場合には，堅固な建物については60年，そうでないものについては30年とする，ということになっていた。

新法である借地借家法は，建物の構造で区別せず，借地権の存続期間については，最低は30年とした。即ち，これより短い特約があっても，期間の定めがなくても，期間は30年。30年より長い期間を定めた特約のみが効力を有することにしたのである。なお，これらの規定は，旧借地法においても，借地借家法においても，一時的に土地を借りる(例えば，サーカス小屋を建てるために1ヵ月だけ土地を借りる)というような場合には適用されないことになっている。

また，借地借家法においては，事業用借地権は10年以上20年以下の期間で設定することができる。

③ **更 新** 存続期間が満了しても賃貸借は必ずしも終了するわけではない。これが旧借地法，借地借家法で定められた「更新」(前と同じ内容の契約の継続。但し，同じ内容といっても期間については別)の制度である。

存続期間が満了しても建物が依然として存在し，借地人が引き続き同じ土地を借り続けたい場合，借地人は地主に対し，更新請求ができる。あるいは，土地上の建物を使い続けるだけでもよい。これをされると，地主は，自分でその土地を使う必要があるとか，その他の正当な理由を述べて遅すぎない時期に異議を申し立てない限り，契約は自動的に更新されてしまうのである。

当事者の間では，何が正当な理由かしばしば争いになることがある。その場合，ふつうは地主側から訴えが提起されて裁判所が判断することになる。裁判所は，地主と借地人のうち，どちらがより切実にその土地を利用する必要があるのか，を初めとして，今までの貸借の経過，立退料の提示があるかどうかなど，およそ一切の事情を考慮して正当事由があるといえるかどうかを判断する。

このように「更新されやすい状況」が作られているということは，上記②と同じく，法律によって借地権の期間の長期化が図られていると言えるのである(ただし，「新しい制度」参照(86頁))。

また，更新ではないが，存続期間の満了前に何らかの理由で建物がなくなって，新しい建物を建築することを借地人から地主に通知したのに，地主が何も異議を述べないでいると借地権の存続期間が伸びることがあるので，注意しなければならない。

④-1 **借地権の譲渡と契約解除** 以下は[資料40]の契約書を見ながら説明してゆくことにしよう。まず，[資料40]二項には地代の変更についての定めがある。これについては，借家における家賃の変更と同じなので，まとめて賃料の変更として，借家契約の方で説明する。

五項では，賃借権の譲渡，増改築の問題を扱っている。

借地人は，土地を借りて建物を建てて使う以上は，借りた期間内はその建物を使うつもりで行なうのであろうが，事情は常に変化する。遠くへ転勤することになってしまい，この建物はもう使わない，というような状況も生ずるであろう。その場合には，

建物を売るのがよい。しかし，借地上の建物を利用するには，土地を利用する権利も必要だから，結局，借地上の建物を譲渡するということは，土地賃借権も譲渡しなければならないということである。

ところが，民法は，賃借権は賃貸人の承諾がなければ譲渡・転貸することはできないとし(612条)，さらに，賃貸人に無断で譲渡・転貸すれば，賃貸人は賃貸借契約を解除できるとしている。これは，賃貸借契約というのは，人と人の信頼関係が基礎になる契約だからという考慮がされているのである。

しかし，賃貸借にもいろいろあり，例えば洋服を貸す，という契約であれば，使い方も人によるかも知れないが，土地の場合は，借地人が代わったから土地の形質が変わってしまうというようなことはないといってよい。判例は，このような場合に契約解除ができるかどうかは，借地人の譲渡行為が背信行為と評価できるかどうかによる，という考え方をして，契約解除を制限している。

しかし，地主の承諾がなければ譲渡が難しいことに変わりはない。そこで，旧借地法，借地借家法は更に双方の利害調整のために，特別の制度を設けた。

④-2　**借地権の譲渡と裁判所の許可**
すなわち，借地人が建物を売りたくて，それに伴う借地権の譲渡の承諾をもらうために地主に交渉したが，その承諾が得られない場合には，借地人は裁判所に，借地権の譲渡の許可を求める申立てをすることができる。裁判所は相当な場合には，地主に代わって「譲渡を許可」することができるのである。この申立ては訴訟ではない特別の手続で，裁判所は，どちらが勝った敗けた，オール・オア・ナッシングと言われる解決方法以外の解決をすることができる（172頁参照）。

例えば，裁判所は「借地権の譲渡を認めるが，一時金として地主に○○万円支払え」とか，「地代を坪○○円から○○円にしろ」というような決定をすることができるのである。今様大岡裁きと言うほどではないが，ある程度柔軟な解決も期待できるというわけである。

なお，この場合に，地主が自分でその建物を買いたいと申し立てると，裁判所はその建物を地主に売却すべき旨の決定をしなければならない。

ところで，[**資料40**]の五項で，借地権の無断譲渡・転貸等は禁止する旨定められている。こういう定め自体は有効であるが，前述したような，裁判所に対する申立てをすることはできるのである。なお，承諾を書面によるものと限定しているのは，口頭で足りるとすると，後になって言った言わないの問題になることが多いからである。

建物の無断増改築も同じ条項で禁止されている。従って，これも書面による承諾がないのに増改築を行えば契約違反になる。しかし，借地上の建物の増改築についても，前述した借地権譲渡と同じく，裁判所による許可の制度があるので，その手続を行うことはできることになる。

⑤　**建物買取請求権**　借地権の存続期間が満了して更新がされない場合には，地主の承諾を得て建てた建物は，時価で地主に買取を請求することができる。これは，請求というけれども，形成権と呼ばれるもので，借地人が建物を買い取ってくれという意思表示をすれば，地主の承諾がなくても地主と借地人との間に時価による建物の売買契約が成立するという非常に強い権利である（ただし，「新しい制度」(86頁)参照）。

形成権というのは，このように，片方の意思表示だけで権利が発生したり，消滅したりの効果が発生する権利のことを言う。取消権，解除権などは形成権である。

なお，このように強い権利であるから，

一三 衛生に要する諸費、下水浚い、その他町規に係る費用ならびに水道、給水はすべて賃借人自弁のこと。
一四 賃借人は、賃借建物明渡しのときは、これを原状に復さなければならない。
一五 連帯保証人は、賃借人の賃料支払等賃貸人に対する一切の債務につき、賃借人と連帯して保証するものとする。連帯保証人がもし他区市郡へ移転するかまたは死亡したときは、賃借人は更に本区市郡内に居住の保証人を立てることを要する。
一六 賃借人および連帯保証人は、本契約において負担する一定額の金銭債務不履行の場合は全財産に対し、直ちに強制執行を受けても異議がないことを認諾した。
一七 この契約につき万一訴訟等の生じた時は、賃貸人の居住地の裁判所を第一審の裁判所とすることにつき各当事者は合意した。
一八 (特約条項) なし

右契約を証するため本契約書を三通作成し、各当事者ならびに連帯保証人署名捺印して各一通宛を保有する。

平成八年三月一日

賃貸人 氏 名 甲 野 太 郎 ㊞
　　　 本籍地 東京都板橋区前野町五丁目二〇番一号
　　　 現住所 右 同

賃借人 氏 名 乙 野 二 郎 ㊞
　　　 本籍地 東京都板橋区大和町三〇番地
　　　 現住所 東京都武蔵野市吉祥寺北町二の一九
　　　　　　　昭和三〇年七月七日生

連帯保証人 氏 名 乙 野 一 男 ㊞
　　　　　 本籍地 東京都板橋区大和町三〇番地
　　　　　 現住所 右に同じ
　　　　　　　　　昭和二〇年二月一八日生

[資料41 建物賃貸借契約書]

建物賃貸借契約書

賃貸人　甲野太郎
賃借人　乙野二郎

右当事者間において建物賃貸借をするため左のとおり契約する。
一　賃貸人甲野太郎は、その所有する左記表示の建物を賃貸人乙野二郎に賃貸し、使用および収益せしめることを約し、賃借人乙野二郎はこれを賃借し、賃料を支払うことを約した。

建物の表示
　所在地　東京都板橋区前野町五丁目二五番六号
　木造　瓦葺平家建　居宅　一棟
　床面積　一階　七〇・〇〇平方メートル　二階　・　平方メートル

二　賃貸人は、敷金として本日金一五〇、〇〇〇円也を賃借人から領収した。
三　賃借人は、賃貸物に関する租税その他の公課を負担する。
四　賃料は一ヵ月金一五〇、〇〇〇円也とし、毎月三〇日迄に賃貸人の住所に持参して支払うこと。ただし、経済界の変動、公租公課の増徴その他の理由により近隣家賃の値上りを生じたときは、契約期間中と雖も双方協議の上賃料を増額するものとする。
五　建物の賃貸期間は、契約の日より二ヵ年とする。ただし、期間満了の六ヵ月前までに両当事者協議の上期間を更新することができる。
六　賃借人は賃貸人の書面による承諾がなければ左の行為をしてはならない。
　一、賃借権の譲渡または賃借建物の転貸および、名目の如何を問わず右と同様の結果を生ずる脱法的一切の行為。
　二、賃借建物の造作、模様替等。
七　賃借人は、賃借建物を住居に使用する外、他の用途に使用することができない。
八　賃借人は、その責に帰すべき事由により、賃借建物を滅失または毀損せしめたときは、その賠償の責に任ずる。
九　賃借人が賃料の支払いを三ヵ月以上怠ったときは、何等の通知催告を要しないで賃貸人は賃貸借契約を解除することができる。
一〇　賃借人が六項に違反したときは、賃貸人は賃貸借契約を解除することができる。
一一　賃借人が八項の賠償金額を支払わず、また賃料の支払いを怠ったときは、賃貸人は敷金をもってこれが弁済に充当することができる。
一二　賃貸借契約が終了ししかつ賃借人が賃借建物を明渡したときは、敷金を賃借人に返還する。前条により敷金をもって弁済に充当し、なおその残額があるときも同じとす。

当然，例えば，地代不払のために契約解除された借地人などは，この権利は有しない。

[資料40]の九項には，いかなる時でも建物買取請求権はないような定めがされている。しかし，この制度は，旧借地法でも，借地借家法でも強行規定によるものであるから，九項はそういう意味では効力のないものである。このように，借地借家関係には，強行規定によって，関係者を保護しようとする規定が多いので，契約があっても，必ずしもその通りの効力が認められるとは限らないことに注意しなければならない。

■ **借家契約と借地借家法による保護**

つぎに借家の問題に移ろう。[資料41]は建物の賃貸借の契約書である。契約書の態様は，ほぼ借地契約と同じである。そして，借家契約と旧借家法・借地借家法の関係は，借地契約と旧借地法・旧建物保護法・借地借家法の関係と同じである。ただ，建物の場合には，土地についての地上権というような物権はなく，(金を払って借りるというのは)賃借権だけである。

旧借家法・借地借家法によると，借家人は賃貸人＝家主から建物の引渡しを受ければ，その建物の賃借権を，新たに買いとった新家主に対抗することができるとされている（旧借家法1条，借地借家法31条）。その意味は借地の場合における建物保護法と同じである。

建物の賃借期間は[資料41]の契約書では五項でとりきめられている。借家関係においては，借地関係と違って，この点については特別の法規定はおかれていない。したがって，民法の規定に従うので，前述したように，最長20年の範囲で自由に定められる。ただ，1年未満の期間を定めた場合は，期間の定めのないものとなり（旧借家3条ノ2，借地借家29条），この場合は，解約申入は6ヵ月前にしなければならないことになっているから，実際には，6ヵ月が最短期間だといってよいであろう。

借家人が間貸しをすることもかなりあることだが，それについては，契約書（[資料41]）の六項がふれている。借地契約（[資料40]）の場合の五項に対応するものである。この条項は，先に述べた民法の612条の賃借権の譲渡・転貸の禁止をそのままとりいれたものである。建物についていえば，確かに，土地よりも使う人によって差が出るかも知れない。しかし，事実上，従来の利用形態と全く変わらず，大家に迷惑をかけない転貸しも多い。そこで判例は，転貸しについて，借家の大部分を転貸ししたり，建物を乱暴に使う職業の人に転貸ししたりするように，賃貸人の信頼を裏切るような転貸しをした場合でなければ，家主は借家人との間の賃貸借契約を解除できないこともあるとして，やはり契約解除を制限している。

■ **賃料の変更について**

つぎに，賃料＝家賃の増額について（これは地代の場合も同じであるが），契約書（[資料41]）の四項でとりきめている。これは，旧借家法第7条・借地借家法32条（借地の場合は，旧借地12条・借地借家法11条）に関するものである。

契約をした時の事情が，後になって著しく変ってきた場合（たとえば，インフレーション）には，契約の内容を合理的に修正する必要があるという事情変更の原則が条文化されたものである。

建物（あるいは土地）についての税金がたかくなったり，その周囲の土地が発展して，近隣の家賃（あるいは地代）がたかくなったために，それに較べると契約で定めた賃料が著しく低くなったといったような事情になったときは，家賃（あるいは地代）の増額を請求することができるというのである。請求できる，というのは，借地のところで

[資料42　借家契約解除通知書（内容証明郵便）]

述べた形成権であるという意味である。しかし，もちろん家主のいうなりに上がるというわけではない。

　たとえば，家主が，今迄8万円だった家賃を10万円に増額の請求をしてきたとしよう。借家人はそれに同意しないで従来の家賃を家主のところに持参したら，受けとらないので供託した（供託というのは，債務者が弁済の提供をした，つまり，支払おうとしたのに債権者が受領を拒絶したような場合に，弁済の目的物を法務局に預けると，債務を免れることになるという制度である）。そこで家主が訴えを起こし，相当な家賃として9万円という判決があったとすると，家主が初めに10万円として請求してきた時にさかのぼってその時から9万円の家賃になっていたことになる。

請求した時から相手方の同意がなくてもそうなるのだから形成権というわけなのである。そうすると，請求した時から判決のあったときまで，毎月1万円ずつの債務不履行となるはずである。しかし，旧借地法，旧借家法及び借地借家法は，賃借人が相当と考える賃料（従来の賃料でも相当と考えればそれを供託すればよい）を支払ってきたのなら（供託でもよい），それらを理由とする賃貸借契約解除はできないものとした。

　ただ，不足分については，後で1割の利息を付して支払わなければならない。これは借地関係における地代でも借家関係における家賃でも同じことである。

■ 借家契約の解約

　ところで，借家契約の解約だが，期間の

定めをしないときは，6ヵ月前に解約の申入を，期間の定めをしているときは，6ヵ月～1年前に更新しない旨の申入をすることになっているが（後述する内容証明の郵便でするとよい），それが認められるためには，家主が自ら使用するとかその他の正当な事由がなければならない（旧借家1条ノ2，借地借家法26条・28条）。判例は，借地関係における正当事由と同じく，それをなかなか認めてくれない（ただし，後述「新しい制度」参照）。なお，契約解除の通知——正確には契約解除の前提をなす催告の通知や，前述した解約の申入等の通知——は内容証明郵便で出すのが一番よい。

内容証明郵便というのは，郵便局で申し込むが，同じ内容の控えが発信人にも郵便局にも残るので，いつ，誰が，どのような内容の通知をしたかが明確になる。その通知をめぐる，言った言わない，届いた届かないの紛争をさけるためには一番よい方法で，[資料42]は家賃不払の借家人に対する催告・解除の通知を内容証明郵便にしたものである。

■ 敷金・権利金

本契約書[資料41]の二項に敷金のとりきめがなされている。敷金というのは，建物などを借りるときに，条件付で借主から交付される金銭である。すなわち，借主が家賃を滞ったり，また，乱暴な使い方をして損害賠償債務を負ったりしたときに，貸主は，それらの金額を敷金から差し引くことができるが，差し引いて余った金があるときや，そういう事実がなくて賃貸借を終了したときは，その分の金額を借主に返還しなければならないというものである。

これに対して，権利金というのは，土地・家屋の賃貸借などで授受される金銭で，法律に規定がないため，明確に定義することは困難である。

判例によれば，権利金と呼ばれるものの中には，①賃料の前払の意味を帯びているとされるもの，②（店舗の賃貸借などでみられるが）営業権の対価と考えられるもの，③賃借権の譲渡を前もって承諾していることの対価（承諾料）という意味をもつものなどがあるとされる。具体的に，そのいずれにあたるかは，ケースバイケースで諸般の事情を考慮して判断するほかしかたがない。いずれの意味にせよ，権利金については，賃貸借が終了しても貸主から借主への返還義務は生じない場合が多い。

■ 新しい制度

旧三法をうけた形で平成4年に施行された借地借家法は，前述してきたように，原則として，旧三法及びこれらに関する従来の判例を踏襲，明確化，あるいは若干手を加えたに過ぎない。

しかし，全く新しく創設された制度がいくつかある。借地の分野では，定期借地権，建物譲渡特約付借地権，事業用借地権と呼ばれるもので，借家の分野では，定期建物賃貸借，取壊し予定の建物の賃貸借と呼ばれるものである（なお，76頁のコラム参照のこと）。

いずれも，不動産所有者が，不動産を一度貸してしまうと借主の地位が強くなり，返還を求めるのに非常な困難がある（何十年も返してもらえない，大金の立退料を要求される等）ことを恐れて，他人に貸すこと自体に消極的にならざるを得ない現状に鑑みて創設された。

これらはいずれも，一定の要件を満たした契約（形式として公正証書を要求されるものが多い）においては，存続期間や更新，正当事由等の法の規定にかかわらず，契約締結時当初の当事者の意思をそのまま反映させて賃借権の消滅等の効果を発生させようとするものである。　　　［遠藤浩・遠藤曜子］

4 クレジット契約と自己破産・免責

■ **クレジット契約とは**

我々が何か商品を購入するとき、「クレジット」をよく利用する。それは、例えば電機製品を買うときに個別に締結するクレジット契約であることもあるし、自分が加入しているクレジットカードを利用することもあるだろう。

クレジットカードには、いわゆる自社クレジットと呼ばれる単なる売主と買主との間での割賦販売を行なうものもあるが、一般的にはクレジット（信販）会社またはカード会社と呼ばれる第三者（以下「クレジット会社」という）が売主と買主双方と契約するものが通常である。以下でそのクレジット契約の説明を行う。

■ **クレジットの法的なしくみ**

クレジット会社が介入するクレジット契約においては、買主が代金を支払う先はクレジット会社である。即ち、商品代金について、売主は商品の売却と共に、先にクレジット会社から立替払を受ける。そして、後で、クレジット会社は買主から手数料と共に、その立替金の返済を受けるのである。

これを法律的にみると、買主と売主との間には、通常の商品の売買契約が成立しているということができる。ただ、普通と違うところは、代金の支払はクレジット会社の方からする、という合意がある点である。

一方、買主とクレジット会社との間には、クレジットカードに加入している場合にはカード約款が、個々のクレジット契約の場合にはクレジット契約が締結されている。また、売主とクレジット会社の間にも、通常カード加盟店やクレジット取扱店としての契約が締結されている。

したがって、買主が途中で代金を支払えなくなって債権が回収不能になる危険を冒すのは売主ではなくてクレジット会社の方である。クレジット会社はそういうことのないように、予め買主の信用審査をした上で、買主との間に、細かい内容の約款を締結し、その中で、カードの利用限度額や具体的な支払方法を定め、支払の遅れた場合の期限の利益喪失の定めや遅延損害金の定め等をしている。

■ **クレジットのメリット・デメリット**

買主側からいえば、クレジットのメリットとは、商品を先に受領して利用しながら、その代金は、資金が入った時一括で（「ボーナス一時払」と呼ばれるものがある）、あるいは分割で（月々で何回払というものもあるし、合計残高を基礎にして月々の支払額を決定したり、支払額は一定であったりするリボルビングと呼ばれる方式もある）、いずれにせよ後から支払えばよい、ということである。

しかし、法律的には３つの契約が存在することになるために、不都合も生ずる。

例えば、購入した商品に欠陥があれば、代金が未払いならば通常は、売主との間で代金の減額等について交渉すればよいのだが、クレジットで購入した商品の代金はクレジット会社に話をつけなくては代金は完全に回収されてしまう（通常は銀行口座自動引落の方法で）。

割賦販売法は、一定条件のもとのクレジット販売においては、売主に対して主張できる抗弁（言い分）はクレジット会社に対しても主張できる旨を明らかにした。

また、カードが発行されている場合は、盗難・不正利用に遭う危険が大きいが、そ

Ⅱ 経済生活と法律

[資料43 割賦購入契約書モデル]

★本人に自署いただくよう徹底してください。

★お客様に信用供与をするクレジット会社の会社名が入ります。

★契約内容をよく理解した上で購入申込をしていただくための注意事項です。省令により規定されています。

★クーリングオフに関連し大変重要な事項です。

★クーリングオフ条項です。内容についてお客様によく納得いただいておくことが必要です。

4　クレジット契約と自己破産・免責

書面と注意すべきポイント]

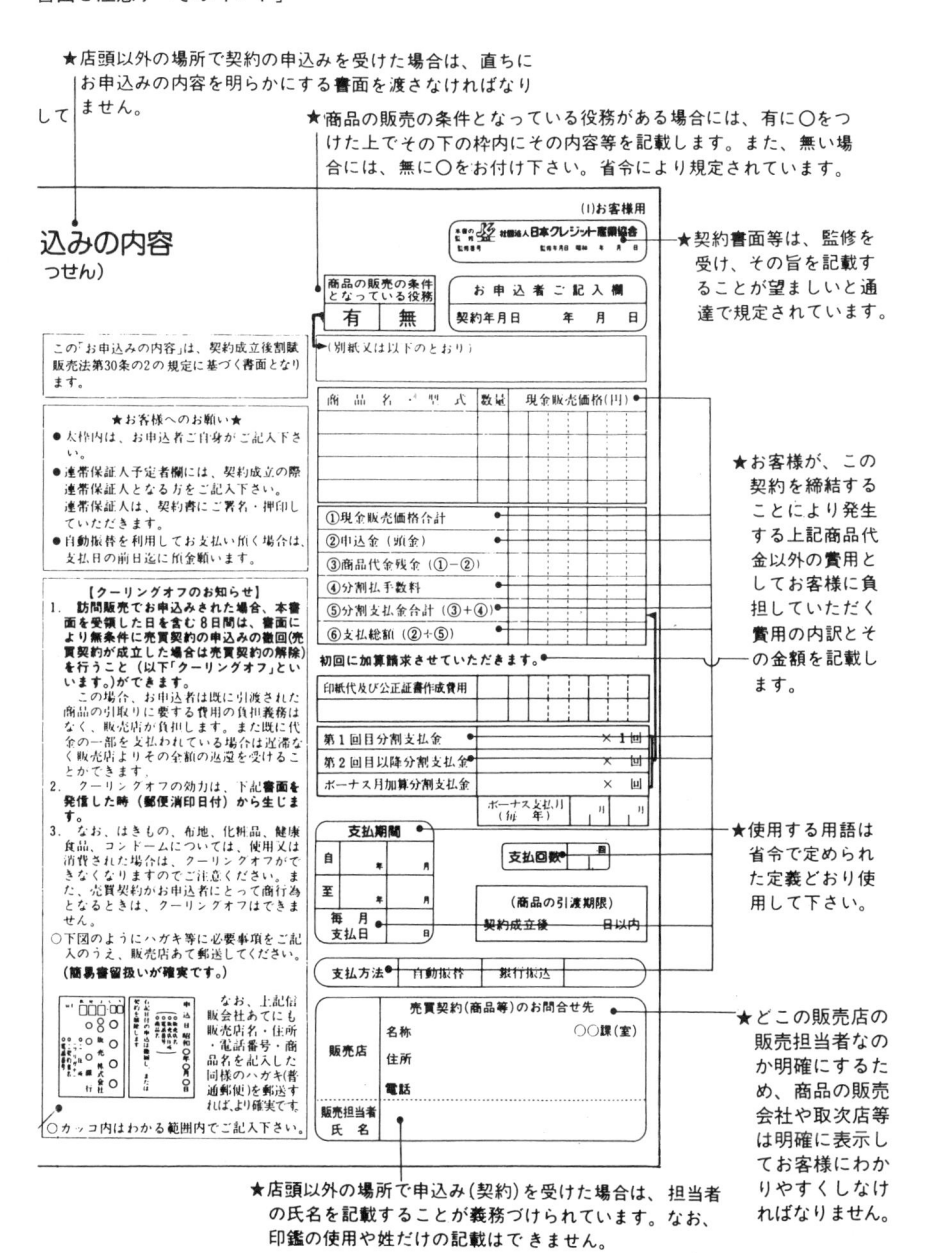

★店頭以外の場所で契約の申込みを受けた場合は、直ちにお申込みの内容を明らかにする書面を渡さなければなりません。

★商品の販売の条件となっている役務がある場合には、有に○をつけた上でその下の枠内にその内容等を記載します。また、無い場合には、無に○をお付け下さい。省令により規定されています。

込みの内容
（つせん）

この「お申込みの内容」は、契約成立後割賦販売法第30条の2の規定に基づく書面となります。

★お客様へのお願い★
● 太枠内は、お申込者ご自身がご記入下さい。
● 連帯保証人予定者欄には、契約成立の際連帯保証人となる方をご記入下さい。連帯保証人は、契約書にご署名・押印していただきます。
● 自動振替を利用してお支払い頂く場合は、支払日の前日迄に預金願います。

【クーリングオフのお知らせ】
1. 訪問販売でお申込みされた場合、本書面を受領した日を含む8日間は、書面により無条件に売買契約の申込みの撤回（売買契約が成立した場合は売買契約の解除）を行うこと（以下「クーリングオフ」といいます。）ができます。
この場合、お申込者は既に引渡された商品の引取りに要する費用の負担義務はなく、販売店が負担します。また既に代金の一部を支払われている場合は遅滞なく販売店よりその全額の返還を受けることができます。
2. クーリングオフの効力は、下記書面を発信した時（郵便消印日付）から生じます。
3. なお、はきもの、布地、化粧品、健康食品、コンドームについては、使用又は消費された場合は、クーリングオフができなくなりますのでご注意ください。また、売買契約がお申込者にとって商行為となるときは、クーリングオフはできません。
○下図のようにハガキ等に必要事項をご記入のうえ、販売店あて郵送してください。（簡易書留扱いが確実です。）

○カッコ内はわかる範囲内でご記入下さい。

なお、上記信販会社あてにも販売店名・住所・電話番号・商品名を記入した同様のハガキ（普通郵便）を郵送すれば、より確実です。

★契約書面等は、監修を受け、その旨を記載することが望ましいと通達で規定されています。

★お客様が、この契約を締結することにより発生する上記商品代金以外の費用としてお客様に負担していただく費用の内訳とその金額を記載します。

★使用する用語は省令で定められた定義どおり使用して下さい。

★どこの販売店の販売担当者なのか明確にするため、商品の販売会社や取次店等は明確に表示してお客様にわかりやすくしなければなりません。

★店頭以外の場所で申込み（契約）を受けた場合は、担当者の氏名を記載することが義務づけられています。なお、印鑑の使用や姓だけの記載はできません。

出典・社団法人日本クレジット産業協会刊「目でみる10章 改正割賦販売法」10頁より。

Ⅱ 経済生活と法律

[資料44 個品割賦購入あっせん標準約款]

契 約 条 項

　私は、○○○○○○○○○○株式会社（以下「貴社」という。）に対し、私が販売店から購入した表記商品の現金販売価格合計から頭金を除いた額（以下「商品代金残金」という。）を、貴社が私に代わって販売店に立替払することを委託し、貴社はこれを受託するものとします。

第1条（立替払契約及び売買契約の成立時点）
(1) 立替払契約は、貴社が所定の手続をもって承諾し、販売店に通知した時をもって成立するものとします。この場合において販売店には私にその旨を通知するものとします。なお、申込時に販売店に支払われた申込金は、立替払契約成立時に頭金に充当されます。
(2) 私と販売店との売買契約は、その申込みがあった後、販売店が私に代わって貴社に立替払契約の申込みをした時に成立するものとしますが、その効力は立替払契約が成立した時から発生します。また、立替払契約が不成立となった場合には、売買契約も立替払契約の申込時に遡って成立しなかったものとします。
(3) 立替払契約が不成立のときは、申込金及び申込書は販売店から私に速やかに返還されるものとします。

第2条（商品の引渡し）
　商品は、立替払契約成立後表記の期限までに販売店から私に引渡されるものとします。

第3条（分割支払金の支払方法）
　私は、商品代金残金に表記分割払手数料を加算した金額（以下「分割支払金合計」という。）を表記支払方法により、貴社に支払うものとします。

第4条（所有権留保に伴う特約）
　私は、商品の所有権が、貴社が販売店に立替払したことにより販売店から貴社に移転し、立替払契約に基づく債務が完済されるまで貴社に留保されることを認めるとともに、次の事項を遵守するものとします。
①善良なる管理者の注意をもって商品を管理し、質入れ、譲渡、貸貸その他貴社の所有権を侵害する行為をしないこと。
②商品の所有権が第三者から侵害されるおそれがある場合、速やかにその旨を貴社に連絡するとともに、貴社が商品を所有していることを主張証明してその排除に努めること。

第5条（商品の滅失・毀損の場合の責任）
　私は、立替払契約に基づく債務の完済までに商品が火災、風水害、盗難等により滅失・毀損したときは、速やかに通知するとともに、表記支払方法により債務の履行を継続するものとします。

第6条（住所の変更）
(1) 私及び連帯保証人は、住所を変更した場合は、遅滞なく書面をもって貴社に通知するものとします。
(2) 私及び連帯保証人は、(1)の通知を怠った場合、貴社からの通知又は送付書類等が延着又は不到達となっても、貴社が通常到達すべきときに到達したものとみなすことに異議ないものとします。ただし、(1)の住所変更の通知を行わなかったことについて、やむを得ない事情があるときは、この限りではないものとします。
(3) 私は、住所の変更により表記支払方法による履行が困難となるときは、貴社と事前に協議の上、他の支払方法に変更するものとします。

第7条（期限の利益喪失）
(1) 私は、次のいずれかの事由に該当したときは、当然に立替払契約に基づく債務について期限の利益を失い、直ちに債務を履行するものとします。
①支払期日に分割支払金の支払を遅滞し、貴社からの20日以上の相当な期間を定めてその支払を書面で催告されたにもかかわらず、その期間内に支払わなかったとき。
②自ら振出した手形、小切手が不渡りになったとき又は一般の支払を停止したとき。
③差押、仮差押、保全差押、仮処分の申立て又は滞納処分を受けたとき。
④破産、和議、会社整理、特別清算、会社再生の申立てを受けたとき又は自らこれらの申立てをしたとき。
(2) 私は、次のいずれかの事由に該当したときは、貴社の請求により立替払契約に基づく債務について期限の利益を失い、直ちに債務を履行するものとします。
①売買契約に基づく商品の購入が私にとって商行為となる場合で、私が分割支払金の支払を1回でも遅滞したとき。
②商品の質入れ、譲渡、貸貸その他貴社の所有権を侵害する行為をしたとき。
③本契約上の義務に違反し、その違反が本契約の重大な違反となるとき。
④その他私の信用状態が著しく悪化したとき。

第8条（遅延損害金）
(1) 私が、期限の利益を喪失したときは、期限の利益喪失の日から完済の日に至るまで分割支払金合計の残額に対し、商事法定利率を乗じた額の遅延損害金を支払うものとします。
(2) 私が、分割支払金の支払を遅滞したとき（(1)の場合を除く。）は、支払期日の翌日から支払日に至るまで当該分割支払金に対し、年29.2％を乗じた額の遅延損害金を支払うものとします。ただし、当該遅延損害金は分割支払金合計の残額に対し、商事法定利率を乗じた額を超えないものとします。

第9条（商品の引取り及び評価・充当）
(1) 私が、第7条により期限の利益を喪失したときは、貴社は留保した所有権に基づき商品を引取ることができるものとします。
(2) 貴社が(1)により商品を引取ったときは、私と貴社が協議の上決定した相当な価格をもって立替払契約に基づく債務の残額の弁済に充当することに同意するものとします。なお、過不足が生じたときは私及び貴社の間で直ちに清算するものとします。

第10条（見本・カタログ等と現物の相違による売買契約の解除等）
　私は、見本・カタログ等により申込みをした場合において、引渡された商品が見本・カタログ等と相違している場合は、販売店に商品の交換を申し出るか又は売買契約の解除ができるものとします。

第11条（支払停止の抗弁）
(1) 私は、下記の事由が存するときは、その事由が解消されるまでの間、当該事由の存する商品について、支払を停止することができるものとします。

①商品の引渡しがなされないこと。
　　②商品に破損、汚損、故障その他の瑕疵があること。
　　③その他商品の販売について、販売店に対して生じている事由があること。
(2)　貴社は、私が(1)の支払の停止を行う旨を貴社に申し出たときは、直ちに所要の手続をとるものとします。
(3)　私は、(2)の申出をするときは、あらかじめ上記の事由の解消のため、販売店と交渉を行うよう努めるものとします。
(4)　私は、(2)の申出をしたときは、速やかに上記の事由を記載した書面(資料がある場合には資料添付のこと。)を貴社に提出するよう努めるものとします。また、貴社が上記の事由について調査する必要があるときは、私はその調査に協力するものとします。
(5)　(1)の規定にかかわらず、次のいずれかに該当するときは、支払を停止することはできないものとします。
　　①売買契約が私にとって商行為であるとき。
　　②表記支払総額が4万円に満たないとき。
　　③私による支払の停止が信義に反すると認められるとき。
第12条（早期完済の場合の特約）
　　私が、当初の契約のとおりに分割支払金の支払を履行し、かつ約定支払期間の中途で残金額を一括して支払ったときは、私は78分法又は会社所定の計算方法により算出された期限未到来の分割払手数料のうち会社所定の割合による金額の払戻しを貴社に請求できるものとします。
第13条（連帯保証人）
　　連帯保証人は、本契約から生じる一切の債務につき私と連帯して履行の責を負うものとします。
第14条（公正証書）
　　私及び連帯保証人は、貴社が必要と認めた場合、私の費用負担で、本契約につき強制執行認諾条項を付した公正証書の作成に応じ、必要書類を貴社に提出するものとします。
第15条（信用情報機関への登録と利用の同意）
　　私及び連帯保証人は、本契約に関する客観的な取引事実に基づく信用情報が、会社の加盟する信用情報機関に7年を超えない期間登録されること、並びに当該機関及び当該機関と提携する信用情報機関に登録されている情報（既に登録されている情報を含む。）が、私及び連帯保証人の支払能力に関する調査のため当該機関の加盟会員又は当該機関と提携する信用情報機関の加盟会員によって利用されることに同意するものとします。
第16条（合意管轄裁判所）
　　私及び連帯保証人は、本契約について紛争が生じた場合、訴額のいかんにかかわらず、私及び連帯保証人の住所地、購入地、又は貴社の本社、各支店、営業所を管轄する簡易裁判所及び地方裁判所を管轄裁判所とすることに同意するものとします。

【問合せ・相談窓口等】
1. 売買契約（商品等）についてのお問合せ、ご相談は表記販売店にご連絡ください。
2. 立替払契約（お支払）についてのお問合せ、ご相談は下記○○○○○○○○○株式会社にご連絡ください。
3. 支払停止の抗弁に関する書面（第11条(4)）については、下記○○○○○○○○○株式会社におたずねください。

　　　　　　　　　　　　　○○○会社　　○○課（室）
　　　　　　　　　　　　　所在地
　　　　　　　　　　　　　電話番号

出典・社団法人日本クレジット産業協会刊「目でみる10章 改正割賦販売法」10頁より。

の際に発生する可能性のある損害についてはクレジット会社の方で保険料を支払って盗難保険に加入していることが通常である。買主は、カードが盗まれた場合に適切な届（これも約款に規定されている）さえ怠らなければ、損害を被らない。

しかし、保険は必ずしも全ての不正利用の損害をカバーしてくれるわけではない。カードを持つ人も、クレジット会社も加盟店も、皆が協力して不正利用が行なわれないよう十分注意しなければならない。

■ 割賦販売と消費者の保護
　現代社会においては、商品も多様化しているが、それを売り付ける手段もまた多様化している。

前に述べたクレジット販売もその1つであるが、消費者はそれらの取引手段1つひとつの構造と利用者にとっての有利な点・不利な点をよく認識した上で、納得のいく取引に臨まなくてはならない。

クレジット販売を含め、およそ割賦（分割払）による販売を規律したものが、前述した割賦販売法である。

これは、一定条件を満たす割賦販売について、①割賦販売業者に対し、割賦販売の条件を消費者に明示し、契約の内容を明らかにする書面を交付する等の義務や、②消

費者は，その書面の受領及び契約を撤回できることと撤回の方法を告げられた日を含めて8日以内であれば，無条件に契約を撤回できるとしたいわゆるクーリング・オフの制度，③国から業者に対する指導監督の制度等を定めることにより，消費者の保護を図ろうとするものである。

また，割賦販売法はその他にローン提携販売といわれるしくみについても同様の規制をして消費者を保護している。

これはいわゆる「ローンでも購入できます」と宣伝されているような，特定の商品を買う時に，その代金を支払うためにローンを組む，という形の取引を指すものである。ふつうのローン（金銭借入）については次章で述べる。

■ 訪問販売と通信販売

また，一時社会問題として大きく取り上げられたのが訪問販売である。それを受けて，「訪問販売等に関する法律」が制定された。これは訪問販売，通信販売，電話勧誘販売という，どちらも消費者にとっては面前店頭販売（目の前で商品を受け取り，代金を支払うこと）に比べて不鮮明な部分が多い取引方法について，これらが適正に行われるように定められたものである。

路上でよく行われるキャッチセールスも通常は訪問販売に当たる。

訪問販売についても，前述した割賦販売の場合と同じく，一定条件のものについては，書面交付やクーリング・オフ制度が導入されている。また同法は，連鎖販売取引（いわゆるマルチ商法）についてもクーリング・オフ制度（これは20日間）を設けている。

以上の法の適用される条件に満たない等のため，割賦販売法等の特別法による規制にかからない取引については，民法上の錯誤，詐欺，不法行為等の一般原則の適用が考えられる。

■ 消費者の法的心構え

いずれにせよ消費者側としても，①熟慮できないままの状態では契約は絶対に締結しない，②仮に契約を締結し署名押印する場合には，自分がどんな書面に署名押印したのか後になってわからないことのないように，必ず控えを要求する等の心構えは最低限必要であろう。

なお，未成年者については，民法上の未成年者の条文を用いて，法律行為を取り消すことができる場合もある。しかし，その取消を回避するために，業者の中には，わざと消費者に年齢を偽らせて，「未成年者の詐術」にあたる，として取消できないと主張するものもある。

ケースバイケースであるが，業者側の指導に従って偽った，等の場合には取消ができる場合もあるので，業者側の説明を鵜呑みにせず，専門機関（行政の消費者担当窓口や全国の消費生活センター等）へ積極的に相談してみることが肝要であろう。

■ 自己破産

バブル景気の崩壊等をきっかけに「東京等の主要な裁判所では，カード破産（自己破産）の申立てが急増している」との記事をマスコミで見掛けることが多い。

前述したクレジット制度の普及は，手元にないお金を使ってしまうという事態を多発させ，その結果，あちこちにたくさんの借金ができる（多重債務を負う）ことになって，やむを得ず自己破産の申立てをする人が増えたからである。

自己破産とは，法律上の「破産」の申立てを，破産者（となる者）自らが申し立てることをいう。法律上の「破産」とは，破産法上のもの，即ち裁判所による破産宣告があった段階でその者の債権債務を一切固定し，破産手続によってこれら一切を清算しようとする手続を指し，所謂「倒産」「取引

停止」「(会社が)つぶれた」といわれる状況とは異なる。

■ 破産以外の債務整理方法

個人が経済的な破綻を迎えた時に，採り得る法律的手続としては，破産の他に，破産法上の強制和議，新しい民事再生手続がある。また，通常，弁護士や他の人が債権者との間に入って債務の減免について交渉するのは，任意整理（私的整理）と呼ばれる，法律上のやり方ではなく，話合いによる方法である。破産は民事再生手続や任意整理と異なり，法律によって破産者の従前からの財産関係を強制的に一切清算してしまう厳格なやり方である。従って従来からの財産関係を崩さずに再建を図るのであれば，破産手続によるべきではない。しかし，話合いの方法による場合には，一部であってもある程度は弁済できるということでないと，通常は話合いにならない（なお，民事再生手続については，111頁コラム参照のこと）。

■ 個人の破産の具体的手続

個人について破産が申し立てられると，裁判所は，その者が破産原因となる「支払不能」状態にあるかどうかを判断し，あるということになれば，破産宣告を行なう。これは「何某を破産者とする」という裁判所の決定であって，この宣告時点で，破産者の債権債務関係は凍結され，破産者は自分の今まで持っていた財産全てについて管理処分権を失う。即ち，銀行預金を下ろすことも，自分の使っていた宝石を隣人に上げることもできなくなる。逆にいえば，債権者も本人から取り立てることはできなくなるわけで，従って，債権者の取立ても止むであろう。

宣告後に得た財産（宣告日以降働いて得た賃金等）は自由に使ってよいけれども，宣告時に既に持っていたものを管理処分することは，宣告と同時に裁判所によって定められた破産管財人（債権債務関係とは全く関係のない弁護士が選任される）だけができるのである。破産管財人は以後，破産者の財産を調査・管理し，債務を調査し，債権者への平等な配当へ向けて努力するのである。

以上は，近時急増したと言われる自己破産に多い個人の破産について述べたことだが，法人でももちろん破産宣告を受けることができる。法人は破産宣告を受ければ，原則として，どんな法人でも解散し，破産手続の終了をまって法人格が消滅することになる。

なお，この破産の申立てをする場合にも，申立書に貼る印紙代（自己破産なら600円）とは別に，裁判所に対して手続費用として予納金を納めなければならないことに注意する必要がある。負債の総額により高額になるが，管財人選任事案だと，最低でも，個人で50万円，法人で70万円を予納する必要がある（東京地裁の場合）。

■ 同時廃止という制度

しかし，その破産管財人が選任されない場合がある。それは，裁判所が破産宣告をする判断をする際に，破産者の財産には破産手続を進行させる費用分だけのものもないと考えた場合である。

その場合，裁判所は破産宣告を行うと同時に，破産手続を廃止するという決定を行い，これを同時廃止という（不動産が存在する場合には，たとえそれが担保に入っていて事実上無価値なものであっても，同時廃止とされるかどうかは微妙な問題である）。この場合，理論的には，一度破産宣告を行なった上で，手続を廃止するのだから，後述する破産宣告の効果は発生する。しかし廃止決定と共に，破産者は自己の財産の管理処分権を回復することになる。

なお，この同時廃止相当事案であっても，破産の申立てには裁判所に予納金を納める

必要がある。平成12年現在，東京地裁では2万円である。

■ **破産宣告の効果**

破産宣告を受けた者は，破産宣告前に有していた財産の管理処分権を失うと述べたが（法人ならその上解散することになるが），それ以外に，個人が破産宣告を受けるとどういう不利益をこうむることになるのか。

第1に，破産手続を円滑に進行させるための制限がある。即ち，破産者に裁判所や管財人に対する十分な説明を行なわせ，逃亡や財産の隠匿を防止するために，①裁判所の許可なく転居や旅行ができない，②必要があれば裁判所に身柄拘束される可能性がある，③管財人等に対し資産に関する説明をする義務がある，等である。また，同じ理由から，破産者宛の郵便物は全て破産管財人に配達され，破産管財人が開封できるとされている。

第2に，破産者は財産がない者であることから，若干の資格制限が加えられる。即ち，合名・合資会社の有限・無限責任社員においては退任事由となり，株式会社の取締役・監査役についても退任事由となる。民法上も後見人，保佐人，補助人，遺言執行者等になることはできず，既になっている場合は破産宣告によりその地位を失うことになる。弁護士，公証人，公認会計士等の一定の職業にも就くことはできない。その一方で，選挙権，被選挙権等の公民権は失わないし，一般的な行為能力や訴訟能力を失うわけでもないので破産宣告後に新たに取引活動をしたり，宣告後に得た財産について訴訟したりすることはできる。

その他，事実上の不利益として，①破産宣告は官報，新聞に公告される，②破産者名義の登記のあるもの（不動産や自動車等）について，或いは，破産者自身に登記（商業登記）や登録（弁護士，弁理士等）がある場合に，破産宣告があった旨登記される，③本籍市区町村長へ通知される（その結果，市町村で発行される「身分証明書」は受領できなくなるが，戸籍や住民票に載ることはない）等がある。

後述するように，破産者が「復権」した場合には，上で述べたような資格制限から解放されることになる。しかし，例えば，株式会社の取締役等は，破産宣告を受けた時点で一度地位を失っているのだから，後に復権したから再びその地位に就くというのであれば，復権後新たに選任される必要がある。

■ **免責と復権**

前述したように，破産宣告を受けただけでは，破産者は宣告前の債務関係から完全に逃れるというわけではない。破産債権（宣告前に破産者に対して債権者が持っていた債権）に対しては，破産手続により，配当が行なわれるが，これはふつう，債権の全額ではない。配当によって弁済されなかった部分につき，裁判所が判断して，悪質な破産者を定めた条文に合致しないと認めれば，免責決定が行なわれ，その結果，破産者は残りの債務の弁済を免れることになるのである。注意しなければいけないのは，免責の判断は，破産者が自ら申し立てた時にのみ行なわれるということである。自分で破産の申立てをしたのなら，免責の申立てもしなければならない。

近時，裁判所では，債権者に対する一部割合による弁済を条件として免責決定を行なうという取扱いも行われることがある。前述した同時廃止の場合など，配当も行なわれないのに，全額免責するのでは社会正義に反するとの考慮からであろう。

免責決定が確定すると，当然に破産者は復権し，法的な地位を回復する。

［遠藤浩・遠藤曜子］

5 金銭貸借（ローン）と担保

■ 金銭の消費貸借（ローン）とは

　土地を買おうとしたり，建物を建てようとするときに，自己資金が足りなければ，他人から金を借りてその目的を達成しようとする。商売の運転資金が乏しいときや，また生活に困るときも，他人から金を借りて，急場を凌ごうとする。最近では，貸金業者の無人の機械から金を借りるしくみも流行している。

　この金を借りる契約が金銭消費貸借契約とよばれるものである。消費貸借とは，借家のように，借りたものそのものを返すのではなく，借金のように，同じ種類，同じ価値のものを返す契約をいう。契約のなかでも非常に重要な契約の1つである。前述の例のように，われわれの消費生活における金融においても，また，大規模な生産における金融においても，金融はこの契約によるのである。

■ 金銭消費貸借の証書

　ところで，[資料45][資料46]は，この消費貸借契約の際に用いられる証書である。どちらも，契約の成立を証する証書である。この両者の違いといえば，契約書の方が何となく形式ばっていて近代的な感じがし，銀行などの金融機関から金を借りる場合に使用されることが多く，普通2通作成して，貸主と借主とがそれぞれ1通ずつ所持する。

　これに対して，借用証書の方は，知人から金を借りたり，いわゆる金貸しから金を借りるときに，使われることが多く，借主から貸主に差し入れるものである。したがって借主が記載して貸主に交付する。名刺の裏などを利用して簡単に作る場合もある。普通は貸主だけが所持しているが，偽造されるおそれもあるので，借主はそのうつしをとっておくことが望ましい。

■ 消費貸借契約の特殊性—要物契約

　この2つの証書を見ると，「借用して（借受けて）受取った」とある。

　これは消費貸借契約という契約が特殊なためである。

　たとえば，売買契約のような契約は，売るという申込と，買うという承諾があれば，契約は効力を生じ，それから債権(代金を払えという債権，目的物を渡せという債権)や債務(代金を払うという債務，目的物を渡すという債務)が発生する。こういう契約を諾成契約という（59頁参照）。

　それに対して，消費貸借契約は，金を借りたい，金を貸そうという合意だけでは効力が生じない。金を渡してはじめて効力を生ずるものとされている(民587条)。合意だけでは効力を生ぜず，ほかに目的物の引渡しなどが加わって初めて効力の生ずる契約を要物契約という。

　歴史的に見れば，昔は，ほとんどすべての契約が要物契約であった。合意だけでは信用できず，物の引渡しがなければ安心できなかったからである。消費貸借はそれが今に残っているのである。したがって，理論的には消費貸借契約からは金を貸す義務は生じないことになる（金を渡してはじめて効力を生ずるのだから）。

■ 要物性の緩和

　消費貸借契約の要物性を厳格に解すると具合の悪いことがある。

　普通，銀行から金を借りるときには，銀行はすぐ金を渡さない。まず，証書を作成

[資料45 金銭借用証書]

金銭借用証書

印紙 収入

一金 五拾万円也 ただし利息 年一割五分

前記の金銭を債務者乙野二郎が借用して受取ったことは事実間違いありません。ついては利息は毎月末日限り、また元金は来る平成九年一月末日限り、どちらもあなたのところに持参し、必ず返済します。万一、利息を二回以上延滞したときは、期限にかかわらず何時でも請求なさって差支なく、また請求に対して、債務者乙野二郎が義務の履行をしないときは、保証人丙野三郎が履行し、あなたに対し一切損はかけません。後日のため金銭借用証書を差入れておきます。

ただし、本件に関し、万一、訴訟等の生じた時は、現住所のいかんにかかわらず、債権者の住所地の裁判所を管轄裁判所とすることに合意しました。

平成八年三月一日

住所　東京都豊島区要町三丁目三〇番四号
　　　債務者　乙　野　二　郎　㊞

住所　埼玉県浦和市別所一、二三四番地
　　　保証人　丙　野　三　郎　㊞

甲　野　太　郎　殿

する。そこには，金を渡して，債権が発生し，その債権を担保するために抵当権を設定する，と書かれる。金を渡してないのだから，債権が発生してないはずであるのに。さらに，抵当権の登記をする。債権がまだ発生していないのに。そのあとで金を渡す。

そうすると，証書も抵当権の登記も債権が未発生の間に「発生した」と書いた，いわば偽りのもので無効だということになるが，それでは，金融取引が混乱する。そこで，こういうものも――2，3日中に金が渡されるのだから――有効だと解されている。

■ 利息の定め

この証書には利息の定めがあって，利率を記入するようになっている。利息というのは，元本を利用する対価として支払われるもので，一定の率（利率）によって計算される。

消費貸借では，「利息をとる」とさえ定めておけば利率の定めはしなくても年5％の利息を請求することができる。商人間の金の貸し借りならば，利息の定めがなくても

[資料46　金銭消費貸借・抵当権設定契約書]

金銭消費貸借・抵当権設定契約書

収入印紙

東京都中央区日本橋本町一丁目五番六号
債権者（抵当権者）　株式会社　丁クレジット
東京都豊島区要町三丁目三〇番五号
債務者（抵当権設定者）　乙　野　二　郎

右当事者間において、貸金および抵当権設定のため左の契約を締結した。

一　債務者　乙野二郎は金五百万円を債権者株式会社　丁クレジットより借り受けて、これを全額受け取った。
二　前条の貸金の弁済期は平成八年七月一五日とする。
三　第一条の貸金の利息は年九分として毎月末日債務者より債権者に支払うものとする。
四　元本および利息の弁済の場所は、弁済のときにおける債権者の住所とする。
五　左の場合には、期限の利益を失うものとし、期限後に支払うべき金額に対し金百円につき日歩二銭七厘の割合による遅延損害金を支払うものとする。
　一、利息を期日に支払わないとき
　二、債務者が本契約に違反したとき
　三、債務者が破産・和議の申立をうけまたは差押、仮差押をうけたとき
六　債務者はその債務の履行を担保するため、その所有に係る左に記載する不動産を目的として第一順位の抵当権を設定した。
　所　在　東京都世田谷区成城町
　地　番　一二三番
　地　目　宅地
　地　積　一六五平方メートル
七　債務者は、速やかに前条の抵当権の設定登記をして、その登記簿謄本を債権者に提出するものとする。
八　本契約証書の作成および登記その他契約に関する一切の費用は、債務者の負担とする。

右契約の成立を証するため、この証書二通を作成し、各署名押印して、それぞれその一通を保持する。

平成八年四月一〇日

　　　右　株式会社　丁　クレジット　㊞
　　　　　　　　　　乙　野　二　郎　㊞

利息をとることができ，利率について何の定めもしなければ年6％である。

■ 高金利とその制限

いわゆる高利貸しというのがある。貸主が借主の弱味につけこんで，不当に高い利息をとって借主を圧迫することである。借りる者は，わらにもすがる気持で，高利でも借りてしまい，あとで苦しみに泣く結果になる。いわゆるサラリーマン金融，町金融と呼ばれるところは，銀行等の貸付金利と比べると利息が極めて高いことが多い。また最近，大手企業やクレジット会社が自社のカード会員等に対して行う「キャッシング」といわれる貸付も便利であるが，比較的高利である。

ところで，利息制限法は，利率の最高限度を次のように定めている(遅延損害金は各限度額の2倍までの定めが有効である)。

　　元本　10万円未満　　　　年20％
　　元本　10万円以上100万円未満
　　　　　　　　　　　　　　年18％
　　元本　100万円以上　　　 年15％

また，「出資の受入れ，預り金及び金利等の取締りに関する法律」(以下，出資法と表示する)によれば，貸金業者については，平成12年6月1日以降は，利息が年29.2％を超える契約を締結した貸主は処罰されることになっている。

■ 利息制限法違反の利息はどうなるか

そこで，貸金業者は，利息制限法の利率は超えているが，出資法の処罰対象にはならない範囲で利率を定めていることが多い。

その場合，利息制限法の制限を超えているのだから，その部分については契約は効力を生じない。したがって貸主は，その超過部分については訴訟によって支払を強制するわけにはいかない。

しかし，「貸金業の規制等に関する法律」により，一定の条件を満たした貸付，支払の場合には，超過分の利息について借主が任意に支払った利息については有効な利息の弁済とみなされてしまう。

即ち借主は，業者に対し，超過利息について元本に充当しろということも，全元本に充当されたから余分な分を返せということもできない，ということである。しかし業者によっては，実はその「一定の条件」を満たしていないところも往々にしてある。その場合には，超過分の利息は元本の支払に充当しろとか，元本の支払に当ててなお余りある場合は余分を返せと言えることもある。高金利業者から借りてしまった場合には，その点を調べて対応した方がよい。

■ 利息の天引きと利息の制限の関係

金貸しが，金を貸すときに，利息を前もって元本から引いて，その残りを借主に渡すことも多い。

たとえば，50万円を年20％の利息で借りた場合は，利息分10万円を差し引いて，40万円を渡し，1年後に50万円を返済するというしくみをとるのである。これを利息の天引という。

貸主に都合がよいから好んで用いられる方法である。しかし，借主にとってみれば，50万円を借りたのに，実際には40万円しか利用できないのだから，はなはだしく不当である。

このようなやり方についても，利息制限法で，借主の保護がはかられている。すなわち，右の例の場合，元本を40万円として計算し，それの制限利息(年18％)7万2,000円を越える分2万8,000円は元本の返済にあてられたものとみなされることになっている。つまり，50万円借りて，2万8,000円はすぐ返したものと考えるわけで，1年後に47万2,000円返せばいいことになる。

■ 貸主の債権確保の方法①—公正証書の作成

貸主は，自己の債権が確実に弁済されるように，つまり，貸金の回収が確実にできるように，貸す際に，その対策を講じておく必要がある。

その1つとして，借主が金を返済しない場合に，強制執行がたやすくできるように予め考えておくということがある。強制執行とはどういうことか，どういう方法でおこなわれるかは別のところで述べる（186頁以下参照）が，この強制執行がたやすくおこなわれるようにするために公正証書を作成することがおこなわれる。

貸主と借主とが公証役場に出向いて，公証人（一定の資格のある者しかなれない）に対し，契約の要旨を伝えて，公正証書の作成を依頼すると，公証人は法律の手続に従って公正証書を作成する。[資料47]がそれである。

■ 公正証書作成のメリット

この公正証書は，証拠力が強い。実質的に公務員である公証人が関与して作成したものだからである。そして，何よりも，公正証書にすることの利点は，この証書によって，直ちに強制執行をすることが可能なことである。しかし，公正証書だからといって，つねに，直ちに強制執行をすることができるのではない。まず第1に，原則として，一定の金額の支払ということが債権の内容をなしている場合に限られる。第2に，強制執行認諾の文言が証書に記載されていなければいけない。つまり，債務者が納得して強制執行を受けても異議がないということばが入っている場合である。第3に，執行を受ける者に対してその公正証書が送達されていなければならない。これらの点を注意しておかねばならない。

なお，貸主が約束手形をとっておくことも，訴訟手続や，執行の面で，普通の訴訟の場合よりは利点があるが，それは手形のところでふれることにする（109頁参照）。

■ 貸主の債権確保の方法②—物的担保

貸主が自己の債権を確保する手段として，担保制度が利用される。

甲に対して，乙が1000万円貸し，丙が2000万円貸し，丁が3000万円貸したとしよう。甲の唯一の財産である価格3000万円の不動産が乙による強制執行を受け，競売に付され，配当に参加した丙・丁にも配当されることになったとすると，乙・丙・丁に対してそれぞれの債権額に応じて配当されるから，それぞれ，500万円，1000万円，1500万円の配当を受けることになる。これを債権者平等の原則という。債権は価値的にはみな同じだという考え方である。

そこで，自分の債権だけは他の債権者に優先して確実に弁済されたいと願う者は，何か特別の方法に頼らざるを得ない。それが債権の担保制度である。

担保というのは，確実にするとか，安全にするとかいう意味である。したがって，債権の担保といえば，債権の弁済を確実にするという意味になる。

■ 物的担保とは

その1つに，物的担保とよばれるものがある。これは，債務者または第三者の一定の財産（物）の上に，債権者がある権利を留保して担保の目的をはかろうとするものである（第三者というのは，例えば甲が乙に対して有する債権について，債権者でも債務者でもない丙が乙に頼まれて，自己の財産について抵当権を設定してあげるような場合の丙のことである。この丙を物上保証人という）。この方法には，抵当権とか質権とか譲渡担保とか呼ばれる方法がある。物の上に担保を付けさせる人，即ち，担保の目的物の所有者（債

[資料47　金銭消費

東京都千代田区神田三崎町一二三番四号
　印刷業
　右両名代理人　丁　野　四　郎
　　　　　　　　　　昭和一三年六月生

右は氏名を知り面識がある。
右代理人の提出した委任状は認証がないから本人の印鑑証明書によりその真正を証明させた。
右列席者に閲覧させたところ各自これを承認し、左に署名捺印する。
この証書は平成八年弐月拾五日当職役場において作成し、左に署名捺印するものである。
この正本は、債権者甲野太郎の請求により原本につき作成交付する。
平成八年弐月拾五日　当職役場において

甲　野　太　郎　㊞
丁　野　四　郎　㊞

東京都文京区本郷二丁目三番四号
　公証人　大　山　公　平

東京都文京区本郷二丁目三番四号
東京法務局所属
　公証人　大　山　公　平　㊞

昭和一七年五月生

貸借契約公正証書]

金銭消費貸借契約公正証書

平成八年第一二〇号

本職は当事者の嘱託により、左の法律行為に関する陳述の趣旨を録取し、この証書を作成する。

第一条　平成八年弐月壱日債権者甲野太郎は金五百万円也を貸渡し債務者乙野二郎はこれを受取り借用した。

第二条　債務者は次の事項を履行することを諾約した。
一、元金は平成九年壱月末日限り弁済する。
二、利息は年一割五分として、毎月末日限り支払う。
三、元金を期日に返済しないときは完済まで年三割の割合による予定損害金を支払う。

第三条　左の場合の一にあたる事実があったときには、債務者は期限の利益を失い催告を要しないで直ちに元利金を支払う。
一、利息金を期限に支払わないとき
二、他の債務につき仮差押、仮処分または強制執行を受けたとき
三、他の債務につき競売、破産または民事再生手続開始の申立があったとき

第四条　丙野三郎は債務者と連帯して本契約の履行を保証する。

第五条　債務者及保証人は本契約上の金銭債務を履行しないときは、直ちに強制執行を受くべきことを認諾した。

以上

本旨外要件

東京都文京区本郷六丁目二番九号
不動産業
債権者　甲　野　太　郎
昭和二五年一月生

右は氏名を知り面識がある

東京都千代田区神田神保町二丁目一〇番七号
書籍商
債務者　乙　野　二　郎
昭和二〇年七月生

東京都千代田区神田錦町三番六号
印刷業
連帯保証人　丙　野　三　郎

■ 抵当権による債権担保

［資料34］の乙区欄に記載してあるのが抵当権の登記である。そして，［資料46］は消費貸借契約と同時になされた抵当権設定契約である。

抵当権の目的物となりうるものは，土地とか家屋とかの不動産が原則であるが，自動車などの登録できる財産にも抵当権の設定をすることができることがある。

抵当権を設定しても，設定者は，土地なり建物なりを貸主＝債権者に引き渡す必要はなく，そのまま使っていてよい。生産金融に利用されるのはそのためである。

抵当権は，この［資料34］に記載されているように，一番抵当とか，二番抵当とかの順序がある。これは登記の早い順序によって決められる。債務者が返済しないときは，債権者は，裁判所に申し立ててその不動産を競売してもらい，その代金のうちから，抵当権の順序に従って，優先的に支払ってもらえる。抵当権をもたない普通の債権者は，抵当権者全員に支払って，残りがあれば支払ってもらえるに過ぎない。

■ 質権による債権担保

質権というのは，抵当権と違って，設定者から質物をとりあげることに特色がある。質権の目的物となりうるものは，譲渡性のあるものなら，つまり処分できるものなら何でもよい。その目的物を設定者からとりあげて，設定者に心理的圧迫を加えて弁済をうながす。その意味では設定者にとって大切なものほど効果があがるということになるが，実際には質屋が受ける場合の質物は「売れる物」であろう。債務者が支払わないときは，質権者は裁判所に申し立てて競売してもらい，その代金のうちから支払ってもらえる。売却代金に余りがあれば，質権設定者に返さなければならない。

■ 流質契約

この場合に，質物の所有権を貸主＝債権者に帰属させて，債権は弁済されたものとして消滅するという，いわゆる流質契約をすることは禁じられている（民349条）。僅かの債権について，債務者の弱味につけこんで，高価なものを質物にとって，その所有権を取得することは社会的正義からみて許されないと考えたからである。

もっとも，いわゆる質屋（それが営業質屋でも公益質屋でも）から金を借りた場合は，流質が原則である。質物が流れるというわけである。この場合に，一々競売に付していたのでは，厄介でやりきれないからである。そして，質屋が暴利行為にはしらないように国家がうしろから監督することになる。また，商取引について流質契約をすることも差支えない。商取引の当事者間には経済的地位の差はないと考えたからである。

■ 譲渡担保による債権の確保

今まで抵当権・質権を見てきたが，これらの方法では動産を手元において債務者が使いながら担保に入れるということができないということにお気づきだろうか。そういう実際上の要請からあみ出された制度が譲渡担保である。従って，民法上はっきりこれを定めた条文はない。

たとえば，甲が乙から金を借りるために印刷機械を譲渡担保にすることを考えよう。

乙と甲との間に消費貸借契約がなされ，乙の債権を担保するために甲はその所有の印刷機械の所有権を乙に移転し，甲はその機械を乙から借りて使う。甲が借りた金を弁済したときに，その機械の所有権を返してもらう。もし，甲が借金を支払えないときは，乙はその機械を適宜に換価して，その代金から支払ってもらい，余りがあれば

[資料48　代物弁済予約契約書]

```
                    代物弁済予約契約書

                                東京都中野区本町一丁目三三番五号
                                        丙　野　三　郎
                                東京都豊島区要町三丁目三〇番八号
                                        乙　野　二　郎

  右当事者間において、後記不動産の代物弁済予約について、左記契約を締結した。
 一　債務者が債権者より借用している一、三〇〇万円およびその利息債権のために、債
    務者はその担保として、債務者所有の不動産について代物弁済の予約をすることを
    約し、債権者はこれを承諾した。
 二　債務者が右債権の弁済期である平成八年九月一〇日を過ぎても弁済しない場合は、
    債権者はいつでも右予約を完結することができる。
 三　債権者が右予約を完結した場合は、債務者は移転登記手続に協力するとともに、そ
    の費用を負担し、右不動産を明渡す。
 四　右契約の完結によって、債務者の負っていた一切の債務は消滅する。
  右予約の成立を証するため本証書二通を作成し、各署名捺印してそれぞれその一通を
  所持する。
    平成八年三月一〇日
                                        債権者　丙　野　三　郎 ㊞
                                        債務者　乙　野　二　郎 ㊞

                記
 一、建物（木造瓦葺平家居宅）
    東京都武蔵野市吉祥寺本町二丁目三番四号所在　六六平方メートル
```

甲に返すという方法で債権の担保をはかる方法である。

■ **代物弁済の予約とは**

　この譲渡担保の方法としくみの似ているものに代物弁済の予約による方法がある。

　[資料48]は代物弁済の予約契約書であり、[資料34]の甲区欄（二番）に記載され、抹消されているのは、その仮登記の例である。

　代物弁済というのは、たとえば、[資料48]の人物でいえば、丙野が乙野に対して、1,300万円の金を貸している場合に、乙野は1,300万円の弁済に代えて、建物の所有権を丙野に移転し、その建物を引き渡して1,300万円の債権を消滅させる制度である。

　その代物弁済の予約をして、債権の弁済の確保を図ろうとするわけである。すなわち、丙野が乙野に対して1,300万円の金を貸し、それとあわせて、弁済期にもし乙野が1,300万円の弁済ができなければ、乙野所有の建物の所有権を丙野に移転させて1,300万円の債権を消滅させるという、いわゆる代物弁済を予約するわけである。そして、

[資料49　保証契約書]

保証契約書

甲野太郎（以下甲という）と丙野三郎（以下丙という）との間に、次のとおり金銭貸借保証契約を締結した。

一　丙は甲に対し、甲と東京都豊島区要町三丁目三〇番地乙野二郎（以下乙という）との間の平成八年二月一日付の金五百万円の金銭消費貸借契約書による乙の債務について、乙がその債務を履行しないときは履行の責に任ずる。

二　丙は甲に対し、検索の抗弁権を放棄する。

三　丙が、甲より、乙が債務を履行しない旨の通知を受けてから七日以内に、保証債務を履行しないときは、甲に対して日歩弐銭の違約金を支払うこと。

本契約の成立を証するため、本証書二通を作り、各自署名押印して、それぞれ一通宛所持する。

平成八年二月一五日

東京都文京区本郷六丁目二番九号
　甲　債権者　甲　野　太　郎　㊞

埼玉県浦和市別所一、二三四番地
　丙　保証人　丙　野　三　郎　㊞

（収入印紙）

丙野はその予約上の権利を仮登記して，権利の確保をはかるのである。

乙野が弁済しないと，丙野は乙野に対して，予約を完結する旨の意思表示を行なう。すると，乙野の何等の行為をまたずに，その建物の所有権が丙野に移転するという効果を生ずる。丙野のもっているこの権利のことを予約完結権という。なお，判例は，この場合，債権者は，建物の時価と1,300万円（ほかに利息が加わる）の差額の返還義務を負うといっている。

■ **貸主の債権確保の方法③―人的担保（保証等）**

以上のような物的担保と呼ばれるもののほかに，債権の担保制度として人的担保とよばれるものがある。

金を貸した者は，借りた者がその金を返さないときは，結局，借主の財産を競売に付してその代金のなかから支払ってもらうことになる。そうすると，債権者にとっては，頼みの綱は，債務者の財産（資力）だということになる。債務者の財産ではおぼつかないと考えれば，他の人の財産からとれ

るしくみを考えれば債権者に都合がいい。これが人的担保とよばれるもので，大まかにいって保証と連帯債務とがある。

■ 保証のしくみ

[資料45]には，保証人は主たる債務者(債務者をそう呼ぶ)が履行しないときは代って履行する旨の文言が記され，保証人が署名捺印している。債権者甲野太郎と保証人丙野三郎は保証契約をしたことを意味する。

保証人になるのは，普通，債務者から頼まれてなるだろうが，保証契約は，あくまでも債権者と保証人との契約だから，債務者が保証人をつけることを反対していてもできるわけである。そういうときには，別個に，[資料49]のように保証契約書を作ることになろう。

保証人は［資料45］の文言にあるように，主たる債務者が履行しないときに代って債務を履行する義務を負担する。したがって，保証人の責任は，主たる債務者の責任よりも大きいということはなく，主たる債務が消滅すれば保証債務も消滅する。これを保証債務の付従性という。

また，債権者が保証人にいきなり請求してくれば，まず主たる債務者に請求してくれと主張することができるし，債権者がいきなり保証人のところに執行にきたら，主たる債務者に十分な財産があるから，そちらから取り立ててくれということを主張することができる。前者を催告の抗弁権といい，後者を検索の抗弁権という。

■ 単なる保証と連帯保証

つまり，保証債務というのは，主たる債務が履行されない場合の補充的なものである。しかし，保証人でも連帯という文字がついて連帯保証人ということになると，この両抗弁権を有しない。また，[資料49]は，検索の抗弁権を放棄した例である。このような場合には，債権者がいきなりそれらの保証人のところに執行にきても文句をいえないということになる。

保証人が何人かいれば，保証人は原則としてその頭割に割った額についてだけ保証の責に任ずる。これを分別の利益という。もっとも，連帯保証人は，何人いても１人ひとりが，全額について責任を負うことになる。

連帯保証でも単なる保証でも，（連帯）保証人が主たる債務者のために支払えば，主たる債務者は債務を免れるが，保証人は主たる債務者に対して，その分を返してくれと請求することができる。これを求償権という。

■ 連帯債務

つぎに連帯債務であるが，乙が甲から50万円借りるについて，丙が担保の目的で連帯債務者になったとしよう。そうすると，丙は乙と同じ債務，すなわち50万円の債務を負担することになる。その結果，債権者は，50万円を弁済させる方法として２つの手段をもったことになり，どちらに対しても，50万円の請求をすることができる（保証のような抗弁権は与えられていない）。もっとも，債権者の甲は，乙・丙からそれぞれ50万円，計100万円の弁済を受けられるわけでなく，どちらからでも，要するに，計50万円の弁済を受ければそれで満足し，乙・丙の債務は消滅するのである。この点，連帯保証に似ている。

連帯債務は，乙の負っている債務の原因をなしている契約が取り消されたとしても，丙の債務に影響がないなどの点で，連帯保証と異なる。担保の手段としては保証より強いといわねばならない。

[遠藤浩・遠藤曜子]

6　手形・小切手

■ 手形・小切手

商品買入の代金支払の手段として手形や小切手が振り出されることがある。月賦販売などでも用いられる。代金の支払に用いられるだけでなく、金の貸し借りでも用いられている。ここでは手形を中心として説明することにする。

[資料50]は約束手形である。甲野が代金50万円の商品を乙野から買って、その代金支払のために振り出したものである。

いったい、手形というのはどういう原理の上に立つものであろうか。

■ 債権譲渡の必要性

上の例だと乙野は甲野に対して50万円の代金を払えという債権をもつことになる。この債権を譲渡したいという必要性から生れたのが手形である。

昔は、債権というものは、債権者と債務者とを結ぶ鎖であって、その一端を変えることはできないものとされていた。しかし、債権のなかには、債権者が誰であるかということに重きをおく必要のないものがかなり多い。金銭債権などはその代表である。債務者にとってみれば、要するに金を払わなければならないということで、誰に払うかということは問題ではない。すなわち、債権者が変っても、債務者にとって格別困ることはない。そこで、債権の譲渡が漸次認められることになり、現在では、債権は原則として譲渡できるものとされている（民466条）。債権の譲渡を認めると、譲渡人にとっても、譲受人にとっても都合がよい。

■ 有価証券のしくみ

上の例で、乙野の債権の弁済期が平成8年11月10日だとすると、乙野はその日まで請求できない。その前に乙野がどうしても現金のいる必要に迫られたとき、乙野が50万円の債権を売ることができれば都合がよい。これを丙野に45万円で売れば、50万円に近い現金が得られ、乙野の必要がある程度みたされたことになる。丙野もまた弁済期がくれば甲野に50万円の請求ができて、5万円の利益がおさめられる。

譲渡を認めるとこのように利益が多い。このように利便の多い債権の譲渡について、いかに速やかに、安全にそれがなされるかについて工夫をこらしたものが手形・小切手などである。

すなわち、債権を紙片（証券）の形であらわし、その証券を譲受人に交付すると債権も移転するというしくみを考えたのである。いわば、債権と証券とが一体をなしている、債権が証券に化体している（化けている）ものを考えたのである。

これを有価証券という。手形や小切手はこの有価証券の一種である。

■ 約束手形

[資料50]のこの紙片（証券）に50万円の債権が化体しているのである。この証券の交付——もっとも裏書が必要だが——が50万円の債権の譲渡を意味する。したがって、自分が債権者だというためには、この証券を所持していなければならない。そして、この証券を債務者甲野に呈示して支払を受けることになる。

なお、この[資料50]は、統一手形用紙といわれる、銀行取引において用いられる手形用紙を用いた手形である。この用紙を使わないで作成した手形も法律的な要件を備

6 手形・小切手

[資料50 約束手形]

表面:
- No. 123　約束手形　No. AA45678
- 収入印紙
- 乙野　二郎　殿
- 金額　¥500,000※
- 支払期日　平成8年11月10日
- 支払地　東京都千代田区
- 支払場所　株式会社　○○銀行本店
- 東京 1301　0001-123
- 上記金額をあなたまたはあなたの指図人へこの約束手形と引替えにお支払いいたします。
- 平成 8年 8月10日
- 振出地　東京都文京区
- 住所　東京都文京区本郷5-5-505
- 振出人　甲野　太郎 ㊞
- :0001⊥'''0005

トジシロ（控え）:
- 約束手形番号　AA45678
- 受取人　乙野二郎
- 金額　¥500,000※
- 支払期日　平成8年11月10日
- 支払地　東京都千代田区
- 支払場所　株式会社　○○銀行
- 振出日　平成8年8月10日　振出地　東京都文京区
- 備考　商品代金

○（手形の裏面）

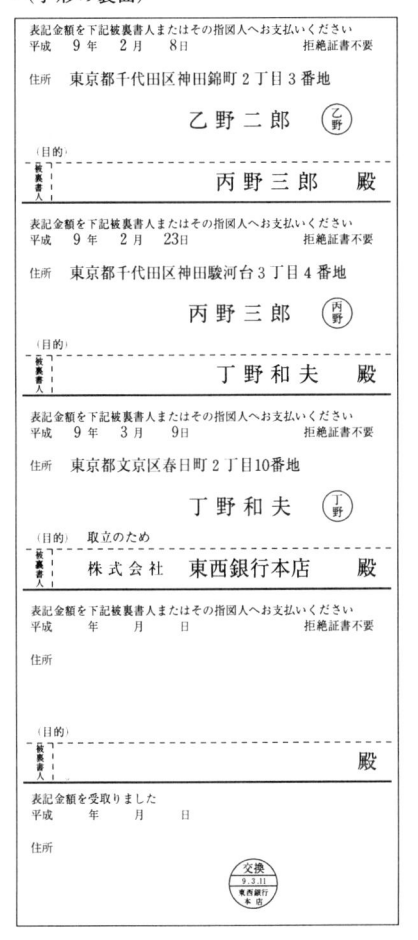

1.
- 表記金額を下記被裏書人またはその指図人へお支払いください
- 平成9年2月8日　拒絶証書不要
- 住所　東京都千代田区神田錦町2丁目3番地
- 乙野二郎　㊞（乙野）
- (目的)
- 被裏書人　丙野三郎　殿

2.
- 表記金額を下記被裏書人またはその指図人へお支払いください
- 平成9年2月23日　拒絶証書不要
- 住所　東京都千代田区神田駿河台3丁目4番地
- 丙野三郎　㊞（丙野）
- (目的)
- 被裏書人　丁野和夫　殿

3.
- 表記金額を下記被裏書人またはその指図人へお支払いください
- 平成9年3月9日　拒絶証書不要
- 住所　東京都文京区春日町2丁目10番地
- 丁野和夫　㊞（丁野）
- (目的)　取立のため
- 被裏書人　株式会社　東西銀行本店　殿

4.
- 表記金額を下記被裏書人またはその指図人へお支払いください
- 平成　年　月　日　拒絶証書不要
- 住所
- (目的)
- 被裏書人　殿

- 表記金額を受取りました
- 平成　年　月　日
- 住所

交換　9.3.11　東西銀行本店

えていれば有効ではあるが，銀行はこの用紙を使ったものでないと取り扱ってくれない。

■ 約束手形に記載されていること

上のようなしくみの手形をさらに［資料50］についてくわしくみることにする。

前述したように，甲野が乙野あてに商品の代金の支払のためにこの約束手形を振り出したとしよう。

振出人というのは，甲野のことで，この約束手形を作成し，金額のところに記されている50万円の支払を約束する者である。「○○殿」というところに記載された乙野を受取人といい，甲野が支払をなすべき相手方である。文面で，「あなた」とされているのが乙野のことである。甲野の債務がまず乙野に対して負担されたものであることを示す。

支払期日は普通に満期と呼ばれるもので，支払をなすべき日である。手形上の権利を行使しようとする者は，この満期日を入れて満期日から3日間以内に手形を「呈示」しなければならない（ただし，法定の休日など銀行取引のない日を除く）。

支払場所は，銀行名を記載されることが多い。振出人甲野が○○銀行に当座預金をもち，そのなかから支払をしてもらうように○○銀行に委任するのである。もちろん，振出人が自分の住所を記入して，自ら支払をしても差支えない。乙野がこの約束手形を満期まで所持して○○銀行にこの手形を呈示して支払を受けることもある。

■ 手形の割引など

乙野が満期前に手形を現金化したいと思うときにこの手形を割り引いてもらうということばが使われる。

乙野が金融機関や第三者に「割り引いてもらう」わけだが，割引というのは，その本質は債権（手形）の売買であると解するものが多い。金融機関などでは手形金額から支払期日までの利息を差し引いた金額を手形所持人に渡すのが普通である。

また，乙野が丙野から買った商品の代金の支払のために，その所持している手形を丙野に交付することもある。つまり，債権の譲渡が行なわれたのである。

■ 手形の裏書譲渡

このような譲渡は，裏書（うらがき）によって行なわれる（手形法11条，77条）。裏に書くから裏書という言葉が生まれた。この約束手形の裏，［資料50］の裏面に乙野は自己の氏名を署名するとともに，譲受人丙野の氏名を被裏書人のところに記入する。これが裏書である。

このようにして次の権利者を指名することを指図という。［資料50］の文言に「指図人へ」といっているのはこのことをいっているのである。手形は指図債権（証券）であるというのはこの意味である。すなわち，受取人または受取人によって順に指図されたものを債権者とする債権のことをいうのである。

このような裏書をして，この証券を乙野が丙野に交付すると，乙野から丙野に債権が移転し，丙野が債権者になることになる。同様にして，丙野から丁野に手形が裏書・交付されれば，丁野が債権者となる（なお，被裏書人のところを空白にして乙野が丙野に交付し，さらに丙野から丁野に交付され，丁野がそこに記入しても差支えない）。

■ 手形の記載に対する信頼の保護

ところで，丙野が債権者のときに，甲野が丙野に50万円のうち20万円を弁済していたとすれば，甲野の負担している債務は30万円である。しかし，その旨が証券に記載されないでいて，額面50万円の証券を丙野

が丁野に交付したとしよう。丁野が甲野に50万円の支払を請求したときに、甲野はすでに20万円を弁済しているから、残りは30万円だという主張を丁野に対してすることはできないことになっている。

すなわち、丁野は証券に記載されたとおりの権利を取得するわけで、証券の記載を信頼すれば保護されるという取引の安全がはかられている。甲野は丁野には50万円を支払わざるをえないので、二重に支払った20万円については丙野に不当利得として返還請求をするほかしかたがない。

■ 手形の所持に対する信頼の保護

また、丁野が甲野のところに支払の請求にきたときに、その債権の真の権利者が果して丁野であるかどうかは甲野にはわからない。真の権利者でない者への弁済は原則として無効であるから、甲野は丁野が真の権利者かどうか自分で調査しなければ二重払いがおそろしくて支払えない。しかし、手形の場合には、丁野が裏書がきちんとつながっている手形の所持人であることだけ確認すれば、仮に丁野が債権者でなくとも丁野に対する弁済は重大な過失のない限り有効とされる。手形は、転々流通するものだから、譲受人と債務者の保護がこのようにはかられている。

■ 取立委任

丁野は自ら支払銀行に出向いて、この証券を呈示して支払を求めることもあるが、取引銀行に取り立ててもらうことのほうが多いであろう。この場合は通常の裏書のように記載するが、ただ目的のところに、[資料50]の裏面の3番目の裏書にあるように「取立のため」と記載する。そうすると、これは譲渡の裏書でなく、取立委任裏書とされ、つまり、東西銀行は丁野から取立の代理権だけ与えられることになる。

■ 手形の不渡りと遡求

さて、丁野が支払場所の○○銀行に出向いて証券を呈示して支払を求めたところ、○○銀行は甲野の預金がないため、支払を拒絶したとする。これが手形の不渡りとよばれるものである（不渡りは他にもいろいろな事由で起こりうるが、このように信用不安を理由とする不渡手形を6ヵ月間に2回出すと銀行から取引を停止される）。

この場合に、丁野は裏書人の丙野なり乙野なりに支払を請求することができる。これを遡求するという。しかし、この遡求をするためには、支払呈示期間（支払をなすべき日およびこれにつぐ2取引日）内に支払呈示をし、支払拒絶証書（支払呈示したのに支払をしてもらえないという証書）を作成してもらわないといけない。もっとも支払拒絶証書の作成が免除されている場合（[資料50]の裏面に記載されている「拒絶証書不要」という言葉）は、証書がなくとも遡求することができる。

もし、丁野が丙野から支払をうけたとすると、丙野は丁野からその手形を受けもどして、乙野にさらに遡求することができる。

■ 手形訴訟

もし、遡求しても、丙野なり乙野なりが任意に支払をしないときは、丁野は、甲野なり丙野なり乙野なりを相手として、あるいは全員を相手として、訴えを提起することになる。

この訴訟については、手形訴訟という特別な訴訟手続を利用することができる。この訴訟は迅速になされるよう工夫されている。たとえば証拠方法が制限されている。しかも、手形訴訟の判決には、必ず仮執行の宣言がつけられるので、判決確定前でも被告の財産に執行することができる。このような便利さがあるため、債権者は手形を受領しておくとよい(99頁参照)とされるの

[資料51 小切手]

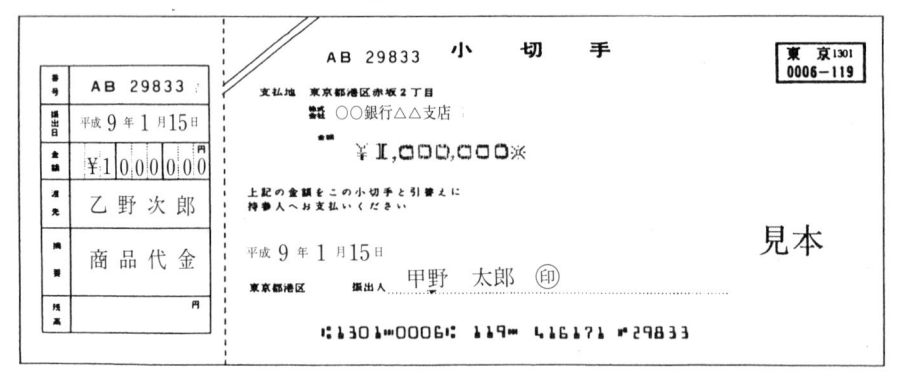

である。

■ 為替手形とは

いままで説明してきたのが約束手形である。これに対して為替手形というのは、たとえば、甲（振出人）が第三者である乙（支払人）に対し、受取人丙またはその指図人への手形金の支払を委託するものである。この乙は普通、銀行である。約束手形は、振出人が自分で手形金を支払うという趣旨の手形であり、最終責任者は振出人である。これに対して為替手形は、振出人が支払人をして手形金を支払わせる趣旨の手形であり、支払人がこれを引き受けることによって、手形金支払の最終責任者となる。

■ 小切手

従来、小切手を利用するものはほとんど商人に限られていたが、最近は個人でも利用することがある。

小切手の本質、すなわち、それが有価証券であることは手形と変わりはない。

小切手を振り出すには、銀行に当座勘定口座をもっていなければならない。銀行と当座勘定契約を結び、そこに預金をして、小切手の支払資金とするのである。

小切手を振り出すということは、支払人である銀行に対して、小切手金額の支払を委託することを意味する。銀行はその金額だけを振出人の預金から差し引いて支払をしてくれる。

[資料51]は小切手の見本である。たとえば、甲野が乙野から商品を買って、代金支払の手段として（支払のために）この小切手を交付したとする。乙野はこれを銀行に呈示して支払をうける。呈示期間は振出の日から10日間である。裏書などは手形と同様である。

■ 線引小切手

小切手は盗難にあったり、不正に取得されたりすることもありうる。この危険を避けるために、線引小切手の制度がある。これは小切手の表面の左上に2条の平行線を引いたものである（[資料51]）。

これがあると、所持人が支払銀行と取引をしていないと支払を受けられないとか、その他の制限がある。すなわち、銀行に素性の知れたものだけが支払をうけられるようにされているものである。

■ 本来の債権と手形（小切手）債権

ところで、前述の例で乙野が代金の支払のために手形や小切手の受領を求められて

も，それを拒否して現金で払ってもらうように要求することができる。そして，手形・小切手の交付を受けても，通常は，それで債権は消滅するのではなく，それらを現金化することにつとめる義務があるだけで，もし支払を受けられないときは本来の債務の履行を請求することができる。代金支払のために，ということで受領しているからである。これに対して，手形・小切手を代金の支払に代えて受領したということになると，有価証券の受領自体が代金の支払で，それが現金化できるかどうかにかかわらず，債務が消滅してしまうことになる。

しかし，結局のところ，手形も小切手も振出人等の資力を信用して用いるものであり，手形や小切手の所持人はこれらが決済されるまでは債務の弁済を受けたとは考えないのが普通であるから，一般的には手形・小切手は「支払のために」受領したと考えられる。

なお，銀行の自己宛小切手については，振出人が銀行であることから現金と同様に信用される。

［遠藤浩・遠藤曜子］

コラム　民事再生法について

平成12年に施行された民事再生法に基づく民事再生手続については，施行以来早くも，大型百貨店等の有名な企業の利用がかなり新聞等でも報道されているので，ある程度ご存じの方も多いと思います。

民事再生法は，形としては，大正時代に制定された和議法に代わるものとして制定されましたが，現代という時代の要請に応えた形でできるだけ迅速に，経済的に窮境にある債務者の権利関係を調整して，当該債務者の事業又は経済生活の再生を図ることができるよう，様々な面で配慮がされています。再建型の手続ですから，本文にも書きましたように，最終的には清算を目的とする破産手続とは，基本理念は大きく異なります。

民事再生手続では，原則として，手続の中心は，裁判所や管財人ではなく債務者本人（法人でも個人でもかまいません）ですが，必要に応じてもちろん裁判所も介入します。また，最終的には，再生債務者は，債権者の決議を経て裁判所に認可された再生計画を遂行するわけですが，和議の認可決定によって終了していた和議手続と異なり，民事再生手続では，その後の再生計画遂行の監督も可能な内容になっています。

従前の和議法や現行の会社更生法よりも，債務者側も債権者側も色々使い勝手がいい部分がありますから，今後も申立は急速に増えてゆくことでしょう。

［遠藤曜子］

7 労働

■ 労働契約

［資料52］は，甲野太郎が就職する際に，雇い主に要求されて提出した甲野二郎・乙野三郎の身元保証書である。

この身元保証書について説明する前に，働くことについての法の態度をみることにしよう。

われわれの多くは，会社や工場に雇われて生活している。すなわち，労働力を売って，その報酬として賃金・給料などの収入を得て生活している。民法上の雇傭契約を結んでいるわけである。

ところで，民法の雇傭契約は，契約自由の原則のもとに，使用者（雇い主）と被用者（使われる人）が対等の立場にあるものとして把握されている。しかし，現実の使用者と被用者との関係は，民法が考えたように対等なものではなく，被用者は使用者に従属した地位に立っている。労働力を提供して，賃金・給料を得る契約を労働契約とよび，それらの者を労働者とよぶ。

■ 労働力という商品の特殊性

労働者がこのように従属的地位に立たざるを得ないのは，労働力という商品の特殊性によるものである。労働者は，労働力という商品を売って対価を得ているわけだが，この商品は「売り惜しみ」ができない。すなわち，ストックができないのである。「売り惜しみ」をすれば自ら飢餓に陥らざるを得ない。したがって，対価が低いと考えても売りに出さざるを得ない。そもそも買いたたかれる運命にあるのだといってもよかろう。労働者は買いたたかれるのに甘んじなければならない。労働者は不利な条件をのまざるを得ないのである。

法は人間の平等を目的とする。契約自由の原則は，人間は平等であると観念的に把握されて構成されたものである。ところが，その契約自由の原則が労働者の従属的地位を生じさせた。

■ 労働者の保護と労働法

そこで，法は，人間の実質的平等を実現するため，この契約自由の原則に干渉し，労働者の保護につとめることとした。わが国の憲法は，「すべて国民は，健康で文化的な最低限度の生活を営む権利を有する」(25条)という原則をかかげている。そして，それを実現するために，「勤労者の団結する権利及び団体交渉その他の団体行動をする権利は，これを保障する」(28条)ものとし，「賃金，就業時間，休息その他の勤労条件に関する基準は，法律でこれを定める」(27条)ことにしているのである。

こうした規定を背景にして立法されたのが，労働組合法，労働関係調整法，労働基準法である。これら一連の法を総称して労働法という。

■ 就職にあたって

具体的に労働契約を使用者と締結するには，誓約保証書などの書類を提出することが多いが，労働基準法は，使用者は労働者に対して，労働時間その他の労働条件を明示しなければならないことにしている。この労働条件を労働基準法に違反して定めても，たとえば，休日を2月に1回と定めても，その効力は生じない。

賃金はいくらか，就業すべき場所，業務の内容などは，口頭で示されることが多いであろうが，退職に関する事項その他は，

[資料52　身元保証書]

身　元　保　証　書

本　籍　横浜市金沢区六浦町四、三三一一番地
現住所　東京都文京区本郷六丁目二番九号
　　　　氏　名　甲　野　太　郎
　　　　　　　　昭和四五年一〇月一日生

　このたび右の者が貴社に採用されますについては、身元保証人として会社の就業規則および諸規則を遵守して忠実に勤務することを保証いたします。万一、本人がこれに悖る行為をなし、その他規則を紊して貴社に損害をおかけしたときは、本人をしてその責任をとらしめるとともに、私たちは連帯してその損害を賠償する責任を負担することを確約し、その証として本書を差入れます。

平成八年三月一日

本人氏名　甲　野　太　郎　㊞
保証人
　本　籍　横浜市金沢区六浦町四、三三一一番地
　現住所　東京都文京区本郷六丁目二番九号
　職　業　会社役員　本人との続柄　父
　氏　名　甲　野　二　郎　㊞
　　　　　昭和二〇年五月一〇日生
保証人
　本　籍　東京都杉並区神明町八〇番五号
　現住所　東京都杉並区神明町八〇番五号
　職　業　公務員　本人との続柄　叔父
　氏　名　乙　野　三　郎　㊞
　　　　　昭和一五年三月一五日生

株式会社文華書房社長
　春　山　文　明　殿

就業規則のなかに規定され，それを示すことになるだろう（これらのことは労働協約で規定する例もかなり多い。それについては後で述べる）。

　就業規則は，労働組合（組合のないところでは，労働者の過半数の代表）の意見をきいて，労働基準監督署に届け出ることになっているが，その意見に拘束されるということはなく，使用者が一方的にきめることができる。

　労働契約の期間は1年を越えてはならないとされるが，更新は妨げない。長期の期間を定めて労働者を封建的な拘束で苦しめることのないようにという配慮に基づく。

■　身元保証

　[資料52]は，前述したように甲野太郎が就職するにあたって，甲野二郎・乙野三郎がその身元保証をして差し入れた証書である。就職にあたって身元保証を求められる例は非常に多い。

　身元保証と呼ばれるのは，身元保証人と使用者との間に結ばれる契約で，この文言からもわかるように，労働者が使用者に対

してなした不法行為，労働者の債務不履行から生ずる損害賠償債務を保証するのである。労働者が弁済できないときに，代わって弁済するわけである。

この債務は，現に生じている債務ではなく，将来生ずるかも知れない債務である。

また，身元保証に似たものに身元引受というのがある。これは，引受人が雇主に対し，労働者の一身から生ずる一切の損害を引きうける契約である。たとえば，病気などの場合にも引き受けることになる。

■ 身元保証人の責任の内容と制限

昔は，頼まれて気軽に身元保証人になったところ，それから十数年後に，労働者が会社に大穴をあけたためにそれを弁済しなければならない破目に陥り，財産をすっかりなくした人が少なくなかった。

そこで，身元保証人の保護のために，「身元保証ニ関スル法律」が制定された。この法律によると，身元保証の期間について，期間の定めのないときは3年，商工業見習者は5年，期間の定めがあるときでも5年を超えてはならず，5年以上のものは5年とみなされる。また，労働者に業務上不適任または不誠実な事跡があって，このため身元保証人の責任を引きおこすおそれのあることを知ったときや，もしくは，労働者の任務または任地を変更し，このため身元保証人の責任を重くしたり，またはその監督を困難にしたときには，使用者は遅滞なく，その旨を身元保証人に通知しなければならない。

その場合には，身元保証人は，将来に向って身元保証契約を解除することができる。

身元保証人の損害賠償の責任の有無，およびその金額をきめるについては，労働者の監督についての使用者の過失の有無，身元保証人が身元保証をするに至った事由，およびこれをするにあたって用いた注意の程度，労働者の任務または身上の変化，その他の事情が考慮されなければならないとされている。また，身元保証人が死亡した場合，判例は原則としてこの地位は相続されないとしている。

身元保証という言葉自体，いかにも封建的な臭いがする。近代企業の経営者は，保証人の個人的責任などをあてにするのはいかにも不合理であって，責任保険のような合理的な制度がこれに代わらねばなるまい。

なお，[資料52]の保証人は連帯保証人である。したがって，催告・検索の抗弁権がなく，いきなり請求され，強制執行をされる場合もでてくる（105頁参照）。

■ 労働組合と労働協約

労働者として就職する場合，その職場に，普通，労働組合が結成されているであろう。個々の労働者の力では，使用者に対抗することはできない。集団の力で対抗し，対等な立場で交渉する。その集団が労働組合である。労働者の保護のために，労働者の団結する権利が保障されていることは前述した。使用者が，労働者が労働組合に加入するのを妨害したり，組合を結成するのを妨害する行為は不当労働行為として禁止されている。

就職した労働者はこの組合に加入することになる。この加入について，組合の強化をはかるため，使用者は，組合に加入しない労働者を解雇しなければならないと義務づけられていることが多い。こういう制度をとっている企業のことをユニオン・ショップという。

上に義務づけられているといったが，これは使用者と労働組合とのとりきめできめられたものであるという意味である。このとりきめのことを労働協約という。[資料53]は労働協約の一例の抜粋である。

7 労働

■ 労働協約の効力

労働協約というのは，使用者と労働組合とのとりきめでありながら，組合の構成員である個々の組合員にもその効力を及ぼすという点に特色がある。それを協約という言葉で表わすのである。

労働協約には，規範的部分と債務的部分がある。規範的部分というのは，労働者の待遇，その他の基準に関する条項をさす。たとえば，賃金，労働時間，休日，休憩，休暇，解雇その他の人事，災害補償などに関する条項で，[資料53]によれば，52条・53条・55条・64条などがそれにあたる。

この部分に違反する使用者の行為は無効とされる。たとえば，解雇基準に違反するような解雇が行なわれた場合，その解雇は無効となる。

これに対して債務的部分というのは，ユニオン・ショップ，組合員の範囲，団体交渉の手続・対象，争議行為の手続などに関する条項を指す。[資料53]によれば，2条・28条・32条などである。

この部分に違反したときは，一般の契約の場合のように，損害賠償の請求，契約の解除などの権利を行使できる。たとえば，争議行為をするには，48時間前に相手方に文書をもって通告しなければならないという条項に違反して（[資料53]の32条）使用者がロック・アウトをやった場合は，労働組合は債務不履行による損害賠償の請求ができる。

■ 争議行為

上述のロック・アウトは使用者の争議行為である。

争議行為というのは，使用者なり労働組合なりが，自己の主張，たとえば賃上げの主張を貫徹するために行なう行為およびこれに対抗する行為をいうのだが，その行為は，それぞれ互いに相手に打撃を与える方法を考え出して行なう。その打撃の故に相手の主張をのまざるを得ないようにするわけである。

労働者側の争議行為としては，ストライキ（同盟罷業といわれるもので，労働者が団結して労務の提供を拒否する行為），サボタージュ（労働者が平常の業務に従事しながら，何らかの形で正常な業務の運営を妨害する行為。鉄道などの安全運転戦術などもその例であると解する者もある），ピケッティング（ストライキやサボタージュを行なう際に，その実効を確かめるため，工場や商店などの入口付近で，監視または見張ることをいう），ボイコット（集団的に取引を阻害する行為）などがあり，使用者側の争議行為としてはロック・アウトがある。使用者が事業場を閉鎖してしまうことである。

今述べた争議行為が全て合法的なのではなく，ケースバイケースで正当な争議行為かどうかを判断しなければならない。

労働組合の正当な争議行為については，刑事上の責任が免責されて処罰されないし，民事上の責任も免責され損害賠償の義務を負わない。

■ パート・アルバイト

パートタイマー，アルバイト，臨時雇といわれるものも労働基準法の適用を原則としては受ける。しかし，例えば，解雇予告制（労働者を解雇する場合にはその30日前に予告をしなければならない（労働基準法20条））は短期労働者（日雇，2ヵ月以内の期間で働く者）には適用しない（21条）との定めがあるように，適用されないものもある。また，短期アルバイトやパートタイマーでもそれが継続・更新されて結果的に長期になれば同法の適用を受け，たとえば有給休暇をもらえる可能性もある。事案に応じて調査，判断する必要がある。

[資料53]

するときは、退職とする
一　本人が死亡したとき
二　定年に達したとき
三　本人の意思により退職を希望したとき
四　休職期間が満了し、なおその事由が消滅しないとき
五　懲戒解雇が決定したとき

第五〇条（解雇）　会社は、組合員が次の各号の一に該当する場合は、三〇日前に予告するか、または平均賃金の三〇日分を支払って解雇する。
一　精神もしくは身体に著しい故障があるか、衰弱・老衰・疾病のため業務に堪えないと認めたとき
二　勤務成績著しく不良なとき
③　前項各号の場合、会社は、あらかじめ組合に通知する。
　第一項の規定のほか、会社が組合員を解雇する場合、組合と協議する。

第五一条（略）

　　第七章　勤　務

第五二条（勤務時間）　一日の勤務時間は、八時間（実働七時間）とする。ただし、三交替勤務については、業務の都合により会社、組合協議のうえ、一カ月を平均して一週間の勤務時間が四〇時間を越えない範囲で、一日の勤務時間を変更することができる。

第五三条（始業および終業）　始業および終業は、次の通りとする。

　始　業　　午前八時
　終　業　　午後四時

第五四条（略）

第五五条（休憩）　休憩時間は、一時間とし、一せいに与える。ただし、業務の都合により、一せいに与えられない場合またはその時期を変更するときは、会社、組合協議する。

第五六条（時間外・休日勤務）　会社が労働基準法に基づき、所定勤務時間外または休日に勤務させるときは、組合との書面協定によらなければならない。
②　前項の協定は、六ヵ月毎に更新する。

第五七条（略）

第五八条（女子の時間外勤務）　女子の時間外勤務は、一日につき三時間、一週間につき六時間、一年につき一五〇時間を越えてはならない。
②　満一八歳未満の者および女子は、午後一〇時より午前五時までの間において勤務させてはならない。

第五九条（略）

第六〇条（休日）　休日は、次の通りとする。
一　一週間　日曜日を原則とする。
二　国民の祝日
三　年末年始（四日間）
四　メーデー（五月一日）
　日給者については、前項第三号のうち一月一日から一月三日までの三日間、休業した日に対して所定の賃金を補給する。

第六一条（代休日・振替休日）　前条の休日に出勤した組合員には、業務の都合によりあらかじめ他の日に振替えることができる。
②　前条の休日は、業務の都合により六日以内に代休日を与えなければならない。

第六二条（年次有給休暇）　勤続六月以上の組合員に対し、次の通り年次有給休暇を支給する。

勤続年数	六月以上二年半未満	二年半以上五年半未満	五年半以上一〇年半未満	一〇年半以上
休暇日数	一三日	一八日	二〇日	二五日

第六三条（略）
第六四条　前項休暇の請求権は、翌年末日までとする。

　　第八章　給　与

第六五条（賃金協定に基づいて支払う。）　会社は、組合員の賃金を別に定める賃金協定に基づいて支払う。
　会社は、毎月二五日に、賃金の全額を、組合員に直接、通貨をもって支払わなければならない。（直接通貨支払の原則）

第六六条（退職金）　会社は、組合員が退職の際、別に定める退職金協定に基づいて退職金を支払う。

　　第九章　安全・衛生・福利厚生

第六七条〜第六九条（略）

第七〇条（安全・衛生）　会社は、安全・衛生に必要な措置を講じ、組合員の危害の予防ならびに健康の増進に努めなければならない。

第七一条（委員会）　会社および組合は、安全・衛生業務の円滑なる推進を図るため、安全衛生委員会を設ける。
②　安全衛生委員会規定は、会社、組合協議して定める。

第七二条〜第七六条（略）

　　第一〇章　災害補償

第七七条（災害補償）　会社は、業務上の負傷・障害・疾病・廃疾または死亡に対しこの章により補償を行なう。

第七八条（労災対策委員会）　災害補償の認定公正に行なうため労災対策委員会を設ける。労災対策委員会の規定は、会社、組合協議して定める。

第七九条〜第八四条（略）

　　第一一章　効　力

第八五条　この協約は、平成八年八月一日より平成九年七月三一日まで有効とする。

第八六条〜第八八条（略）

労働協約書

[労働協約書]

前文

○○○○○○株式会社(以下会社という)と○○○労働組合(以下組合という)は、この労働協約(以下協約という)を締結し、双方誠意をもってこれを遵守する。

第一章 総則

第一条(交渉団体) 会社は、組合が会社における組合員を代表する唯一の交渉団体であることを認める。

第二条(組合員の資格および範囲) 会社の従業員は、すべて組合員とならなければならない。ただし、次の各号に該当する者は除く。
一 課長以上の者
二 総務部・経理部社員のうち別に定める者
三 嘱託・顧問
四 試用期間中の者
五 臨時雇用者

第三条(除名者の解雇) 会社は、組合を脱退もしくは除名された者を解雇する。ただし、会社に異議ある場合は、組合協議して決定する。

第四条(差別待遇の禁止) 会社は、社員に対し、組合員もしくは非組合員であること、または人種・信条・性別・社会的身分および門地を理由にして、労働条件その他について差別待遇をしてはならない。

第五条~第六条 (略)

第二章 組合活動

第七条(組合活動の自由) 会社は、組合および組合員の組合活動の自由を確認し、組合活動をしたことを理由として、解雇その他の不利益な扱いをしない。

就業時間中および事業場内の組合活動は、協約の定めるところに従う。

② 会社は、組合および組合員が組合活動の整わなかった場合は、会社は、その申請により、労働委員会の斡旋または調停を求めることができる。

第八条~第一○条 (略)

第一一条(組合業務専従者) 会社は、特定の組合員が組合業務に専従することを認める。

② 組合は、専従者を決定したときは、氏名を会社に通知する。ただし、業務に重大な支障があるときは、会社は組合と協議する。

第一二条~第二○条 (略)

第三章 労使協議会

第二一条(目的) 会社および組合は、労使間の円滑な協議を図るため、労使協議会(以下労協という)を設ける。

② 前項の労使協議会の外、必要に応じ簡易な方法をもってこれに替えることができる。

第二二条(構成) 労協は、会社・組合双方を代表する各一○名以内の委員をもって構成する。ただし、会社外の者を委員とすることはできない。

労協には会社・組合それぞれ一名の書記をおく。

第四章 団体交渉および争議行為

第二三条~第二七条 (略)

第二八条(開催) 労協において協議の整わなかった一方の申入れによって団体交渉を行なう。

第二九条(手続・傍聴) 団体交渉を行なう場合は、所定の様式で事前に申入れをする。

交渉委員は、会社の代表者・組合の代表者は、役員および非組合員の中から一五名以内とし、組合の代表者は、組合員の中から選出する。ただし、委任を妨げない。

会社、組合協議の上、傍聴を認めることができる。

第三○条 (略)

第三一条(斡旋・調停) 団体交渉において協議の整わなかった場合は、会社・組合いずれか一方の申請により、労働委員会の斡旋または調停を求めることができる。

第三二条(争議予告) 会社または組合がやむを得ず争議行為に入るときは、少なくとも四八時間前までに文書をもって通知しなければならない。

労働委員会の斡旋または調停中は、全体としても、部分としても、怠業・罷業・工場閉鎖その他一切の争議行為は行なわない。

第五章 苦情処理

第三三条~第三六条 (略)

第三七条(目的) 会社および組合は、明朗なる職場環境を維持するため、苦情処理の機関を設け、組合員の苦情を迅速公正に処理する。

第三八条(苦情の定義) 前条の苦情とは、この協約および諸規定の解釈・適用に関する事項その他日常の業務に付随して起きる不平不満等をいう。

第三九条(苦情処理委員会) 前条の苦情を処理するため、苦情処理委員会を設ける。

② 苦情処理委員会の構成は、次の通りとする。
一 苦情委員 二名
二 当該所属長
三 人事課長

第六章 人事

第四○条~第四一条 (略)

第四二条(人事の原則) 人事は、会社が公正にこれを行なう。

第四三条(採用) 会社は、社員・臨時工を採用以外、その理由・採用の基準・人員を組合に事前に通知する。

第四四条(試用期間) 社員に採用された者の試用期間は、三ヵ月とし、その期間を会社は、試用期間中の者を本採用したときは、勤続年数に算入する。

第四五条~第四八条 (略)

第四九条(退職) 組合員が次の各号の一に該当

■ 人材派遣

　昨今流行の人材派遣による労働者は，派遣先との間にではなく派遣元との間に労働契約が交わされているものである。従って労働基準法等での使用者としての義務を負うのは，派遣元の方である。それでは労働者の保護に不足する可能性があるので「労働者派遣事業の適正な運営の確保及び派遣労働者の就業条件の整備等に関する法律」が定められ，労働基準法，労働安全衛生法等の運用に関し，派遣先にも労働者を守る義務を負わせている。

［遠藤浩・遠藤曜子］

8 株式と社債

■ 株券，株式，株主の意義

[資料54]は，新日本製鐵株式会社の株券である。

ところで，われわれは日常生活で，株券とか，株式とか，株主とかいう言葉を使う。似たような言葉だが，どう違うのだろうか。

株式というのは，株式会社の社員(株式会社という社団の構成員のこと。会社従業員ではない)たる地位をいうのだが，株主権といってもよい。地位というのはわかりにくい言葉だが，株主となることによって受けられるいろいろの利益などを総合したものだと解すればよい。株券とは，上記のような株主たる地位を表章した有価証券をいい，株主とは，株式の所有者を指していうのである。

上の定義から，株券，株式，株主という言葉は，本質的には同じことを，見る角度を変えて言っているのだということがわかる。したがって，株券を売買すれば，株式の移動がおこり，買主が株主になることになる。逆に，株式の譲渡には，株券の交付を伴うという言い方もできる。

■ 株式会社と株式

株式は，上にみたように，株式会社における社員たる地位を指している。この株式を単位として構成されている団体を株式会社という。

株式はみな均等である。また，株主になろうとする者はその引き受けた株式の価額についてのみ出資義務を負い，引き受けて株主になってしまった後は何の義務も負担しない。もちろん会社の債権者に対しても そうである。株式会社の本質は実にこの2点にある。

会社と呼ばれるものには，ほかに合名会社・合資会社・有限会社がある。現在，企業といわれるものの大部分は株式会社である。

■ 株式会社の設立と出資

株式会社を設立するのに，資本をいくらと定めなければならない。この資本が「株式」に細分化され，その株式を引き受けることが「出資」である。

設立する際に，将来増資する必要を考えて，将来の発行予定株式総数を定めておくことがある。これを授権資本という。最初に発行する株式総数の4倍としておくのがふつうである。この株式を株式会社設立の発起人が全部引き受けることもあるし，募集することもある。

■ 額面株式・無額面株式

1口の株式の出資金は現在では5万円以上とされているが，5万円がふつうである。ただし，昭和56年改正法施行前に設立された株式会社は，1口20円から50円や，500円であることが多い。このように一定の金額が定められている株式を額面株式という。

それに対して，一定の金額を定めない無額面株式というのがある。会社設立後に新株を発行するときに，市場価格に応じて金額を定められる便宜を考えて考案されたものだが，実際には，これを発行している株式会社は少ないようである。

■ 記名株券・無記名株券

また，株主の氏名が株券面に記載される株券を記名(式)株券という。株券を発行した場合は，株主の氏名および住所を株主名

II 経済生活と法律

[資料54 株券]

簿に記載しなければならない。これに対するものに無記名(式)株券があったが，記名式よりかえって不便で，この株券を発行している会社は少なかったので，この制度は廃止された。

■ **株主の権利の内容**

株主となると，いろいろな権利がある。その内容は，株主が会社から経済的利益を受けることを目的とする自益権と，株主が会社の経営に参与することを目的とする共益権とに大別される。

自益権は，利益の配当を請求する権利と会社が清算する場合の残余財産の分配を請求する権利が中心である。

共益権は，株主総会における議決権が中心である。議決権は，株主の頭数が基準となるのではなく，株式の数が基準となる。会社乗っ取りのために株を買い占めるというのは，この理由に基づくものである。

利益の配当は年1回のところもあれば，2回あるところもある。これは，会社の決算が年1回か2回かに応ずるものである。

■ **株式の譲渡は自由**

いわゆる平成のバブル景気時代の市民の株に対する関心の高さは，驚嘆すべきものであった。市民の関心は，利益の配当にではなく，株の値上がりをまって，売買による利鞘(ざや)をかせごうということにあった。

このことは株式の譲渡が自由だということを前提にしている。商法は，株式は原則として自由に譲渡できると定めている(204条)が，中小企業の都合等を考慮して，例外規定もある。つまり，株式の譲渡については取締役会の承認を受けねばならないという，いわゆる譲渡制限を定款で定めても差支えないとされている。しかし，この場合に，株主が株式を譲渡したいという申出を取締役会にしたのに承認を与えないということになれば，取締役会は，この人になら譲渡してもよい(承認できる)という譲渡の相手方を指名しなければならないことになっている(商204条ノ2)。従って，少なくとも譲渡自体は例外なく可能なのである。

株式を譲渡するには，株券を交付しなければならないが，それだけで譲渡としては有効である。したがって，株券を占有して

8　株式と社債

いる者は，適法な所持人と推定される。

しかし，譲受人が会社から利益の配当を受けられるようにするためには(つまり，会社に対して自分が株主だと主張するためには)，株券の交付だけでなく，更に，発行会社または名義書換代理人（信託会社等）に株券を持参して，自分名義に株主名簿の書換えを請求しなければならない。

■ 株取引と証券業者

株式の売買を取り扱う業者を証券業者というが，われわれは，この業者を通して株式の取引をするのが大部分である。

証券業者は取引客から注文を受けて，証券取引所に集まって，互いに取引をする。証券取引所は東京はじめ全国に設けられているが，新しい市場も増えている。

証券取引所で取引される株は，市民が安心して買える会社の株に限られている。これを「上場（じょうじょう）株」という。上場株には，第1部上場と第2部上場とがある。第2部上場というのは，第1部に上場される資格はないが，それに準ずる資格のものをいう。第1部上場でも第2部上場でもなくて，証券取引所以外でかなり大きく売買される株式を「店頭株」という。

株の売買をするときは，証券会社に出向いて行なうことが多いが，外廻りをする証券会社の外務員を通して行なうこともかなり多い。外務員は証券会社の社員である場合もあれば，そうでない場合もある。

株価は，その会社の内容，世界景気の動向などによって，めまぐるしく変る。取引をする者は，証券業者に対して，「何円で買って欲しい」と買い値を指定する。それを指値（さしね）という。株数は，50円額面の株式なら，1,000株が最低の単位である。[資料54]が5万円となっているのはそのためである。

■ 新株の発行

株式会社が新たに資金を調達するため，新株発行をすることがある。これが「通常の新株発行」と呼ばれるものである。それ以外にも，いままで会社で積み立てておいた資本準備金その他の金を株式に切り替えるだけのもの，すなわち従来の株式の所有株数1株に対し新株1株を無料で交付したりする（無償交付），特殊な新株発行もある。しかし，ふつう新株発行といえば，有償で —— 多くの場合，額面金額で —— 株主に割り当てることが多い。その場合，株主はその株の時価との差額だけ利益を受けることになる。

■ 株式と社債

株式会社が，事業を拡張する場合に，さしあたって資金を必要とするが，それを調達するために，今述べたように，新株を発行するのも1つの方法である。また社債を発行するのも一方法である。

社債というのは，会社が一般市民から金を借り，それに対して発行される債券(有価証券である)のことをいう。

新株発行の方法によると，資本金の額が大きくなって，ある意味で会社の格があがるという利点があるが，しかし，会社は，これより先長いこと，株主に対し利益の配当をしなければならない。また，株主は，その株の価格が額面を割る危険を覚悟しなければならない。

これに対して，社債を発行する方法によれば，会社は，社債権者にある一定期間内に元利を支払えば，あとは義務を負わない。また，社債権者は自己が投資した金額は会社によって保証されている。

■ 社債のしくみと社債権者

社債の意義については前述したが，[資料55]は東京電力株式会社が発行した社債で

[資料55　社　債]

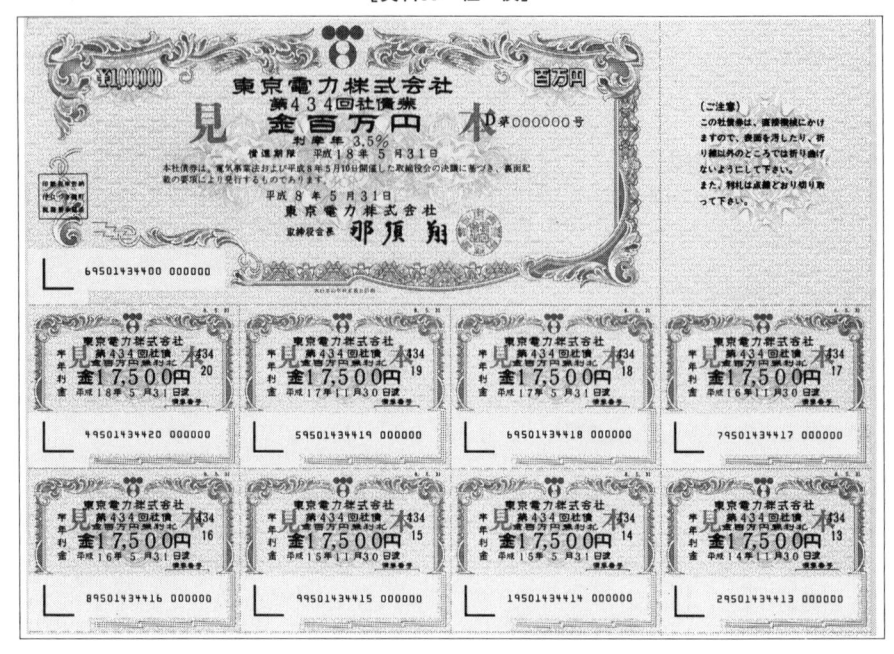

[資料56　社債券記載事項]

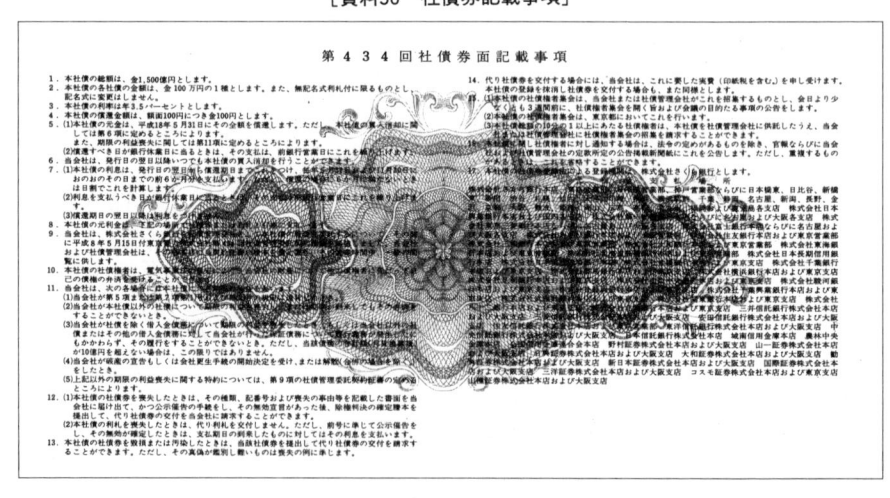

第４３４回社債券面記載事項

1. 本社債の総額は、金1,500億円とします。
2. 本社債の各社債の金額は、金100万円の1種とします。また、無記名利札付に限るものとし、記名式に変更しません。
3. 本社債の利率は年3.5パーセントとします。
4. 本社債の利息金額は、額面100円につき金100円とします。
5. (1)本社債の元金は、平成18年5月31日にその全額を償還します。ただし、本社債の買入消却に関しその全部または一部をこの限りでないところによります。
   また、期限の利益喪失日に当るときは、前銀行営業日にこれを繰り上げます。
   (2)償還すべき社債の償還金は、本社債券と引換に支払います。
6. 当社は、発行日の翌日以降いつでも本社債の買入消却を行うことができます。
7. (1)本社債の利息は、発行日の翌日から本社債の償還期日までこれを支払い、半年毎に後払いします。
   (2)利息支払期日は、毎年5月31日および11月30日とします。
   (3)償還期日の以後は、利息を付けません。
8. 当社は、株式会社東京証券取引所に平成8年5月15日付計算ですでに本社債を上場しており、本社債の上場取引所における売買取引に関する事項は、同取引所の定めるところによります。
9. 本社債の利息金の支払は、本社債券の利札と引換にこれを行います。
10. 本社債は、電気事業法および社債等登録法に定められた登録をすることができます。
11. 当社は、次の場合本社債の元利金について期限の利益を失います。
    (1)当社が第1条の金員弁済の支払を怠ったとき。
    (2)当社が社債管理会社に対し支払うべき金員の支払を怠り、または本社債の期限の利益を失うべき事由があるときを除き社債管理会社の承認なくして、その本社の営業の全部または重要な一部を停止もしくは休止したとき。
    (3)当社がその他の本社債要項に違反し、社債管理会社から是正の催告を受けた後、相当の期間内にこれを是正しないとき。
    (4)当社社の当社の他の社債につき期限の利益を失ったとき、または解散の決議もしくは決定が行われたとき（合併の場合を除く）。
    (5)上記以外の期限の利益喪失の特約については、第9項の社債管理委託契約書による。
12. (1)本社債の社債券を喪失したときは、その種類、記号、番号その他喪失の事由等を記載した書面を当社に提出し、かつ公示催告の手続により除権判決の確定後でなければ、その再発行の交付を請求することができません。
    (2)本社債の利札を喪失したときは、代り利札を交付しません。ただし、前に準じて公示催告の手続により除権判決の確定後においては、当社に対して代り利札の交付を請求することができます。
13. 本社債の償還を請求するには、社債券および残存する利札を提出し、代り社債券の交付を請求することができます。ただし、その真偽の鑑別し難いものは喪失の例に準じます。

14. 代り社債券を交付する場合には、当社から、これに要した実費（印紙税を含む）を申し受けます。
    本社債の登録を抹消し、社債券を交付する場合も、また同様とします。
(中略)
社債の登録に関する事務、当社および本社債管理会社における取扱事務は、各当該社債券面に記載するものとし、金員の支払は3店舗とし、社債管理会社ならびに支払取扱の目的とする事務の公告をします。

株式会社　　銀行

元利金支払場所ならびに日本橋支店、日比谷、新橋
　　　名古屋、新潟、長野、金沢
本社債の登録に関する事務取扱場所　株式会社
本店および中野および呼び大阪支店、京都各支店
株式会社日本興業銀行
本店ならびに大手町および日本橋支店
株式会社三井銀行本店および東京営業部
株式会社大阪銀行本店および東京支店
野村證券株式会社本店および大阪支店、山一證券株式会社本店
大和證券株式会社本店および大阪支店、日興証券株式会社本店
新日本證券株式会社本店、国際証券株式会社本店
和光証券株式会社本店、勧角証券株式会社本店
三洋証券株式会社本店および大阪支店、コスモ証券株式会社本店および東京支店

ある。

　社債権者は会社に対する債権者であり，会社の構成員である株主と全く異なる。したがって，社債権者は会社の経営に参加できないし，議決権もなく，利益配当，残余財産の分配も受けることができない。しかし，会社に利益があると否とにかかわらず一定額の利息の支払をうけ，また償還期限がくれば，社債の償還をうけることができる。

　償還期限は，[資料55]のように10年のものもあるが，最近は4〜5年のものが多いようである。利息，元本の支払は，この社債の利札（クーポン。下部のもの）およびこの社債の交付と引換えになされる。

　社債には，証券に社債権者の氏名の記載される記名社債と記載されない無記名社債とがある。わが国で発行されているものはほとんど無記名社債である。この債券を交付することによって自由に譲渡がなされる。

　社債を発行する会社（起債会社）が自ら引受人を募集することはなく，銀行・信託会社に募集を委託する（債権管理会社という）。債権管理会社は，社債の募集だけでなく，社債の管理や償還についても広い範囲の権限が与えられている。

　社債権者の保護のため社債権者集会という株主総会に似た機関が設けられており，社債権者の利害に重要な関係をもつ事項について多数決で決議する。また，この社債の社債権者は，会社財産から他の債権者に先立って弁済してもらえることが定められていることが多い（[資料56]の「社債券記載事項」の10）。

■ **社債・公債のいろいろ**

　特殊の金融機関の発行するものを金融債と呼ぶ。これに対し，ふつうの株式会社の発行するものを事業債という。

　社債の特殊なものに，転換社債・担保付社債がある。

　転換社債というのは，株式に転換できる権利を認められた社債のことで，会社の業績が良くなれば転換によって株主となって有利な地位を占められる都合のよい社債である。

　担保付社債というのは，社債権を担保するために物的担保の付せられた社債をいい，社債権者と起債会社との間に信託会社（受託会社）をおき，起債会社と受託会社の間の信託契約によって，受託会社が一方において担保権を取得するとともに，他方これを総社債権者のために保存し実行すべき義務を負うものである。

　つぎに公債であるが，本質は社債と異ならない。国が発行するものを国債，府県などの地方自治体が発行するものを地方債といい，それらを総称して公債というのである。期間はいろいろのものがある。

〔遠藤浩・遠藤曜子〕

9 保険

■ 保険とは

[資料57]は、生命保険証券である。この生命保険は年金保険といわれるものの一種である。これを説明する前に保険とはどういうしくみになっているかを説明しよう。

われわれの生活はいろいろな危険にさらされている。病気、交通事故、火災、地震など予測のつかない危険がわれわれの生命を、財産を狙っている。このような災害におそわれると、自らが、またその家族がたちまち経済的危機に陥る。そこで、われわれは、それらに対する対策を考えて生活する必要がある。その1つが、保険である。

保険制度は、そのような災害に遭遇したときの経済的需要を満足させるために、その必要を感じている者が、あらかじめ一定の金銭(保険料)を出し合ってこれを蓄積して共同の資金をつくり、予想された災害が生じた場合に、その需要に応じた金銭(保険金)を支払ってもらうしくみである。

■ 生命保険契約の内容

では、生命保険契約の構造について説明する前に、保険という制度で使われる言葉について説明しよう。生命保険契約は、保険契約者(いわゆる保険に加入する人である)と保険者(通常は生命保険会社である)との間で結ばれる。

保険契約者とは、上のしくみのところで説明した、危機に備えて一定の金銭(保険料)を出し合う人のことをいう。

保険者とは皆の出し合った共同資金を管理し、運用し、保険の事務を扱う保険会社である。

保険事故、つまり保険会社が保険金を支払う原因は、生命保険の場合は、ある特定の人の死亡ということになるが(近時は必ずしもそうとは限らないが)、その問題になる特定の人のことを被保険者という。保険契約者が一家の稼ぎ手であるような場合は、同じ人が被保険者になることも多い。

保険金受取人というのは、保険事故が発生したときに、保険会社から保険金を受け取る人である。被保険者の死亡によって経済的に打撃を被る人を指定するのが普通であるから、夫が被保険者なら妻とか相続人とかになることが多い。

法律的な構造の説明をすると、保険契約の当事者というのは、上に見たように、保険契約者と保険者である。しかし、保険事故が発生したとき、保険金請求権を取得するのは保険金受取人であって(保険金受取人として保険契約者自身が指定される場合を除いて)、ふつうは契約の当事者ではない、つまり第三者である。

このような契約を、第三者のためにする契約、という。保険契約に限らず、このような形の契約も可能なのである。例えば、甲野が乙野に建物を売ったが、その代金は丙野に支払うように約束する契約もすることができる。甲野が丙野にその金銭を贈与する意思であることもあるだろうし、丙野に対して負っている債務を弁済する意思ですることもあるかも知れない。この場合、契約は甲野と乙野の間でなされるが、代金請求権は直接丙野が取得することになる。

上に述べた生命保険の場合は、保険契約者から保険金受取人への贈与の意思でされることがほとんどであろう。

■ 養老保険のしくみ

ところで、生命保険の最も基本的な形で

法と社会を考える人のために

深さ 広さ ウイット

長尾龍一
IN
信山社叢書

刊行中

石川九楊装幀　四六判上製カバー
本体価格2,400円～4,200円

信山社

〒113-0033　東京都文京区本郷6-2-9-102
TEL 03-3818-1019　FAX 03-3818-0344

既刊・好評発売中

法学ことはじめ　本体価格2,400円

主要目次
1　法学入門／2　法学ことはじめ／3　「法学嫌い」考／4　「坊ちゃん法学」考／5　人間性と法／6　法的言語と日常言語／7　カリキュラム逆行の薦め／8　日本と法／9　明治法学史の非喜劇／10　日本における西洋法継受の意味／11　日本社会と法

法哲学批判　本体価格3,900円

主要目次
一　法哲学
1　法哲学／2　未来の法哲学
二　人間と法
1　正義論義スケッチ／2　良心について／3　ロバート・ノージックと「人生の意味」／4　内面の自由
三　生と死
1　現代文明と「死」／2　近代思想における死と永生／3　生命と倫理
四　日本法哲学論
1　煩悩としての正義／2　日本法哲学についてのコメント／3　碧海先生と弟子たち
付録　駆け出し期のあれこれ　1　法哲学的近代法論／2　日本法哲学史／3　法哲学講義

争う神々　本体価格2,900円

主要目次
1　「神々の争い」について／2　神々の闘争と共存／3　「神々の争い」の行方／4　輪廻と解脱の社会学／5　日本における経営のエートス／6　書評　上山安敏「ヴェーバーとその社会」／7　書評　佐野誠「ヴェーバーとナチズムの間」／8　カール・シュミットとドイツ／9　カール・シュミットのヨーロッパ像／10　ドイツ民主党の衰亡と遺産／11　民主主義論とミヘルス／12　レオ・シュトラウス伝覚え書き／13　シュトラウスのウェーバー批判／14　シュトラウスのフロイト論／15　アリストテレスと現代

西洋思想家のアジア　本体価格2,900円

主要目次
一　序説
1　西洋的伝統──その普遍性と限界
二　西洋思想家のアジア
2　グロティウスとアジア／3　スピノザと出島のオランダ人たち／4　ライプニッツと中国

三　明治・大正を見た人々
5　小泉八雲の法哲学／6　蓬莱の島にて／7　鹿鳴館のあだ花のなかで／8　青年経済学者の明治日本／9　ドイツ哲学者の祇園体験
四　アメリカ知識人と昭和の危機
10　ジョン・ガンサーと軍国日本／11　オーウェン・ラティモアと「魔女狩り」／12　歴史としての太平洋問題調査会

純粋雑学　本体価格2,900円

主要目次
一　純粋雑学
1　研究と偶然／2　漢文・お経・英語教育／3　五十音拡充論／4　英会話下手の再評価／5　ワードゲームの中のアメリカ／6　ドイツ人の苗字／7　「二〇〇一年宇宙の旅」／8　ウィーンのホームズ／9　しごとの周辺／10　思想としての別役劇／11　外国研究覚え書き
二　駒場の四十年
　　A　駆け出しのころ
12　仰ぎ見た先生方／13　最後の貴族主義者／14　学問と政治——ストライキ問題雑感／15　「居直り」について／16　ある学生課長の生涯
　　B　教師生活雑感
17　試験地獄／18　大学私見／19　留学生を迎える／20　真夏に師走　寄付集め／21　聴かせる権利の法哲学／22　学内行政の法哲学
　　C　相関社会科学の周辺
23　学僧たち／24　相撲取りと大学教授／25　世紀末の社会科学／26　相関社会科学に関する九項／27　「相関社会科学」創刊にあたって／28　相関社会科学の現状と展望／29　相関社会科学の試み／30　経済学について／31　ドイツ産業の体質／32　教養学科の四十年・あとがき／33　教養学科案内
　　D　駒場図書館とともに
34　教養学部図書館の歴史・現状・展望／35　図書館の「すごさ」／36　読書と図書館／37　教養学部図書館の四十年／38　「二十一世紀の図書館」見学記／39　一高・駒場・図書館／40　新山春子さんを送る
三　私事あれこれ
41　北一輝の誤謬／42　父の「在満最後の日記」／43　晩年の孔子／44　迷子になった話／45　私が孤児であったなら／46　ヤルタとポツダムと私／47　私の学生時代／48　受験時代／49　「星離去」考／50　私の哲学入門／51　最高齢の合格者／52　飼犬リキ／53　運命との和解／54　私の死生観

されど、アメリカ　本体価格2,700円

主要目次
一　アメリカ滞在記
1　アメリカの法廷体験記／2　アメリカ東と西／3　エマソンのことなど／4　ユダヤ人と黒人と現代アメリカ／5　日記——滞米2週間
二　アメリカと極東
1　ある感傷の終り／2　ある復讐の物語／3　アメリカ思想と湾岸戦争／4　「アメリカの世紀」は幕切れ近く

最新刊

古代中国思想ノート　本体価格 2,400円

主要目次
第1章　孔子ノート
第2章　孟子ノート
第3章　老荘思想ノート
第1節　隠者／第2節　「老子」／第3節　荘子
第4章　荀子ノート
第5章　墨家ノート
第6章　韓非子ノート
附録　江戸思想ノート
1　江戸思想における政治と知性／2　国学について――真淵、宣長及びその後
巻末　あとがき

ケルゼン研究 I　本体価格 4,200円

主要目次
I　伝記の周辺
II　法理論における真理と価値
序論／第1編　「法の純粋理論」の哲学的基礎／第2編　「法の純粋理論」の体系と構造
III　哲学と法学
IV　ケルゼンとシュミット
巻末　あとがき／索引

歴史重箱隅つつき　本体価格 2,800円

主要目次
I　歩行と思索
II　温故諷新
III　歴史重箱隅つつき
IV　政治観察メモ
V　雑事雑感
巻末　あとがき／索引

続刊　オーウェン・ラティモア伝

〒113-0033 東京都文京区本郷6-2-9-102　**信山社**　TEL03-3818-1019 FAX03-3818-0344

[資料57 生命保険証券（右下）及び生命保険約款（左上）]

新・年金保険　普通保険約款

（平成8年7月1日　改定　）
（平成8年4月2日料率改定）

≪この保険の内容≫

この保険は、次の給付を行なうことにより、被保険者の老後の生活の安定を目的とする年金保険です。この保険において基本年金額とは、これらの給付の支払額の基準となる金額をいいます。

1. 年　金
   保険契約者の申出によっ
   （ア）保証期間付終身年金の
     被保険者が年金支払日
     後第10回の年金支払日前
     まだ支払っていない年金
     年金額の5％ずつ逓増し
   （イ）確定年金の場合
     被保険者が年金支払期
     し、年金開始日以後年金
     きは、まだ支払っていな
     年基本年金額の5％ずつ
2. 死亡給付金
   被保険者が年金開始日前
3. 保険料の払込免除
   被保険者が所定の高度障
   害の状態になったときは、

第

第1条（会社の責任開始期）
① 会社は、次の時から保
 1．保険契約の申込みを
   第1回保険料を受け
 2．第1回保険料相当額
   第1回保険料相当額
   いずれか遅い時
② 前項の会社の責任開始
③ 会社が保険契約の申込
   す。ただし、保険証券を

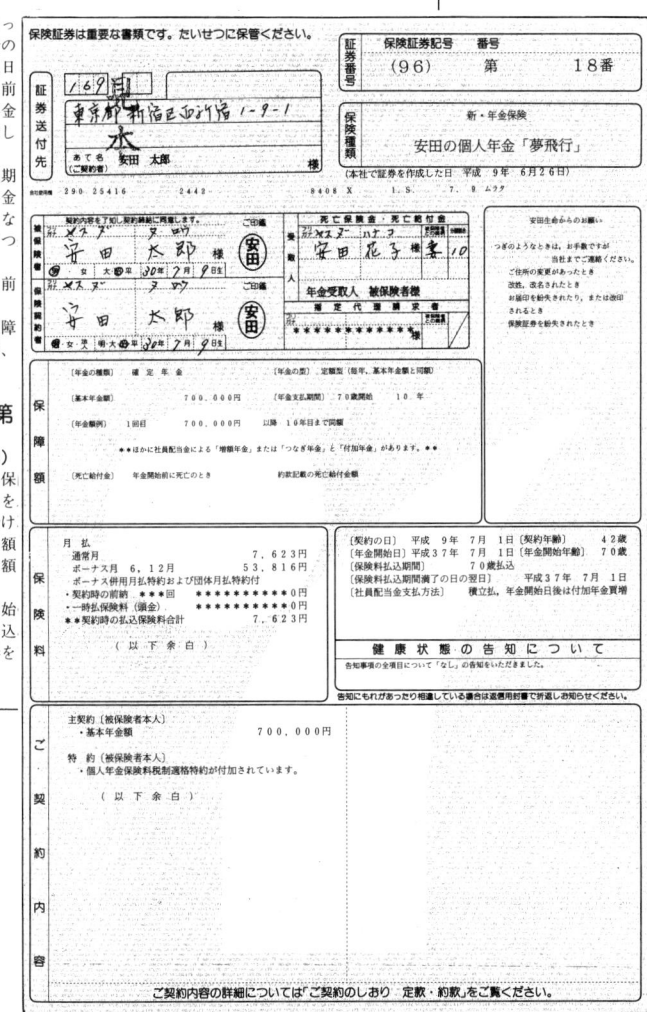

II 経済生活と法律

[資料58 生命保険契約申込書（右下）及び裏面の告知書（左上）]

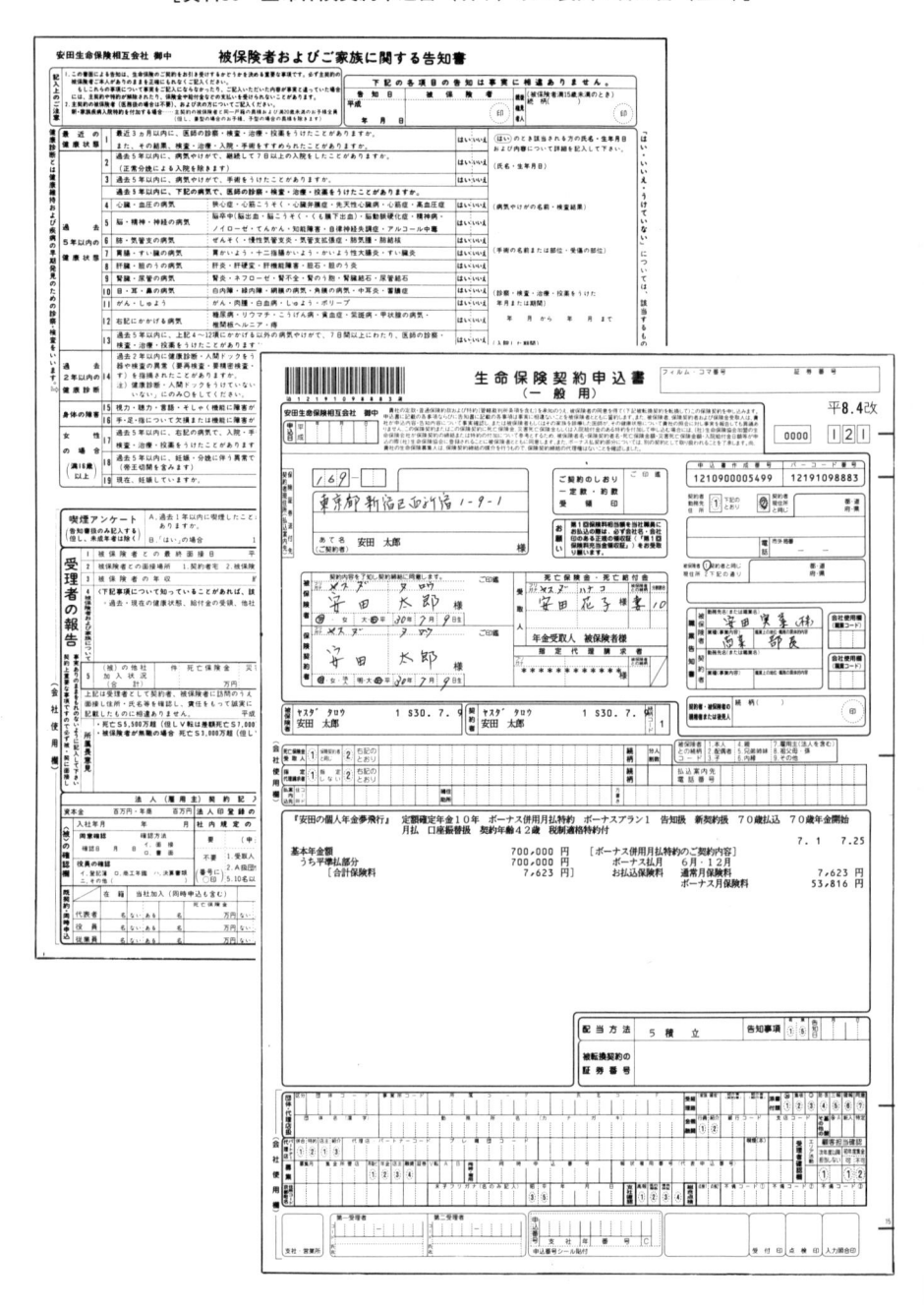

ある，養老保険のしくみについて少し詳しくみてゆこう。養老保険というのは，契約後一定期間以内に被保険者が死亡した場合には，その時点で，保険金満額が保険金受取人に支払われるし，被保険者が死亡しないで同じ一定期間を経過した場合にも，その時点で保険金が保険金受取人に支払われるという仕組みである。従って，不慮の死亡という事故があってもなくても，遅くも約束の一定期間が過ぎたときには，確実に保険金を受け取れるということになる。

保険料については，毎年1回支払うなど，年々支払っていくものもあるし，一時に全部予め支払ってしまうものなど色々あるが，支払い続けるタイプのものの中には，年を経るにつれて保険会社からの配当金がついて，保険料が減っていくものもある。

保険会社からの配当金というのは，保険会社が，集まった金を投資したり，運用して上げた利益を契約者に配当する金銭のことである。

支払い続けるタイプの保険料は，保険事故が発生すればそれ以降は支払わなくてよいが，発生しなければ満期まで支払い続けることになるのが普通である。同じ保障内容の保険でも，保険料は，満期や被保険者の年齢等で大きく異なる。年齢が高くなれば，保険事故の発生率が高くなるからである。保険料の支払を途中で怠ると，原則として契約は失効し，僅かな返戻金が戻されるだけということになる。

■ 保険契約締結と告知義務

既に身体の具合が悪い者が，何回か保険料を支払うだけで，莫大な額の保険金を家族に取得させようとするようなことがないとは言えない。このようなことをされては，会社はたまらないし，社会にも悪影響を及ぼす。

そこで，保険会社は，保険金の額が一定の額以上の保険については，被保険者が医師の診察を受けなければならないものとしていることが多い。そうでなくても，保険契約者又は被保険者に，病気を今しているか，したことがあるか等について，保険に加入する前に本当のことを言わなければならないとする，いわゆる告知義務を課している。

保険契約を締結する際の申込には，必ず，告知欄とか，告知書とかに記入するようになっている。ここに嘘の記入をした場合には，保険会社は契約を解除したり，保険金を支払わないことができる（[資料58]）。

以上説明してきたのは，養老保険の典型的なものだが，最近は，生命保険にも，バリエーションが次々と生まれ，色々複雑な，しかし細かい社会のニーズに応えようとする保険商品が登場している。それだけに，加入しようとする側も，商品の内容を理解するのが大変である。保険に加入しようとする時は，充分に保険会社の説明を受け，重要なことは書面でもらい，どこまでが確実に支払を受けられる部分で，どこからは見込なのか，といったことを詳しく知ることが必要である。それと共に，保険約款と呼ばれるものも（字が細かくて読みにくいものも多いが）契約を結ぶ前によく読んで，疑問に思うことは保険会社に確認することが重要である。

将来の更なる高齢化社会に向けて，[資料57]に掲げたような年金型の生命保険も活躍の幅が広がるであろう。

■ 火災保険のしくみ

火災保険が属する保険は損害保険とよばれて生命保険に対立するものとされている。しかし，保険としての大筋は同じである。

[資料59]は火災保険証券の例である。

火災になった場合の保険金受取人は契約者自身であることが多いが，他の第三者で

II 経済生活と法律

[資料59 火災保険証券]

(表)

保 険 証 券

東京都新宿区西新宿1丁目26番1号
安田火災海上保険株式会社
取締役社長 有吉孝一

(裏)

契約日 平成 8 年 2 月 21 日 火災保険 (保険の種類)

保険契約者
住所 ネリマク ネリマ 3-4-5
氏名 コウノ タロウ 様

見本

証券番号
保険期間 平成 8 年 2 月 21 日午後 4 時から 平成 9 年 2 月 21 日午後 4 時まで 1年間

事故時のご連絡先夜間・休日の連絡は ☎ 0120-727-110

代理店/仲立人
当社 ホンテン 1ブ 1カ
営業店 ネリマ

保険の目的の所在地 ネリマク ネリマ 3-4-5
建物の用途・作業 ジュウタク

担保種目	保険金額 (円)	保険料 (円)
基本契約	35,000,000	60,550

本人 夫婦
親子A 親子B

合計保険料 60,550
初回払込保険料
第2回目以降払込保険料

保険の目的およびこれを収容する建物の構造・用法・数量	面積 (m²)	(評価額)	保険金額	適用料率	地震保険金額
1 モクゾウ トタンブキ 2カイダテ ジュウタク 1ムネ	110	D	30,000	1.73	
2 カザイ イッシキ ピアノ カラーテレビ ヲ フクム 1ゴウナイ		D	5,000	1.73	

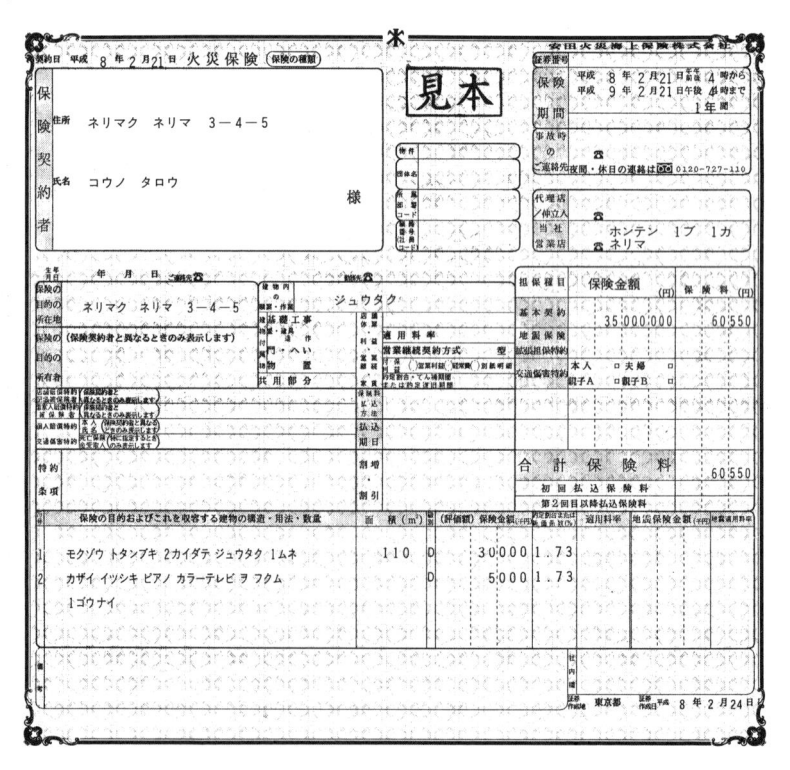

東京都 8 年 2 月 24 日

もよい。

保険の目的物は証書に明確に記載されている。[資料59]では，契約者の木造トタン葺の二階建の建物と建物におかれたピアノ，カラーテレビなどの動産である。

被保険者とは，火災になった場合損害を受ける人，即ち保険の目的物の（通常は）所有者である。[資料59]では，別々に保険金額（3000万円と500万円）を定めているが，合計3500万円が保険金額である。

■ **損害保険で支払われるもの**

損害保険は，生命保険と異なり，保険事故が発生した場合には，予め定められた一定の保険金を支払うのでなく，保険金の範囲内でその損害額だけ支払われるものである。

したがって，保険をかけて利益をあげることを禁ずる必要がある。たとえば，3000万円の価値しかない建物に3500万円の保険をかけて事故が起こっても，3500万円を払うわけにはゆかない。このようなものを超過保険といい，3000万円をこす500万円については無効となる。

$$\text{支払保険金} = \text{保険につけられた物の損害額} \times \frac{\text{保険につけられた保険金額}}{\text{保険につけられた物の時価}}$$

支払保険金は通常，上の式によって定まる。

たとえば，400万円の価値のあるものについて200万円の保険をつけた場合，それが全焼した（100％の損害）として，400万円×$\frac{200}{400}$＝200万円となり，200万円払われる。ところが，損害額が時価の50％だとすると，200万円×$\frac{200}{400}$＝100万円となり，100万円しか払われない。

■ **損害保険の注意点**

損害額の査定の重要さがこれによってわかる。火災保険における紛争は，これが一番多い。

つぎに，争いがおこるのは，動産が被害にあった場合である。宝石を持っていたことを火災後に主張しても，それを損害として認められない。認められるためには，保険証券に記載しておかねばならない。

契約者は保険料を払うわけだが，建物の構造とか，場所とか（密集地帯にあるかどうかといったような）によってその額が異なる。その割合をあらわしたのが保険料率である。

火災保険は，悪用されることもある。放火して保険金を取得する犯罪がよく紙上をにぎわすが，自分がやった放火の場合には，保険金を受けとる権利がなくなる。

■ **損害保険のいろいろ**

損害保険には，この火災保険のほかにもいろいろなものがある。火災だけでなく地震，落雷，盗難，風水害，傷害費用その他を保障する住宅総合保険，自動車事故で人を傷害した場合の自動車保険（任意で加入するもの。強制加入のものについては136頁参照），自分がケガをした場合に保障してもらえる傷害保険などである。

もしものときに，経済的危機をさけようとする人間の知恵の発達を，この保険に見るのである。そして，それを支えている精神は，「1人は万人のために，万人は1人のために」という連帯の精神である。

■ **国民年金**

生命保険も，損害保険も，任意保険といわれるもので，われわれがその必要を感じて，任意に加入する保険である。

これに対して社会保険といわれるものがある。健康保険，国民年金保険などがこれに属する。国家が，社会政策的な見地から，国民の経済・健康を保障するために設けた

[資料60　国民年金手帳]（実物の表紙は黄銅色）

年金手帳

社会保険庁

手続が必要な場合	厚生年金保険	国民年金
この手帳がなくなったり、破れたりしたとき	再交付の申請書を社会保険事務所または都道府県保険課に出してください。	再交付の申請書を市区町村役場に出してください。
年金または一時金を受けようとするとき	受けようとする年金または一時金の裁定請求書を社会保険事務所または都道府県保険課に出してください。	受けようとする年金または一時金の裁定請求書を市区町村役場に出してください。

=== 年金についての相談 ===

年金についてわからないことがあるときは、この手帳を持ってお気軽に近くの社会保険事務所、都道府県保険課または国民年金課にご相談ください。
なお、国民年金については、市区町村役場でも相談できます。

基礎年金番号 _____　　【見本】

氏　名　_____

生年月日　　　年　　月　　日

性　別　_____

交付年月日　　　年　　月　　日

変更後の氏名　_____　（平成　年　月　日変更）

変更後の氏名　_____　（平成　年　月　日変更）

=== 注 意 事 項 ===

この年金手帳は、あなたが将来年金を受けるために必要となりますので、大切に保管してください。

また、次のような場合の届出などにこの年金手帳の提出が必要になります。

○新たに厚生年金保険や国民年金に加入するとき
○氏名を変更したとき
○年金や一時金の請求をするとき
○年金や一時金についての相談を受けるとき

この年金手帳を過って破いてしまったり、紛失してしまった場合は、直ちに再交付の申請を行ってください。

保険制度である。社会保障制度の重要な一分野をなす。

社会保障制度のなかでも，生活保護などは，生活困窮者に国家が救済を与える制度だが，社会保険は，生命保険や損害保険などと同様に，原則として，一定の保険料の支払に対する反対給付としてなされる。しかし，この場合，その加入が原則として法律上強制されることになる。新しい介護保険制度は，保険料と受益者の自己負担分に国が補助をする形になっている。

[資料60]は，国民年金手帳とそのなかの一部である。国民年金制度は，日本国憲法25条2項（「国は，すべての生活部面について，社会福祉，社会保障及び公衆衛生の向上及び増進に努めなければならない」）に規定する理念に基づき，老齢，障害又は死亡によって国民生活の安定がそこなわれることを国民の共同連帯によって防止し，もって健全な国民生活の維持および向上に寄与することを目的としている（国民年金法1条）。

■ 広い国民年金制度の対象者

国民年金保険の対象（被保険者）は，日本国内に住んでいる20歳以上60歳未満の全ての日本国民であって，厚生年金その他の年金制度の被保険者やその配偶者，学生も強制加入の対象である。いわゆる，つとめ人は他の年金制度の被保険者となっているのが大半だから，国民年金との二重加入ということになろう。

この手続を取り扱うのは，市区町村役場である。被保険者に，この[資料60]の手帳が渡される。

被保険者が支払う保険料は，誰でも一律に月額いくらと定められる。平成12年度は月額1万3300円である。また，付加保険料を任意に支払うことができ，それをすると年金受給時に額がふえる。平成12年度の付加保険料は月額400円である。これらの給付義務については，生活困窮者は免除される。

この保険によって支給される年金給付には，老齢年金，障害年金，遺族年金などがある。

■ 老齢年金制度について

老齢年金について説明すれば，25年以上保険料を納めていたか，保険料を免除されてきたか，あるいは保険料を納めた期間と免除された期間を合わせて25年以上になるという人が，65歳になったとき支給される。その金額は以下のように算定する。

即ち，その人が国民年金に加入可能であった期間全期間について保険料を納付していれば，当該年度の最高支給額（毎年改定される）がもらえるが，加入可能期間のうちたとえば2分の1の期間しか納付していなければ，その最高支給額の2分の1しかもらえないことになる。

保険料を免除されている期間があった人は，免除されている期間のうち3分の1を納付したのと同じ扱いで計算する。平成12年度の老齢基礎年金の最高限度支給額は80万4200円である。

[遠藤浩・遠藤曜子]

10　事故と賠償

■ どのような場合に損害賠償義務が発生するか

[資料61]は，自動車にひかれて死亡した甲野太郎の遺族と自動車の運転手乙野，自動車の保有者丙野との間になされた損害賠償についての示談書である。

このような示談は，われわれの日常生活では珍しいことではなくなった。交通事故ばかりではない。空気が汚染するといったような公害，工場の爆発による災害など，われわれの周囲は危険なもので充満し，絶えず事故に直面しているといってよい。

このような事故が発生した場合，直接の加害者をしてその損害を填補させることは，公平を目的とする法の任務でなければならない。しかし，直接の加害者に資力がない場合に，誰にその損害を負担させたらよいかが問題である。その解決の一方法である保険でもそのことを述べておいた。

■ 不法行為・債務不履行

ところで，損害賠償の問題は，交通事故，公害といったような，いわゆる不法行為についてだけ生ずるものではない。約束を守らなかったというような債務不履行の場合にも生ずる。

この２つは違法な行為で，その行為による損害を填補させるという点では同じ機能をもつ。損害賠償の範囲とか，その方法とかは同じ原理の上にたつ。

しかし，この両者には違いもある。不法行為が成立するための要件としては，加害者に故意，または少なくとも過失のあることが必要だが，債務不履行の場合は，債務

不動産の表示（略）

東京都練馬区練馬二ノ三ノ四
　　　　　　　　妻　甲野花子㊞
同　所
　　　　　長女　甲野梅子㊞
東京都大田区久ガ原五〇〇番地
　　　右親権者母　甲野花子
　　　　　加害者　乙野二郎㊞
東京都豊島区北池袋二ノ五ノ一〇
　　　自動車保有者　丙野三郎㊞

[資料61　示談書]

示談書

被害者（甲）　甲野太郎
加害者（乙）　乙野二郎
自動車保有者（丙）　丙野三郎

一、事故の日時　平成八年八月五日午後三時三十分頃
一、事故の場所　東京都中央区銀座二丁目五番地先路上
一、車両番号　品川５６や第二一二五号

第一　乙は、その過失によって甲を死亡させたことにより、甲に対して不法行為による損害賠償義務があり、従って甲の相続人である甲の妻甲野花子、甲の長女甲野梅子に対し右不法行為により損害賠償義務のあることを認める。

第二　丙は、右乙の債務につき乙と連帯して支払義務のあることを認める。

第三　甲野花子、同梅子および乙および丙は右不法行為に基づく損害賠償を左記のとおり総額八千二百五拾万円と定め、甲野花子および梅子は、その余の請求を放棄し、かつ、当事者は本件事故に関しては本示談書に定める以外に相互に何ら権利又は請求権のないことを確認する。

（イ）甲野花子に対し金四千百二拾五万円也
（ロ）甲野梅子に対し金四千百二拾五万円也

第四　右八千二百五拾万円のうち、×××万（花子に対し×××万円、梅子に対し×××万円）は自動車損害賠償保険法に基づき甲野花子、同梅子が受領した給付金をもって之に充当し、残金×××万円を丙は本日支払い、甲野花子、同梅子はこれを受領した。

（イ）甲野花子に対し金××万円也
（ロ）甲野梅子に対し金××万円也

第五　乙丙は、連帯して甲野花子、同梅子に対し残額××万円（花子に対し××万円、梅子に対し××万円）を二〇回に分割し、平成八年十一月末日を第一回として毎月壱回末日迄に×××円（各×万××円宛）支払うこと。

第六　乙丙が右割賦金の支払を弐回分以上怠るときは通知催告を要しないで期限の利益を失い、乙丙は残額を即時に支払うべきは勿論遅滞損害金を文払わなければならない。

第七　丙は本件債務の支払を担保するためその所有にかかる末尾記載の不動産に抵当権を設定し、平成八年十二月十六日までに抵当権設定登記手続を為すこと。

第八　乙は、丙に対し前記不法行為により丙が蒙った損害一切につき賠償義務のあることを認める。

右のとおり示談する。

平成八年十月九日

者に，責（せめ）に帰すべき事由のあることが必要である。後者は前者よりやや広い概念である。たとえば，債務不履行の場合，債務者の手足として働く者の過失は債務者の過失となって，債務者が当然に責任を負うが，不法行為の場合は，使用者が被用者（加害者）の選任・監督について十分注意義務をつくしていると使用者自身は不法行為責任を負わない。また債務不履行の責に帰すべき事由の挙証責任は債務者にあるが（すなわち，債務者は責に帰すべき事由のないことを挙証してはじめて責任を免れる），不法行為の過失の挙証責任は被害者が負う（すなわち，相手に少なくとも過失があることを立証しないと損害賠償請求できない）のが原則である。

■ 過失責任主義

ここでは不法行為について説明するが，不法行為が成立するためには，加害者に「故意又ハ過失」のあることが必要である（民709条）ことはすでに述べた。

故意にせよ過失にせよ，加害者に落ち度があったせいで発生した損害については責任を負うべきである。普通，これを総称して，過失責任という。この考え方は原則的に正しい。過失なくして損害賠償の責任を負わされたのでは，われわれの行動は畏縮せざるを得ないからである。

■ 無過失責任の考え方

ところが，大企業の発達，危険なものの増加は，過失責任主義を守っていたのでは，公平を保てないことが多くなってきた。たとえば，鉱山会社の鉱毒が川に浸透して，下流の農民，漁民は減収に悩んでいる場合に，鉱山会社が防毒施設を十分にしているから過失はなく，損害賠償責任を一切負わないとすることは公平に反する。

そこで，鉱山会社は害毒を流しながら利潤をあげているのだから，その利潤の一部を，損害を受けている農民，漁民に還元するのが正義というものだという考えがでてくる。危険なものの所有者についても同じことがいえる。これが無過失責任論というものである。この主義を直接立法しているものもある。鉱害の賠償義務がそうである（鉱業法109条以下）。

近時の裁判例が事実上，不法行為の挙証責任を転換したり，無過失であるという挙証を容易に認めなかったりするのも，この思想を基盤にもっていることが多い。

■ ＰＬ法の考え方

民法の特別法として制定され，平成7年施行の製造物責任法（いわゆるPL法）は，過失という概念の代わりに，「欠陥」という語を用いている。

この法律は，消費者保護のために，製造物の欠陥により人の生命・身体・財産に係わる損害が発生した場合には，製造業者に直接責任を負わせようとするものである。

従来は，消費者は通常，製造業者と直接取引をする関係にないため（普通，消費者は製品を販売業者から購入するので），不法行為責任を主張せざるを得ず，業者の過失を消費者側で立証することが非常にむずかしかった。この法律は，条文上立証責任の転換はしていないが，業者の過失に代えて，製造物の欠陥——即ち問題の製造物が通常有すべき安全性を欠いていること——の存在を立証できればよいとしている点において，消費者（被害者）の立証責任を緩和しているということができる。

■ 権利侵害とは

不法行為の成立要件の他の1つは，その行為が被害者の「権利ノ侵害」をしていることが必要だということである。

すなわち，所有権とか著作権とか特許権

とかいったような，権利と呼ばれるものの侵害でなければならない。われわれの行為の適法性の範囲を明確に示したものである。

しかし，社会が複雑になると，権利と呼ばれないものでも経済的価値のあるものが数多くでてくる。他人の信用をおとしたというような場合である。そこで，この権利という言葉にとらわれることなく，「権利ノ侵害」を，違法に他人に損害を与えた場合と解釈している。そして，行為と損害との間は(相当)因果関係で結ばれていなければならない。わかりやすくいえば，こういう行為があれば，こういう損害が発生することが一般的にみて当然であろうと思われる事態であることである。

■ 加害者の責任能力

ほかに，加害者が責任能力のあることを必要とする。8歳の子供や精神病者のやった行為について本人に責任を負わせるわけにはゆかない。責任能力というのは，自分のやった行為が非難に価するもので損害賠償というやかましい問題になりそうだということを認識する能力である。なお，ここでいう責任能力は民事上の責任能力であり，刑事上の責任能力(166頁参照)とは異なる概念である。

判例は，年齢からいえば，12～13歳くらいのところに線をひいて，それ以上は責任能力があるとしているようである。加害者本人に責任能力がなく，したがって本人に責任がなくても，監督者の責任を追及できることもある。

■ 交通事故と使用者責任

被害者は上に述べた要件を挙証してはじめて損害賠償をとれる。

ところで，自動車事故の場合に，直接の加害者である運転手に請求しても，運転手の資力が少ないために，十分な賠償を得られないことが少なくない。そこで，民法は使用者にも賠償責任を負わせた(民715条)。使用者は被用者をして事業の執行にあたらせて利潤をあげているが，その事業の執行についておきた事故ならば，使用者にも責任を負わすべきだという理由による。

この場合に，前述のように挙証責任が転換されていて，使用者は，被用者を十分に監督していたことを証明しない限り責任を免れない。会社の被用者である運転手が人をひいた場合，被害者は直接に会社に損害賠償の請求ができて，大いに救われた。

しかし，この使用者責任の規定によっても救われない気の毒な事故が，自動車の増加とともにでてきた。この規定では，使用者は被用者を使用する者でなければいけないし，事故が事業の執行に際して生じたものでなければならない。したがって，たとえば，夫名義の車を妻が運転して夫を会社に送ってゆく途中で人をひいた場合，妻の使用者として夫が責任が負うとは限らない。また，被害者は，運転手の過失を証明しなければならない。このことは必ずしも容易なことではない。

■ 自賠法による救済

そこで，自動車損害賠償保障法(以下自賠法という)の第3条によって，自動車事故(スクーターなども含む)による「人身事故の損害」について，「自己のために自動車を運行の用に供する者(運行共用者)」に賠償責任を負わせる旨が定められた。被害者は，運転者の過失を挙証する必要はなく，運行供用者が挙証責任を負う。運行供用者というのは，使用者というよりずっと広く，限界のはっきりしない概念だが，標準となるのは，自動車の使用に対してその人が支配権をもっているかどうか，自動車の使用によって受ける利益がその人に帰属するかどうか，ということだとされている。前述の夫など

は運行供用者である。運転手つきで車を賃貸する者などもそれに含まれる。

■ 自賠法のポイント

この自賠法には，3つの注目すべきポイントがある。第1は，前述したように，運行供用者の責任を認めたこと，第2は，自動車損害賠償責任保険の加入を強制していること，第3は，無保険の事故やひき逃げの被害者のために政府が保障する制度をつくったことである。

■ 自賠責制度

このうち，もっとも重要なのは第2で，加害者に資力がない場合に備えて，強制保険（責任保険）によって被害者を保護しようとしたことである。

すなわち，自動車は，自賠法による保険をつけなければ運行の用に供してはならないと定めることによって，強制保険としている。保険会社（損害保険会社）は自動車の保有者または運転者と保険契約を締結する。その内容は，自動車の人身事故で，保有者が負担する損害賠償の責任（運転者が被害者に損害賠償の責任を負うときはそれも）を保険会社が塡補し，保険契約者が保険料を支払うことである。

保険料を支払うと保険会社は［資料62］のような保険証明書を交付するが，自動車には必ずこれを備えつけなければいけないことになっている。

実際に事故が生じた場合に，加害者が保険会社に対して保険金を請求してもよいし（ただし，この場合は，加害者が示談などで被害者に支払ってからでないと請求できない），被害者が保険会社に対して直接請求してもよい。

■ 自賠責の保険金額

保険金額は次のとおりである（平成12年

［資料62　自動車損害賠償責任保険証明書］

現在）。

① 死亡した者
　(イ) 死亡した損害につき　3000万円
　(ロ) 死亡にいたるまでの傷害による
　　　損害につき　　　　　120万円
② 傷害を受けた者
　(イ) 傷害による損害につき　120万円
　(ロ) 後遺障害によるもの
　　　　　　　　75万円～3000万円

この限度で保険金が支払われる。したがって，実際の損害額がこれより少ないときはそれだけしか支払われないし（そこで損害の査定ということが重要になる），これ以上に損害があっても，死亡の場合には，①の(ロ)も加えて3120万円を超えて支払われることはない。

タクシーに乗った乗客が，崖から車が落

ちて3人即死したとすれば、3人につきそれぞれの遺族が3000万円ずつ受け取ることになる。逆に即死したのが1人なら、扶養家族が3人いても全部で3000万円である。

自賠責の限度以上の損害がある場合は、加害者側で任意に加入している保険がある場合はその保険会社に、ない場合は加害者側に直接請求することになるが、その額をめぐって加害者側と争いがあれば、訴訟で争うことになる。その場合には、自賠責で支払われた分を控除した分について請求することになる。

ひき逃げなどで加害者がわからない場合や、強制保険をつけていない車にひかれたりした場合は、上にみてきた制度を利用することはできない。しかし、それでは気の毒なので、この法律に基づく政府の自動車損害賠償保障事業によって、強制保険と同額の損害の塡補を受けられる。

■ 損害賠償の範囲

損害の査定というのは重要だということを述べたが、損害賠償の範囲をきめるということは非常に難しい。

考えてみれば、損害というものは、因果の法則で無限に拡大してゆくからである。そこで、民法は、そのような不法行為があれば通常生ずるといえる損害の範囲に原則的に制限し、特別な事情で損害が拡大する場合には、当事者がその事情を予見していたか、予見することができるはずであったときに、その特別の事情を加えることにした。

しかし、そうはいっても実際の算定にあたっては難しいものである。

ここでは、自動車事故による死亡の場合を考えよう。この場合の損害としては、死亡までの治療費、葬式費用、将来得られたはずの利益の喪失(逸失利益)、慰謝料などがある。あとの2つについて説明する。

■ 逸失利益について

逸失利益というのは、事故にあわないで生存していたならば、将来働いて得られたはずの収入のことである。実際には推定でゆくほかしかたがない。あと何歳まで生きられたかをみるのは、厚生省で作成している日本人の平均余命表を用いる([資料63]の上の表)。

35歳の男子だとあと42.7年生きられたはずだということになる。しかし、普通の人が77歳まで働けるかは疑問がある。判例などでは60歳まで働けるとしたものが多い。そうすると25年ということになる。

この35歳のサラリーマンの死亡時における年収が650万円だとすると、これを標準にして計算する。将来の昇給なども、昇給率などの給与体系が明確なところでは昇給率などを計算してもよい。この年収からその人の生活費(総理府統計局の「家計調査」その他の標準が使われるが一定していない。ここでは年収の30%としておく)を差し引いたものが実損になる。

しかし、将来の分を事前に請求するわけだから、年5分の割合による利子を引かなければならない。その方法として一般に利用されているのが新ホフマン方式とライプニッツ方式である。新ホフマン方式による数値を年数によってあらわしたのが[資料63]の下の表である(厳密にいえば正確でないが便利である)。25年だと15.944という数値である。650万×(1−0.3)×15.944で、約7269万円が逸失利益である。これを死亡によって生じた損害の1つとして相続人が相続する。

子供や家庭の主婦などについては、年収などが具体的にない。そこで国民所得や賃金センサスによる国民の平均賃金などを標準にしたりしているが、確定的なものはない。

[資料63　日本人平均余命表・新ホフマン係数表]

日本人の平均余命表　　　　　　　　　　　　　平成8年10月厚生省大臣官房統計情報部

年齢	男	女	年齢	男	女	年齢	男	女	年齢	男	女
0	76.36	82.84	21	56.19	62.48	41	37.00	42.94	61	19.48	24.41
1	75.71	82.16	22	55.23	61.50	42	36.06	41.98	62	18.71	23.54
2	74.76	81.21	23	54.27	60.52	43	35.12	41.02	63	17.95	22.66
3	73.80	80.24	24	53.31	59.53	44	34.19	40.07	64	17.21	21.80
4	72.83	79.27	25	52.35	58.55	45	33.26	39.12	65	16.48	20.94
5	71.85	78.28	26	51.38	57.57						
						46	32.34	38.17	66	15.75	20.08
6	70.87	77.30	27	50.42	56.59	47	31.43	37.23	67	15.04	19.24
7	69.89	76.31	28	49.45	55.60	48	30.53	36.29	68	14.34	18.40
8	68.90	75.32	29	48.49	54.62	49	29.63	35.35	69	13.65	17.57
9	67.91	74.33	30	47.53	53.64	50	28.73	34.42	70	12.97	16.75
10	66.93	73.34	31	46.56	52.66						
						51	27.85	33.49	71	12.30	15.95
11	65.94	72.35	32	45.60	51.69	52	26.97	32.57	72	11.66	15.16
12	64.95	71.36	33	44.64	50.71	53	26.11	31.65	73	11.02	14.38
13	63.96	70.37	34	43.68	49.74	54	25.24	30.73	74	10.41	13.62
14	62.97	69.38	35	42.71	48.76	55	24.39	29.82	75	9.81	12.88
15	61.99	68.39	36	41.76	47.79						
						56	23.54	28.90	76	9.23	12.16
16	61.01	67.40	37	40.80	46.82	57	22.71	28.00	77	8.67	11.45
17	60.04	66.41	38	39.85	45.84	58	21.88	27.09	78	8.14	10.77
18	59.07	65.43	39	38.89	44.88	59	21.07	26.19	79	7.63	10.11
19	58.11	64.44	40	37.94	43.91	60	20.26	25.30	80	7.14	9.47
20	57.15	63.46									

新ホフマン係数表

小数点4位以下切捨

年数	新ホフマン係数	年数	新ホフマン係数	年数	新ホフマン係数	年数	新ホフマン係数	年数	新ホフマン係数
1	0.952	21	14.103	41	21.970	61	27.601	81	31.990
2	1.861	22	14.580	42	22.293	62	27.845	82	32.186
3	2.731	23	15.045	43	22.610	63	28.076	83	32.381
4	3.564	24	15.499	44	22.923	64	28.324	84	32.537
5	3.364	25	15.944	45	23.230	65	28.559	85	32.763
6	5.133	26	16.378	46	23.533	66	28.792	86	32.952
7	5.874	27	16.804	47	23.832	67	29.022	87	33.139
8	6.588	28	17.221	48	24.126	68	29.249	88	33.324
9	7.278	29	17.629	49	24.416	69	29.474	89	33.508
10	7.944	30	18.029	50	24.701	70	29.696	90	33.689
11	8.590	31	18.421	51	24.983	71	29.916	91	33.870
12	9.215	32	18.806	52	25.261	72	30.133	92	34.048
13	9.821	33	19.183	53	25.535	73	30.348	93	34.225
14	10.409	34	19.533	54	25.805	74	30.561	94	34.401
15	10.980	35	19.917	55	26.072	75	30.772	95	34.574
16	11.536	36	20.274	56	26.335	76	30.980	96	34.747
17	12.076	37	20.625	57	26.595	77	31.186	97	34.918
18	12.603	38	20.970	58	26.851	78	31.390	98	35.087
19	13.116	39	21.309	59	27.104	79	31.592	99	35.255
20	13.616	40	21.642	60	27.354	80	31.792	100	35.422

＊　死亡による逸失利益＝(年収－生活費)×残りの就労可能年数に対応する新ホフマン又はライプニッツ係数

被害者として示談交渉する場合のポイント

① 損害賠償義務者の範囲およびその資産状況を調べ、そのうち支払能力のある者を選び相手方として交渉する。
② 相手方が代理人をつけた場合には、その代理権の有無・範囲を確かめる。もし、それが示談屋であるならば、話合いを拒否する。
③ 相手方がいわゆる事故係等専門家を代理人とした場合あるいは手ごわい相手である場合には、当方も専門家をつけて対抗する。
④ 相手の甘言や泣き落としあるいはおどしに乗らないよう、終始慎重な態度で交渉を進める。当方も感情的にならないよう注意する。
⑤ 事故のため出費した経費は、細大もらさず記帳しておき、かつ、できるかぎり領収書をもらってとっておく。
⑥ 損害の範囲が明らかになるか、見とおしがつくまでは、最終的な示談はしないようにする。いったん示談書をとりかわすと、その後の出費があっても、原則として示談のやり直しは不可能となる。
⑦ 示談は、できるかぎり示談金全額の受領と同時に行なう。分割払いを認めるときでも、相当の頭金をとるほか、連帯保証人をつけたり、抵当権設定の登記をしておくこと。
⑧ あわてて示談しないようにする。当座の金に困るときは、強制保険金の被害者請求をすること。それができない場合または不足する場合には、裁判所に仮の地位を定める仮処分の申請をすること。
⑨ 賠償金の後払いを認めるときは、裁判所での即決和解等により、不払いの際は直ちに強制執行ができるようにしておく。
⑩ なるべく示談でまとめるようにする。多少の譲歩は、裁判での長期にわたる日時、労力および経費を考えれば、むしろ得策であることが少なくない(しかし、相手が不当に賠償額を値切ったり誠意を見せなかったりして見込みのない場合には、裁判にもち出すほうがよい。裁判も近頃では1年でだいたい片づくし、裁判所の認める賠償額も高くなってきている)。

(加藤一郎・木宮高彦著「新版 自動車事故の法律相談」〔有斐閣〕406頁)

■ 精神的損害に対しては

慰謝料とは、精神的苦痛に対する損害賠償のことであるが、死者の配偶者、子、父母などは固有の慰謝料請求権を取得するし、死者本人の慰謝料請求権を相続するという理論も判例で認められている。

最近、これらの額が多くなってきており、また、同時に、損害賠償のひずみの是正に大きな役割を果している。たとえば家庭の主婦の死の場合などについて、逸失利益は少ないが、この慰謝料の額を大きくしてバランスをとろうとするのである。

■ 示談による解決とは

損害賠償の範囲で争いがあって、当事者が合意することができないときは訴訟で争うことになるが、これには時間も金もかかる。そこで話し合いによる解決が望まれる。多少の譲歩でそれができるならばその方がよい。

紛争の、話し合いによる解決を示談という。示談でも、双方ともに譲歩すれば法律

上は和解となる。どうしても解決できなければいきなり訴訟をせずに民事調停を利用するのもよい(171頁参照)。これも本質は話し合いによる解決である。

示談をしたことで，それをめぐってまた紛争がもちあがったのでは意味がないから，なるべく文書で詳細にするのが望ましい。

この[**資料61**]の第三は，今後は何の請求もしない旨を定めている。いわば，示談の核心のようなもので，どの示談書にも記されている。実際には，これが最も問題になる。示談をしたあとで，しばしば後遺症がでるからである。この点については，示談は示談をした時までの損害賠償請求権を放棄するもので，それ以後に生じた後遺症(つまり，示談当時予見できなかったこと)の損害賠償請求権にまで及ぶものではない旨の最高裁判所の判決がある。

［遠藤浩・遠藤曜子］

III 国家・都市生活と法律

1 参政権
2 税　金
3 環境問題・土地収用
4 犯罪と刑罰
5 私的紛争の解決(1)
6 私的紛争の解決(2)

1 参政権

■ 憲法と参政権

　日本国憲法は，前文で，「そもそも国政は，国民の厳粛な信託によるものであつて，その権威は国民に由来し，その権力は国民の代表者がこれを行使し，その福利は国民がこれを享受する。これは人類普遍の原理であり，この憲法は，かかる原理に基くものである」と述べているが，これは，リンカーンが民主主義を簡明に定義した名文句，「人民の，人民による，人民のための政治」と同じ思想を表わしたものである。

　こうして，日本国憲法は，明治憲法が天皇主権主義をとったのに対し，民主主義の思想に立脚して，国民主権主義を基本原理としている。

　ここに主権とは，国の政治のあり方を最終的に決定する権力のことであり，わが国の政治は，こうした権力をもつ主権者としての国民の意思にもとづいて行なわれる（そこで，天皇の地位も，主権者たる国民の総意にもとづくものとして構成される。憲１条）。したがって，国民が国の政治に参与する権利としての参政権は，国民固有の権利である（憲15条１項参照）とともに，国の政治方針を決定づけるものとして，きわめて重要な作用をいとなむ権利となる。

■ 基本的人権の考え方

　ところで，フランスの人権宣言16条は，「権利の保障が確保されず，権力の分立が確立されていない社会には，憲法はない」と述べている。すなわち，「基本的人権の保障」と「権力分立の確立」は，近代憲法を支える２本の柱である。

　まず，基本的人権とは人間が生まれながらにしてもつもっとも基本的な権利のことで，近代憲法は，国家権力によっても侵しえぬものとして，こうした基本的人権を保障している。

　基本的人権の内容は，時代によって異なり，近代初頭においては，自由主義思想から，信教の自由・身体の自由などの自由権がもっぱらその内容をなしたが，20世紀の今日においては，社会主義思想にもとづいて，自由権を実質的に保障するものとしての，「人間らしい生活」を求める生存権（社会権）も，同時に基本的人権の中に数えられている。

　そして，日本国憲法も，こうした基本的人権思想の歴史を背景にして，第３章で，精神的自由権（憲19条・21条・23条）・身体的自由権（憲18条・31条〜40条）・経済的自由権（憲22条・29条）などの自由権（ならびに平等の徹底，憲14条・24条・26条）を保障するとと

III 国家・都市生活と法律

もに，生存権（憲25条・27条・28条）の保障をもはかっている（基本的人権は先人の努力によって獲得された貴重な権利であるから，その反面で，国民は，これを保持し，濫用することなく，また社会的に利用する義務を負うことになる。憲97条・12条）。

■ 権力分立制の考え方

つぎに，権力分立制とは，国家権力を立法・行政・司法の三権に分け，この三権を別個の機関に分担させて，相互に抑制均衡をはかる制度であり，これも，近代の自由主義思想を基礎にして，国民の自由を国家権力の侵害からまもるための政治体制である。

すなわち，権力分立思想の主唱者たちが指摘しているように，これらの三権が一手に握られるときには権力の濫用が行なわれ，国民の自由が侵害される危険を生ずるので，まずこれらの三権を分立させ，かつ，一権だけの強大化を防ぐためにその抑制均衡を意図する体制である。

そして，日本国憲法も，立法権・行政権・司法権をそれぞれ国会（第4章）・内閣（第5章）以下の行政機関・裁判所（第6章）に分担させて，三権分立制を確立している。

したがって，基本的人権の保障と権力の分立は，国民の自由保障のための制度であるが，わが国では，さらに，国民主権主義を基礎として，国の政治が国民の意思にもとづいて行なわれるものとされ，これらによって，国民の自由はより一層確保される体制がとられているのであって，この自由確保の面においても，参政権の機能は，きわめて重要といわなければならない。

■ 国会議員の選挙

この参政権について，憲法は，つぎの場合には，国民が直接にこれを行使するものとしている。第1は，国会議員の選挙の場合である（憲43条1項）。

現実の政治は，立法府・行政府・司法府における多くの公務員によって行なわれるが，主権者は国民であるから，公務員の地位は，国民の意思に根拠をもつものである。この関係を，憲法は，「公務員を選定し，及びこれを罷免することは，国民固有の権利である」と表現している（憲15条1項）。

しかし，これは，公務員の地位が究極的に国民の意思にもとづくこと（その公務員の選定・罷免が，なんらかの関係において国民の意思に結びついていること）を意味するにすぎないものであって，具体的な場合に，個々の公務員がすべて国民によって選定・罷免されることまで意味するものではない。しかし，憲法は，公務員の中でも「国の唯一の立法機関」としての国会の議員については，法治国家――すなわち，国の政治が法にもとづいて行なわれる国家――における立法府の重大性にかんがみ，国民がこれを直接に選挙するものとしている。そして，この選挙を通じて，国民の政治に対する意思が表明されるのであって，この選挙はきわめて重要な意味をもつとともに，こうして国民が直接に選挙した議員によって構成される国家機関である点で，国会は，憲法上，「国権の最高機関」とされている（憲41条）。

国会は，周知のように，衆議院および参議院から構成される（憲42条）。衆議院議員の定数は500名で（公選4条1項），そのうち300名が小選挙区選出議員，他の200名が比例代表選出議員である。その任期は4年，ただし，衆議院が行政府たる内閣によって解散されたときは，期間満了前に終了する（憲45条）。

■ 議院内閣制と大統領制

権力分立制度には，各国の事情によって種々の形態があり，特に立法府と行政府の

関係については，アメリカ型の完全な権力分立制（大統領制）とイギリス型の両者間に関連を認める体制（議院内閣制）とがあるが，わが国は，行政権を民主的にコントロールするために議院内閣制を採用し，内閣の存立は，国会（特に衆議院）の意思にもとづくものとしている。

わが国の行政は多くの行政機関（たとえば，国家行政組織法別表第1参照）によって行なわれるが，これらの行政機関のうちの中枢・最高の地位を占める機関が内閣である（その故に，憲法は，「行政権は，内閣に属する」と表現している。憲65条）。

この内閣は，内閣総理大臣およびその他の国務大臣（この国務大臣の定数は20人であり，そのうち，各省大臣は12人である。内閣法2条1項。なお，その他の無任所大臣を特に国務大臣と呼ぶ用語法もある）で組織されるが（憲66条1項），右のような議院内閣制の採用は，つぎのような形で表われている。

まず，内閣総理大臣は，国会議員の中から，国会によって指名される（憲67条。この指名にもとづいて，天皇が任命する。憲6条1項）。そして，内閣は，行政権の行使について国会に対して連帯して責任を負う（憲66条3項）。そこで，内閣は一体となって活動をしなければならないから，内閣総理大臣には，他の国務大臣を任命し（これを天皇が認証する。憲7条5号。その儀式が認証式である），また，これを罷免する権限が認められるが，国務大臣の過半数は，国会議員の中より選ばれなければならない（憲68条）。

■ 衆議院の不信任決議

このようにして議院内閣制がとられる結果，内閣は，衆議院から不信任の決議がなされたときには，総辞職をしなければならないが，内閣は，もし衆議院が国民の意思を反映していないと考えるときには，――立法府の権力濫用を抑制する意味から――逆に衆議院を解散して，国民の真意を問うことも許される（憲69条・70条）。これが衆議院の解散であり，この場合には，解散によって，衆議院議員の任期は終了し，国民は，新議員を選ぶことにおいて，その意思を表明することになる。

■ 参議院の構成と役割

これに対し，参議院には解散はなく，任期は6年，ただし，3年ごとに半数の改選がなされる（憲46条）。定員は252名で，そのうち100名が比例代表選出議員，他の152名が選挙区選出議員である（公選4条2項）。

わが国で衆議院のほかに参議院が設けられたのは，衆議院における「数の政治」に対して「理の政治」を期待し，あわせて，衆議院解散のさいの補充的役割を意図したためであるが，今日の参議院は衆議院と同様の政党色を帯びるにいたっており，当初の期待は薄れてきている。

■ 普通選挙権

公務員の選挙については，成年者による普通選挙が保障され（憲15条3項），日本国民で満20歳以上の者は，国会議員の選挙権をもつ（公選9条1項）。

しかし，選挙権を行使するためには，選挙人名簿に登録されることが必要であり，毎年9月および選挙のさいに，選挙管理委員会は，住民基本台帳に記録されている満20歳に達した者で，当該市区町村の住民票が作成された日（他の市区町村から住所を移した者で住民基本台帳法の規定により届出をした者については，その届出をした日）から引き続き3ヵ月以上居住している者を調査して登録することになっている（公選19条2項・21条・22条）。

そして，選挙人名簿は9月11日から15日までの間と選挙の前に定められた一定期間市区町村役場で縦覧に供されるから，資格

[資料64　永久選挙人名簿の様式]

住　　　　　所	氏　　　名	生　年　月　日	性　別

登　　録	年　月　日	住民票作成日 転入届出日	年　月　日	投票区	
表示・表示の削除 (理由及びその年月日)	年　月　日 年　月　日	備　考			
抹　消 (理由及びその年月日)	年　月　日				市(区)(町)(村) 選挙管理委員会印

があるのに登録されていない者や住所・氏名などに誤りがある者は，この期間内に選挙管理委員会に異議を申し出ることができる（公選23条・24条）。

これに登録されると，登録者は，死亡・他地域への転出・失権などで登録資格を失わない限り，文字通り永久に選挙人としての資格が認められる（公選19条1項）。この永久選挙人名簿は，[資料64]の様式に準じ，カード形式で調製すべきものとされている（公選20条，公選施行規則1条）。

国会議員の選挙のさいには，この名簿にもとづいて，選挙管理委員会から選挙権者に投票所入場券が郵送される。選挙権者は，その入場券と引換に，投票所で，[資料65]のような投票用紙をもらい，これに，衆議院の小選挙区選出議員および参議院の選挙区選出議員の場合は候補者（被選挙権は，衆議院議員の場合は満25歳以上の者，参議院議員の場合は満30歳以上の者に認められる。公選10条）1人の氏名を，衆議院および参議院の比例代表選出議員の場合は届出政党等の名称または略称を，それぞれ自分で書いて投票箱に入れなければならない（公選46条1項ないし3項）。このさい，投票用紙には選挙人の氏名を記載してはならないものとされている（無記名投票。憲15条4項，公選46条4項）。

■ **選挙制度**などについて

選挙区について，わが国は，従来，衆議院議員選挙において，いわゆる中選挙区制（定員3～5名。しかし，理論的には，定員1名の小選挙区制に対し，1つの選挙区から2名以上が選出される場合は大選挙区制である）を採用してきたが，平成6年，小選挙区比例代表並立制を採用するにいたった。また，参議院議員選挙においては，地方選出議員は都道府県単位の各選挙区から2～8名を選出し（地方区），全国選出議員は「全都道府県を通じて」単記投票により選出する（全国区）という方法をとってきたが，昭和57年，全国区は比例代表制に変更された。

なお，主権者たる国民には，適切な選挙権を行使するうえからも，国会を傍聴する権利がある（本会議を傍聴するには傍聴券が必要となる。傍聴券には一般傍聴券と議員紹介傍聴券があり，一般傍聴券は，本会議当日，先着順で交付される）。

■ **司法権と裁判所**

国民の参政権行使の第2は，最高裁判所

1 参政権

[資料65 衆議院議員の選挙の投票用紙]

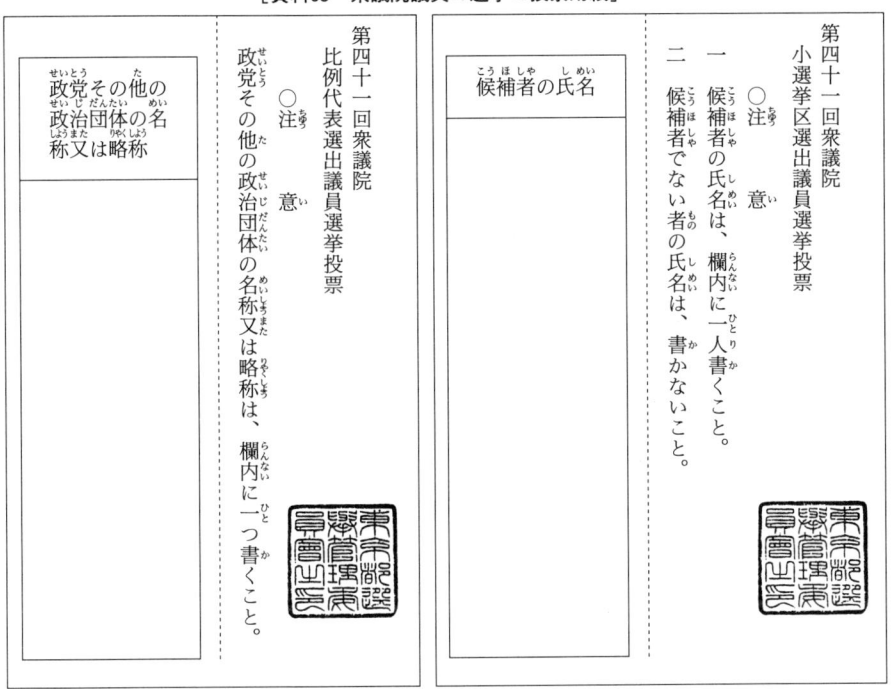

第四十一回衆議院小選挙区選出議員選挙投票

候補者の氏名

○注意
一　候補者の氏名は、欄内に一人書くこと。
二　候補者でない者の氏名は、書かないこと。

東京都選挙管理委員会

第四十一回衆議院比例代表選出議員選挙投票

政党その他の政治団体の名称又は略称

○注意
政党その他の政治団体の名称又は略称は、欄内に一つ書くこと。

東京都選挙管理委員会

裁判官の国民審査の場合である（憲79条2項）。

　司法権は裁判所に属するが、裁判所には、憲法によって設置される最高裁判所（東京都千代田区隼町）と、裁判所法によって設置される下級裁判所とがあり（憲76条1項）、後者には、通常の訴訟事件を扱う高等裁判所（全国に8ヵ所）・地方裁判所（各都府県と北海道に4ヵ所，計50ヵ所）・簡易裁判所（438ヵ所）と、家庭事件・少年事件を扱う家庭裁判所（50ヵ所）の4種類がある。

　裁判官は、良心と憲法および法律にしたがってのみ裁判を行ない、司法権については、国民の自由と権利をまもるうえから、他の機関よりの独立が特に重要である（司法権の独立。憲76条3項・78条参照）。

■ 最高裁判所裁判官の国民審査

　最高裁判所は、その長たる最高裁判所長官と14名の最高裁判所判事で構成される（最高裁には、5名ずつの裁判官によって構成される3つの小法廷と、15名全員で構成される大法廷とがある。裁9条・10条）。最高裁判所長官は、内閣の指名にもとづいて天皇が任命し（憲6条2項），他の裁判官は、内閣が任命する（憲79条1項。なお、以上15名の裁判官については、原則として、裁判官5名、弁護士5名、検事・大学教授5名の割合で人選する慣行が最高裁発足当初よりつづいている）。

　内閣は衆議院の信任を基礎とするから、この意味で、最高裁判所裁判官の地位も国民の意思にもとづいているが、最高裁判所は、民事・刑事・行政事件の最上級裁判所（上告裁判所）であるとともに,違憲法令審査

145

III 国家・都市生活と法律

[資料66 最高裁判所裁判官国民審査投票用紙]

井嶋 一友	根岸 重治	髙橋 久子	河合 伸一	千種 秀夫	遠藤 光男	尾崎 行信	藤井 正雄	福田 博	裁判官の名	×を書く欄	注意 一 やめさせた方がよいと思う裁判官については、その名の上の欄に×を書くこと。 二 やめさせなくてよいと思う裁判官については、何も書かないこと。

権（憲81条）——すなわち、法律・命令・規則などが憲法に違反していないかどうかを審査する権限——を行使する最高の裁判所であるから、その裁判官の地位の重大性にかんがみ、憲法は、任命後初めての衆議院議員総選挙のさいとその後10年経過ごとの衆議院議員総選挙のさいに、最高裁判所裁判官の国民審査を行なうものとしている。

この審査は、[資料66]（平成8年10月の審査用紙）のような投票用紙の裁判官名の上の欄に、裁判官を不適当と考えるときには×印を記入する方式でなされ、投票者の多数によって罷免を可とされた裁判官は罷免される（憲79条3項）。

しかし、従来、この審査によって罷免された例はない。しかも、従来の統計によると、×印の多い場所はほとんど一定しており、日ごろ裁判になじみの薄い国民にこうした審査をさせること自体に無理があるとの批判的意見もある。

しかし、日本の司法権の方向を決定づける最高裁判所の地位の重要性を思うとき、万一の司法の危機を救う安全弁として、この制度は、重大な使命を担っているものと

考えるべきであろう。なお、最高裁判所裁判官の定年は、70歳である。

■ その他の参政権行使の場合

国民の参政権行使の第3は、憲法改正の投票の場合である（憲96条）。憲法は国の最高法規であるから、憲法の改正は、国会が発議して、国民の賛成を得ることが必要とされている。

しかし、日本国憲法の基本原理たる民主主義・自由主義・平和主義に反するような変更は、憲法の同一性を破壊するものとして、憲法改正としては許されない。

国民の参政権行使の第4は、地方公共団体に関する特別法制定についての住民の同意（憲95条）の場合である。

政治には国全体の政治と地方の政治とがあるが、憲法では、国は地方の政治に干渉せず、地方の政治は都道府県市町村（地方公共団体という）が住民の意思にもとづいて行なうものとされている（地方自治の原則。憲92条）。

そこで、地方公共団体の長（行政機関）や議会の議員（立法機関）は住民が選挙するが

(憲93条・公選9条2項)，上の同意も，この点からの要請である。

なお，国民は，請願権を行使することができる（憲16条）。請願とは，公の機関に対して希望を述べることであり，国民の考えを政治に反映させる手段である。

しかし，この権利は，請願を受理して誠実に処理することを要求しうるにとどまり，それ以上に，請願どおりに行動することや回答を与える行為までを要求できるものではない。請願のしかたについては，請願法に規定がある。

［林屋礼二・北沢豪］

2　税　金

■ 所得にかかる税金のいろいろ

2月末から3月初めにかけて，この[資料67]を持参した人で税務署が一杯になる。この所得税の確定申告書を提出する人はその前年に所得のあった人である。

このように所得にかかる税金としては，所得税のほかに，法人税（所得税は個人の所得に対して課されるのに対して，法人税は法人の所得に対して課されるものである），住民税（道府県民税と市町村民税とを総称したもの）がある。

ところで，この申告をする者は，ほとんどが事業等をやっている者である。サラリーマンは，月々の給料とボーナスから源泉徴収されるから，自ら申告する必要はない。もっとも，サラリーマンでも，ほかに事業をやっていたり，他の所得があれば申告をしなければならない。

■ 租税法律主義

誰の，どういう所得に対し，どういう割合で課税するかは，所得税法で詳細に規定されている。

どういう税金を設けるか，その税金の対象は何か，納税義務者は誰か，税率はどうかなどは必ず法律で定めねばならない。これは憲法の要請である（憲84条）。これを租税法律主義という。

税金を納めるということは国家存立の基本であるといってよい。福祉国家というものも，そのための国家の支出は税金で賄われるのだから，それを充実させようとすれば，どうしても税金は高くなる。憲法30条が，「国民は，法律の定めるところにより，納税の義務を負ふ」として，納税義務を国民の基本的義務としているのもそのためである。

■ 直接税と間接税

所得税のような税金を直接税というが，直接税とは，税法上の納税義務者と実際に税金を負担する者とが同じである税金のことである。直接税には，所得税のほかに法人税・相続税・贈与税などがある。

これに対するものが間接税である。これは，納税義務者と実際に税金を負担する者とが異なる税金である。間接税に属する税金に，消費税・酒税・揮発油税・たばこ税・関税などがある。

■ 所得税のしくみ

ところで，税法上での所得とは，収入から，その収入を得るために必要な経費を差し引いた残額をいう。それに対して課せられる税金が所得税である。所得税法では，所得を次の10種類に分けてその計算方法を定めている。

① 利子所得（預金・公社債の利子，公社債投信の分配金など），
② 配当所得（株式の配当金など），
③ 不動産所得（家賃・地代など），
④ 事業所得（農業・商業・工業・漁業・鉱業・医業・その他自由業の所得など），
⑤ 給与所得（給与・賞与・恩給など），
⑥ 退職所得（退職手当・一時恩給など），
⑦ 山林所得（山林の立木伐採や譲渡），
⑧ 譲渡所得（土地・建物・借地権・貴金属などの譲渡益），
⑨ 一時所得（競馬などの馬券の払戻金・懸賞金・福引の当せん金），
⑩ 雑所得（作家以外の原稿料など），

に分かれる。

課税方法として，その所得だけを切り放して課税される分離課税と，ほかの所得と合計して課税される総合課税とに分けられる。退職所得などはそれだけ分離して課税されるし，給与所得や雑所得などは合計して課税される。

■ 所得控除制度について

所得額から所得控除を差し引くと課税所得金額が出る。それに税率を掛けると税額が出る。

所得控除は，納税義務者の個人的事情に応じた負担の実現を図るために考えられたもので，実質的公平を期するものである。

この控除には，まず，無条件に一律38万円（平成8年）を控除する基礎控除といわれるものがある。更に[資料67]を見ると，この三月太郎氏には，配偶者がいて，配偶者控除38万円を受けると共に，夫婦それぞれの合計所得金額が条件に合うので配偶者特別控除も受けていることがわかる。また，太郎氏には3人の子と1人の母親があるが，既に働いている一郎氏を除く2人の子と母は太郎氏の扶養家族として，それぞれ年齢，関係，健康状態に応じて扶養控除を受けている。更に平成8年2月に火災のための損害があったので雑損控除を，子供に医療費を支払ったので医療費控除を，損害保険のうち長期保険料の支払額が25,000円なので，15,000円の控除を受ける等している。そのほかに所得控除としては，社会保険料控除，生命保険料控除，老年者控除などがある。

■ 累進課税制度

税率は金額がかさむにつれ割高になる累進税率による。累進税率というのは，課税所得をいくつかの段階に分け，同じ人の課税所得でも，低い段階の所得には低い税率を，そして段階があがるごとにその超過部分について高い税率を適用してゆくしくみ

である。高い所得には，高い税をというのが社会正義だと考えられるからである。

ところで，この計算はなかなか面倒なので，その手数をはぶくために作られたのが，[資料68]の税額表（平成8年）である。

■ 申告手続について

このような方法で計算して申告をする。この[資料67]の確定申告は，その年の所得と税額とを自分で計算し，源泉徴収された税金や予定納税で納めた税金と比べて，その過不足を精算するためのものである。この際，源泉徴収票や生命保険料の払込証明書などを添付しなければならないことになっている。確定申告書は，翌年の2月16日から3月15日までの間に提出しなければならない（本年分の申告書の用紙はその年の12月末頃にできる）。

この申告のうちに青色申告がある。青色の申告用紙を使うことからつけられたもので，事業所得，不動産所得，山林所得のある人について認められたものである。ただ，現金出納帳，売掛帳，買掛帳などを備えていて，正確に所得の計算のできる人でなければならない。この申告では，帳簿の克明な記入などが要求されるが，いろいろな特典がある。この制度は，正確な記帳に基づく正しい申告を奨励して申告納税制度の充実を図ろうとする趣旨のものである。

■ 税についての不服があるときには

申告した税金が，更正され，または決定されてそれに不服があるときは，更正又は決定を受けた日の翌日から2ヵ月以内に，通知した税務署長に，不服の理由を記載した異議申立てをすることになる。

この異議申立てについての税務署長の決定になお不服があるときは，決定の通知を受けた日の翌日から1ヵ月以内に，国税不服審判所長に対して審査請求をすることが

III 国家・都市生活と法律

[資料67 所得税]

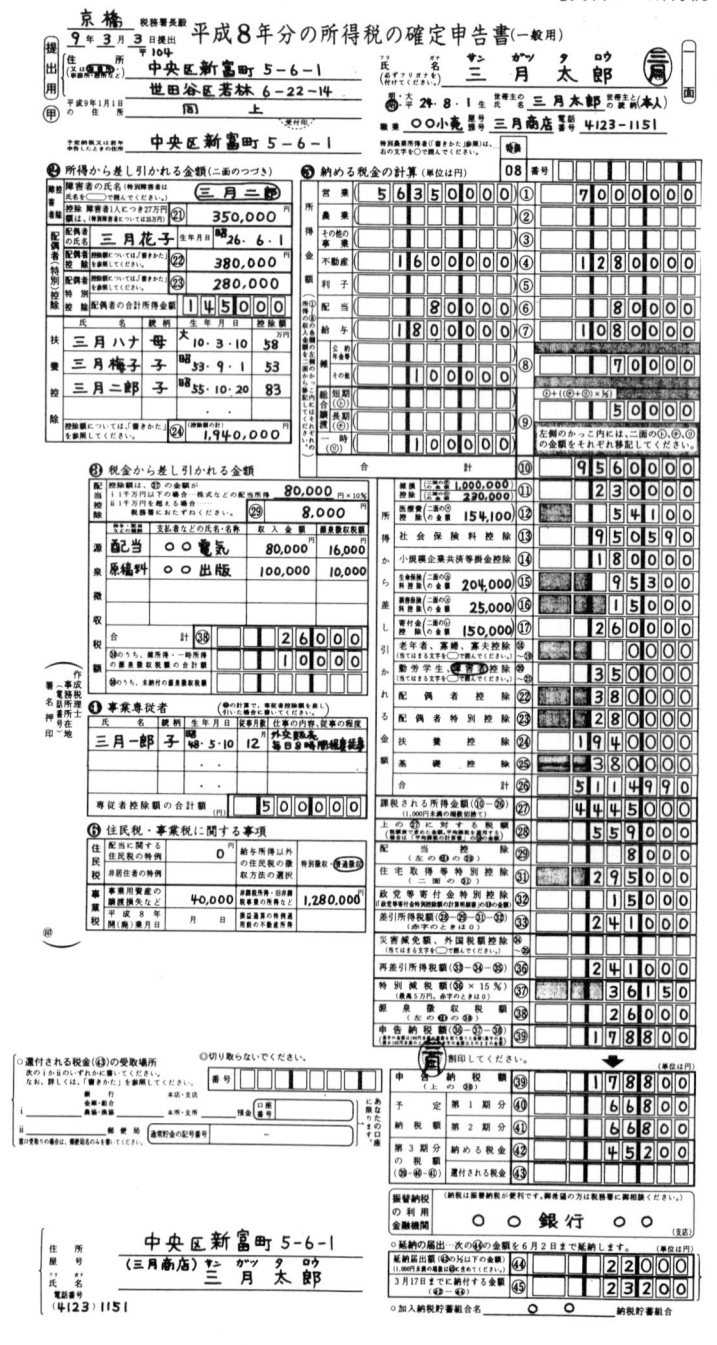

2 税金

の確定申告書〕

❶ 所得金額

分離課税の所得がある人は、この申告書ではなく、「分離課税用」の申告書を使ってください。 8確二面

	種目	所得の生ずる場所	Ⓐ 収入金額	Ⓑ 必要経費	Ⓒ 専従者控除額		所得金額(Ⓐ-Ⓑ-Ⓒ)
事業	営業	○○小売 中央区新富町	56,350,000	48,850,000	500,000	①	7,000,000
	農業					②	
	その他の事業					③	
不動産		貸事務所 江東島戸10-5	1,600,000	320,000	0	④	1,280,000
利子						⑤	
配当		株式の配当 ○○電気	80,000	0		⑥	(赤字のときは0) 80,000
給与		給料 ○○商会	1,800,000				(赤字のときは0) 1,080,000

「給与所得者の特定支出控除」を受ける人は、⑬に特定支出の合計額を書いて、⑦に(Ⓐ-⑬)の金額(赤字のときは0)を書きます。
それ以外の人は、⑬には書かないで、⑦に「手引き」の「簡易給与所得表」で求めた所得金額を書きます。

雑	公的年金等						⑭には「手引き」の「公的年金等に係る雑所得の速算表」で求めた所得金額を書きます。
	その他	原稿料 ○○出版	100,000	30,000		⑧	Ⓐ+Ⓐ-Ⓑ (赤字のときは0) 70,000

総合課税譲渡	短期	所得の生ずる場所	Ⓐ 収入金額	Ⓑ 必要経費	Ⓒ (Ⓐ-Ⓑ)	Ⓓ 特別控除額		所得金額(Ⓒ-Ⓓ)
	短期	営業用車両(売先)○○モータース	50,000	90,000	△40,000			0 (△40,000)
	長期							
一時		生命保険金 ○○生命	2,500,000	1,860,000	(赤字のときは0) 640,000	500,000	⑨	100,000 (140,000) Ⓒ+((Ⓒ+Ⓓ)×½) 50,000

特別控除額は、………50万円(Ⓒの金額が50万円までのときはⒸの金額)
譲渡の特別控除額は、短期の⑰、長期の⑱に差し引きます。

| 合計 | ①から⑨までの合計額を書いて下さい。なお、①から④、譲渡、⑨に赤字の金額がある人や、前年からの繰越損失がある人は、複確ですから、税務署におたずねください。 | ⑩ | 9,560,000 |

特例適用条文

❷ 所得から差し引かれる金額

雑損控除	損害の原因	損害年月日	損害を受けた資産の種類など	Ⓐ 損害金額	Ⓑ 保険金などで補てんされる金額		差引損失額(Ⓐ-Ⓑ)
	火災	8.2.10	住宅・家財	5,800,000	4,800,000		1,000,000

控除額は、[差引損失額(Ⓐ-Ⓑ)+退職所得金額)の10%の金額] 44,000円 と [差引損失額のうち(災害関連支出の金額)-5万円] 230,000円 とのいずれか多い方の金額 ⑪ 230,000

医療費控除	医療を受けた人	続柄	病院・薬局などの所在地・名称	Ⓐ 支払医療費	Ⓑ 保険金などで補てんされる金額		差引負担額(Ⓐ-Ⓑ)
	三月二郎	子	墨田区業平 ○○病院ほか	284,100	130,000		154,100

控除額は、差引負担額 154,100円 - {10万円(⑩+退職所得金額)の5%のいずれか少ない方の金額 100,000円} ⑫ (最高200万円) 54,100

社会保険料控除	社会保険の種類	Ⓐ 支払保険料	社会保険の種類	Ⓑ 支払保険料		計(Ⓐ+Ⓑ)
	国民健康保険	514,990	国民年金	435,600	⑬	950,590

| 小規模企業共済等掛金控除 | 控除額は、支払った小規模企業共済掛金(旧第2種共済掛金を除きます)と心身障害者扶養共済掛金との合計額 | ⑭ | 180,000 |

生命保険料控除	保険金受取人	続柄	保険会社名など	支払保険料	保険金受取人	続柄	保険会社名など	支払保険料		Ⓐ(一般の保険料の計)	Ⓑ(個人年金保険料の計)
	三月太郎	本人	○○生命	66,000	三月一郎	子	○○生命	15,200		81,200	204,000
	三月花子	妻	郵政省	204,000					⑮	(控除額は下部算式参照) 95,300	

損害保険料控除	保険の種類	保険会社名など	支払保険料	保険の種類	保険会社名など	支払保険料		(長期保険料の計) 25,000	(控除額は下部算式参照)
	月掛火災	○○火災	25,000				⑯	(短期保険料の計)	15,000

寄付金控除	寄付先の所在地・名称	寄付金	控除額は、寄付金の額と「(⑩+退職所得金額)の25%」のいずれか少ない方の金額 270,000円 -1万円 =		
	東京都 社会福祉法人○○会ほか	270,000 150,000		⑰	260,000

老年者控除	昭和7年1月1日以前に生まれた人で、「(⑩+退職所得金額)」が1,000万円以下の人	控除額は、500,000円	⑱	
寡婦(寡夫)控除	次の当てはまる文字を( )で囲んでください。 死別 離婚 生死不明 未帰還	控除額については、「書きかた」を参照してください。	⑲	
勤労学生控除	学校名	控除額は、270,000円 →	⑳	

● 住宅取得等特別控除を受ける場合に記入してください。

住宅取得等特別控除	Ⓐ 住宅借入金等の年末残高の合計額 (最高3,000万円) 29,000,000	控除額は、	i 2,000万円を超える場合 — 居住開始が、平成3年3月以前のときは20万円、平成3年4月以後平成6年12月以前のときは(Ⓐ×0.5%+10万円)、平成7年1月以後のときは(Ⓐ×0.5%+15万円) ii 1,000万円を超え2,000万円以下の場合 — 居住開始が、平成6年12月以前のときは Ⓐ×1%、平成7年1月以後のときは Ⓐ×1%+5万円 iii 1,000万円以下の場合 — 居住開始が、平成6年12月以前のときは Ⓐ×1%、平成7年1月以後のときは Ⓐ×1.5%		
	居住開始年月日 8・10・1				
	家屋の取得対価の額	増改築等の費用の額	居住用部分の金額	(100円未満の端数切捨て)	㉑ 295,000
	家屋の総床面積 ㎡	居住用部分の床面積 ㎡	平成9年以後に年末調整でこの控除を受けるため、住宅証明書の交付を要する給与所得者は、右の「要する」の文字を○で囲んでください。………要する		

151

[資料68　所得税の税額表（平成8年分）]

○　この表は、山林所得以外の所得金額に対する税額を求めるためのものです。
○　山林所得金額についての税額は、「平成8年分　山林所得に対する所得税の税額表」で求めます。
○　税額の求め方‥‥「課税される所得金額」をこの表の「課税される所得金額」欄に当てはめ、その当てはまる行の右側の「税率」を「課税される所得金額」に掛けて一応の金額を求め、次に、その金額からその行の右端の「控除額」を差し引いた残りの金額が求める税額です。

課税される所得金額	税率	控除額
1,000円から　3,299,000円まで	10%	0円
3,300,000円から　8,999,000円まで	20%	330,000円
9,000,000円から　17,999,000円まで	30%	1,230,000円
18,000,000円から　29,999,000円まで	40%	3,030,000円
30,000,000円以上	50%	6,030,000円

(注)1　例えば、「課税される所得金額」が650万円の場合には、求める税額は次のようになります。
　　　6,500,000円×20％－330,000円＝ 970,000円
　　2　変動所得や臨時所得に対する平均課税の適用を受ける場合の調整所得金額に対する税額もこの表で求めます。

できる。この審査請求に対する裁決になお不服があれば訴訟を提起することができる。

■ 税を納めないと

所得税については、ある条件のもとに延納が認められる。納期限を過ぎても納めない場合は、延滞税が課される。

税金を納めないと、国税徴収法の規定に基づいて、税務署によって、財産を差し押えられ公売に付されることになる。その手続は、普通の強制執行の競売などとやや異なる。そして、税金は、原則として、法定納期限を基準として他の債権者に優先して弁済されることになっている。

■ 自治体の住民税

前述したように、国民の所得にかけられる税金には、以上に述べてきた、個人に課される国税である所得税の他に、法人に課される国税である法人税、そして地方税としての住民税がある。

住民税は、当該年度の1月1日現在で、当該地方自治体内に、住所がある個人、又は（住所はないが）事業所、家屋敷をもつ個人、事務所・事業所を持つ法人等に対してかけられるもので、所得税と同じような計算過程（各人の控除額を控除したものに累進税率をかける）を経て算出される「所得割」の額に、どの人も均一な「均等割」額を加えて1年分の住民税が算出される。各市町

[資料69 固定資産税納税通知書]

■ 固定資産税

　[資料69]は固定資産税の納税通知書である。固定資産税というのは、土地・家屋および機械などの償却資産を所有していることについて課されるもので、市町村税に属し、市町村の財源の1つとなっている。

　これらの固定資産を持っていることについて、それらの所有者はいろいろな利便をうけているが、それは市町村がいろいろな設備をしていることに負うところが大きい。そのような理由から課税されている。

　固定資産税は、毎年1月1日現在において、固定資産課税台帳に登録されている資産に、その価格の1.4%の税金をかけるのが原則である。この1.4%というのは標準税率だから、これより高い税率の市町村もあり得るわけであるが、最高税率は2.1%までとなっている。

　税金の算定のもとになる土地や家屋の課税価格は、市町村の固定資産評価員によって、3年ごとに評価替えを行なっている。資産所有者はその台帳を縦覧期間内に見ることができるので、納得のいかないときは、縦覧期間の初日(通常は3月1日)から縦覧期間の末日の後10日まで(縦覧期間が3月1日から20日の場合、3月30日まで)文書をもって固定資産税評価審査委員会に審査の申出をすることができる。

　この税金は4月、7月、12月及び2月中の年4回に分けて納める。これは所得税と違って、市町村からの納税通知書の送達によって納税する税金であって、申告の義務はない。

■ 都市計画税

　この[資料69]では都市計画税も納めることになっている。これは、都市計画事業お

よび土地区画整理事業の費用に充てるため、都市計画法（74頁参照）による市街化区域内に所在する土地及び家屋に対して課される市町村税である。この税率は、不動産の価格の0.3％で、原則として、固定資産税の徴収と併せて行なう。

これらの税金は、いずれも地方税法に規定されている。

［遠藤浩・遠藤曜子］

コラム　動物保護法について

　動物の愛護及び管理に関する法律（通称「動物保護法」）が近時改正され、漸く実効性のある法律となってきました。昭和48年に制定されたこの法律は、理念としては立派なものをもちながら、条文に具体性が欠けていたために、長らく美辞麗句に過ぎない地位に甘んじてきたものです。

　従来、日本の刑法は、動物に対する殺傷行為は、所謂「器物損壊」としてしか評価してきませんでした。「器物損壊」とは、他人の財物を壊す、ということですから、誰が所有しているかはっきりしない動物を対象にすることは難しく、また「財産」としての評価はあっても「いのち」としての評価は加えられていないことになります。しかし、昨今の相次ぐ動物虐待問題と、社会犯罪の凶悪化は決して無縁のものではありませんし、健全な精神の育成のためにも動物虐待を法律で処罰することは必要です。

　このような危機感から、改正された動物保護法によれば、一定の種類の動物の殺傷行為が、また餌や水を与えない等の虐待、遺棄を行った者には、懲役刑又は罰金刑が科せられることになり、現実の検挙例も散見されるようになってきています。

［遠藤曜子］

3　環境問題・土地収用

■ 環境についての問題意識

大気汚染，水質汚濁等の古くから指摘されてきた公害を含め，日照阻害や電波障害，騒音，環境破壊や自然保護等，いわゆる環境問題と呼ばれる社会問題は，産業社会が多様化するに伴い，いよいよその態様が複雑化してきている。その中で環境問題の出発点ともなった公害についてまず説明する。

■ 公害の定義

公害とはどういう意味か。前述したように，現代社会においては，公害は環境問題の一態様として位置付けられるべきものであるが，そのような視点から平成5年に施行された環境基本法においては，「公害」とは，事業活動その他の人の活動に伴って生ずる相当範囲にわたる大気の汚染，水質の汚濁（水質以外の水の状態又は水底の底質が悪化することを含む），土壌の汚染，騒音，振動，地盤の沈下（鉱物の掘採のための土地の掘削によるものを除く），及び悪臭によって，人の健康又は生活環境（人の生活に密接な関係のある財産並びに人の生活に密接な関係のある動植物及びその生育環境を含む）に係る被害が生ずることをいう，と定義されている。

したがって，ここにはいわゆる日照阻害や電波障害のように一般に生活妨害と呼ばれるものは含まれていないわけだが，この両者は境を接し，かつ重なりあっている場合もあり，明確に区別することは難しい。

■ 被害が出たときの対応

わかりやすい公害の例として，近くにできた工場群のばい煙で健康状態が思わしくない人々がでてきたと考えてみよう。

この場合に，被害者は，何よりも，その公害の実態を知る必要がある。そこで，その区域の人々がその代表者をきめて，都道府県知事なり市町村長に，公害についての実態を調査するよう請求書等を提出する。その方式は，条例の有無等地域によって異なるが，[資料70]は千葉県における請求書と，東京都における公害相談票である。この請求書によって調査活動が始まるのだから，なるべく詳しく書く（話す）ことが望ましい。医者の所見などをつけておけば，なお効果的だと思われる。

都道府県なり市町村なりはそれによって調査活動を始めるが，ばい煙については，大気汚染防止法があって，有害なばい煙を規制している。この法律では，規制の対象になるばい煙として，いおう酸化物，ばいじん，カドミウム，塩素，弗（ふつ）化水素，鉛などの物質が規制の対象とされている。

■ 大気汚染防止法による被害者の救済

調査の結果，どこの工場のばい煙によるもので，その工場のばい煙施設が十分でないことがわかれば，都道府県なり市なりが，その改善のための措置を命ずることができる。もしその企業に，そのような措置を講ずる経済的余裕がなければ，その財政的措置も講じてやる。

どこの工場のばい煙によって，健康を害したということがわかれば，大気汚染防止法はその工場に過失がなくとも，その工場に対して損害賠償の請求をすることができる旨を規定している（無過失責任。後述）。理くつとしてはその事実の差止めを請求することができるはずである。しかし，実際問題としては，差止めが認められる事例は少

ない。

本来，公害のように継続的かつ常に変化を続ける経済活動と密接に関係する事象においては，行政の方で十分かつ迅速な対応をすることが望ましいのだが，それでも起こってしまった被害については法律上の救済が行なわれなければならない。

■ 不法行為構成による被害者の救済

まず，第1に考えられるのが私法上の救済であるが，この場合，原則として民法の不法行為の要件を被害者側で立証しなければならない。すると，まず加害者を特定した上で，前述した大気汚染防止法のように特別に無過失責任が法で定められていない場合には，（故意）過失の存在，更に加害者の行為と被害との間の因果関係の立証も必要となってくる。

被害者側は一般に互いに関係の薄い多数の素人の集団であり，法的知識も医学的知識も加害行為に関する知識も乏しい場合が多いことを考え合わせると，それは非常に困難なことである。

法は，公害関連法においては，しばしば無過失責任を法定し（例えば，鉱業法，水質汚濁防止法，原子力損害の賠償に関する法律等。134頁参照），また判例は，因果関係の立証において，被害者側での蓋然性の立証をもって因果関係の推定に代えることを試みる等，法的に筋の通った範囲での被害者救済を模索しているが，十分ではない。

また，被害の態様によっては，加害行為の違法性や被害者側の受忍限度が問題になることもある。即ち，当該事件の諸般の事情を考えて，「この程度の被害は我慢すべき」かどうかという判断にかかることがあるのである。これら私法上の措置では被害者救済に不十分なことは明らかである。

■ 行政上の救済の取組みについて

そこで第2に，行政上の救済が試みられている。国家が総合的な見地に従って対策に取り組もうとするもので，健康被害に対する補償給付や公害予防事業の充実のために，公害健康被害の補償等に関する法律・公害防止事業費事業者負担法等が，公害紛争の処理を制度化するために，公害紛争処理法等が定められている。［資料71］は東京都における公害紛争調停申請書の書式である。

なお，公害の程度については地域性もその判断基準として極めて大きい比重を占める。そこで，公害における具体的な被害の限度枠等については，都道府県条例において定めてあることも多い。法の定め（大気汚染防止法，水質汚濁防止法，騒音規制法，悪臭防止法等）はあくまでも最低基準としてとらえるべきである。

公害問題を含めた環境問題は，少なくとも国家全体という視点から長期的に検討する必要がある。公害による被害も，自然破壊も，一度起こってしまえば取返しがつかない。しかし，きちんとした法整備をするには気のとおくなるような時間がかかる。裁判所も行政も，法整備を待つのみならず現行の制度を柔軟に活用するなどの工夫が強く求められるところである。

ところで，やはり国家あるいは当該都道府県全体という視点から長期的に検討しなければならない問題の1つに，町づくりがある。その際，土地の収用は不可避の問題となる。

■ 土地収用の必要

土地収用というのは，特定の公共の利益となる事業の用に供するために，法律の定める手続に基づき，強制的に，土地所有権を取得することを指している。

公共の利益となる事業というのは，前述

3　環境問題・土地収用

［資料70　公害調査請求書（千葉県の例）・公害相談票（東京都の例）］

調　査　請　求　書
　　　　　　　年　月　日

千葉県知事　　殿

　　　　請求書（代表者）
　　　　住　　所
　　　　氏　　名　　　　㊞

　千葉県環境保全条例第60条第1項の規定により，次のとおり調査されるよう請求します。

1．受けるおそれのある公害の種類
2．受けているかまたは受けるおそれのある障害についての内容
　　（障害の実状ならびに同一の障害を認める者の人員および戸数等について詳細に記載のこと。）

相　談　票

		分　　類			
		課長	係長	係員	相談員
受付	年　月　日　処理　年　月　日	担当者			
氏名又は会社名		男女別　男　女			
住所	区市　　町　丁目　番号	電話　　～			
職業	自営　勤労　主婦　組合　市民団体　学生（　）　その他				
方法	来庁　電話　文書　その他（　）	来庁者名			
内容	苦情　相談　照会　資料要求　講師依頼　見学	1．全般　2．大気騒音 3．水質　4．振動 5．その他の公害（　　） 6．自然保護 7．公害以外（　　）			

要
旨

処
理

申立対象者	名称		業種	
	住所	区市　　町　丁目　番号	電話　～	
	区市都所管のため電話文書で処理を依頼した。		整理番号	

［資料71　公害紛争調停申請書（東京都の例）］

※　この書類は相手方にも送付します。

調　停　申　請　書
　　　　　平成　年　月　日

東京都公害審査会殿
　申請人の住所　東京都○○区○○町1－1－1
　　　　氏名　東京太郎　印
　　　　ほか3名（別紙目録のとおり）
　　　電話番号　（0000）0000

公害紛争処理法第26条の規定に基づき，下記のとおり調停の申請をします。

記

1　相手方の住所（所在）及び氏名（名称）
　　住所　東京都○○区○○町1－1－2
　　氏名　□□株式会社　代表取締役　□□□□
2　当該公害に係る事業活動その他の人の活動が行われた場所

　　　　　（相手方の住所等）

3　被害の生じた場所

　　　　　（申請人の方の住所等）

4　調停を求める事項及び理由
　(1)　事項
　　　　（話し合いで解決したい事柄について具体的にお書
　　　　きください。別紙でも結構です。）
　　　　　　　　　　　　　（以下同様）

　(2)　理由

5　紛争の経過
　　○年○月○日　……………………
　　○年○月○日　……………………
　　○年○月○日　……………………

6　調停を行うにあたって参考となる事項

7　添付書類
　　付近概略図
　　代理人選任者　等

の公害対策などもその1つである。ほかにもたくさんあるが，交通による要請，新都市の建設による要請などはもっとも多く行なわれるものである。道路には自動車が充満し，道路交通は麻痺状態に近いところも多い。道路幅を大幅に拡張しなければどうにもならないところがたくさんある。その上，交通のスピード・アップの要請は，高速道路，新幹線，空港の建設を求める。また，東京への人口の集中は，東京自身をして動脈硬化させ，これを疎開させるための新都市の建設も検討されている。これらは財政や環境保全等，失われる利益をよく考え，十分な議論と長期的な配慮の上で計画されるべきことであることはもちろんである。

しかし，これらの計画のためには，土地収用が不可避の要請となっている。市民の土地を強制的に買いあげなければ，その実現ができないのである。

■ 所有権と公共の福祉

かつて，土地所有権は絶対なものとされ，国家といえどもそれに手をつけることはできないとされていた(所有権絶対の原則)。しかし，土地所有権といえども公共の福祉のために存在する。そのことは憲法29条が明言している。

しかし，反面，個人の財産権は尊重しなければならないから，同じ条文が「私有財産は，正当な補償の下に，これを公共のために用ひることができる」としているのである。土地収用の骨子はここにある。

■ 土地収用のしくみ

現在，土地収用は，土地収用法を基本として，都市計画法，新住宅市街地開発法，住宅地区改良法，公有地の拡大の推進に関する法律，公共用地の取得に関する特別措置法などの特別法に基づいて，その手続が行なわれる。

土地を収用することのできる者は，道路・河川・鉄道・通信・電気・ガス・水道・学校・社会福祉などに関する事業とか，庁舎や公共用の施設を設置する場合の国または地方公共団体などである。

収用の目的物は土地であるが，土地上の建物・立木なども事業の用に供することが必要かつ妥当な場合，もしくは移転させることが困難な場合には，土地とともに収用できる。

■ 収用手続のあらまし

収用者たる起業者，たとえば，首都高速道路公団は[資料72]に掲げた書式の事業認定申請書を提出して，建設大臣または都道府県知事の「事業の認定」(たとえば，高速道路X号線の建設の認定)を申請する。認定は，申請書を公衆の縦覧に供し，利害関係人から意見書を提出させたうえで行なわれ，認定があったときは，その旨が告示される。必要があれば，公聴会なども開かれる。

そして具体的に収用の手続に入るが，収用者は収用すべき土地を指示して，収用者，被収用者立会いの上で土地調書・物件調書を作成する。

昭和43年改正前の土地収用法は，収用または使用する土地の区域とか，損失の補償とか，時期などについて，当事者は協議する法律上の義務があり，それが調わないときに，土地収用委員会に裁決を申請するというものであったが，実際には，この委員会に持ちこまれることが多いので，現在は，協議の義務をなくし，事業認定の告示があってから1年以内に土地収用委員会に裁決を申請するようになっている。

もちろん，その間にも任意に協議することは差支えないばかりでなく，実際におこなわれることであり，それが調うのが望ましい。また収用委員会の審理の途中でもも

[資料72　土地収用法施行規則による事業認定申請書]

様式第五

事業認定申請書

年　月　日

起業者　住　所

氏名又は名称　　　印

建設大臣（都道府県知事）殿

土地収用法第十六条の規定によって、左記により、事業の認定を受けたいので、申請致します。

記

一　起業者の名称
二　事業の種類
三　起業地
　イ
　ロ
四　収用の部分
　　使用の部分
四　事業の認定を申請する理由

備考

一　建設大臣に対する申請書には、所定の手数料に相当する額の収入印紙をはること（印紙は、消印しないこと）。
二　「起業者の名称」については、国の行う事業にあっては、当該事業の施行について権限を有する行政機関の名称を記載すること。
三　「事業の種類」については、なるべく具体的に記載すること。
四　「起業地」については、都道府県、郡、市、区、町村、大字及び字をもって表すこと。
五　「事業の認定を申請する理由」については、その要旨を簡明に記載し、法第二十七条第一項の規定による申請であるときは、その旨を明記すること。

ちろん和解は可能である。

　裁決に不服な者は建設大臣に対して審査請求をすることができるし、また訴えを提起することになる。

■ 損失補償の考え方

　土地収用でもっとも問題になるのは損失補償である。土地収用をめぐる紙上に名のある紛争をみれば、思いなかばに過ぐるものがある。

　この補償は完全な補償でなければならず、金銭補償を原則とする。その価格は、事業の認定の告示の時における近傍の取引価格等を考慮して算定された相当な価格に、権利取得裁決の時（協議がなされたときは、協議確認の時）までの物価の変動に応ずる修正率を乗じた価格である。

　そして、支払方法は個別払を原則とし、土地所有者や借地人、またはその地上建物に居住している借家人などに各人別に支払われるのが原則である。この場合、地主と借地権者に、どのくらいの割合で払われるかの問題であるが、借地権の価格は、土地（更地）の価格の60％〜80％であるといわれている。

■ 区画整理と換地

　金銭補償を原則としないものに土地区画整理法による区画整理がある。

　区画整理は、土地の区画を整理して、土地の不整形から生ずるいろいろな不便を除いたり、また、各人から少しずつ土地を供出させて、道路・公園などの公共施設をつくるための措置である。地方公共団体が行なう場合には、その区域内の土地所有者および借地権者の中から選挙された委員で組織する土地区画整理審議会によって行なわれるが、自治的な要素が強い。

この事業に着手すると、すぐに仮換地処分をなし、いよいよ事業が終了すると正式な換地の処分がなされる。

この換地処分によって土地所有者は従前の土地に照応するほかの土地の交付を受け、従前の土地の借地権などは、すべてそのまま、この換地上に移行することになる。いわば、現物による補償である。

もっとも、換地が従前の土地に比べて過不足、不均衡がある場合は、換地計画に基づいて金銭で清算が行なわれる。

［遠藤浩・遠藤曜子］

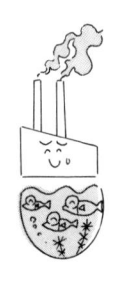

4 犯罪と刑罰

■ 刑事手続と人権の保障

近代国家では、いかなる行為が犯罪とされ、その犯罪にはいかなる刑罰が科せられるかが、法律によって定められている。

この原則を罪刑法定主義というが、これは、国民の自由を国家権力の不当な侵害からまもろうとする近代の自由主義思想にもとづくものである。

憲法31条は、国民の身体的自由権を確保するために、刑罰を科する手続すなわち刑事訴訟が法律——刑事訴訟法——にもとづいてなされることを保障しているが（法定手続の保障）、人の身体の自由をまもるためには刑罰を科する要件ももちろん適正であることが必要であるから、同条は、罪刑法定主義の保障をも当然に含むものである。

犯罪と刑罰の関係を定めた法律には、刑法をはじめとして、軽犯罪法・破壊活動防止法など種々あるが、刑法第2編には、主要な犯罪類型とそれに対する刑罰が規定されている。

■ 犯罪が発生した場合

犯罪が行なわれたと考えられるときには、国家の捜査機関は犯人を逮捕し証拠を集める活動を開始するが（捜査は、被害者からの告訴、一般人からの告発によってもはじまる）、捜査機関には司法警察職員（いわゆる警察官）と検察官とがあり、両者は協力して捜査を行なう（刑訴192条）。

捜査は、任意捜査すなわち被疑者の承諾による取調べ（たとえば警察署や検察庁に出頭を求めて事情を聴取する）を原則とするが、任意捜査の結果その者の犯罪容疑が濃くなった場合には、被疑者の逮捕や家宅捜索あるいは証拠物件の押収などの強制捜査が行なわれる。しかし、強制捜査は、濫用されると被疑者や第三者の人権侵害の危険性をもつので、捜査機関が逮捕状・捜索令状・押収令状などを裁判官に申請し、それが発せられた場合に限って行なうことが許される（憲33条・35条）。

[資料73] は逮捕状の例である。ただし、上に述べた危険性のない現行犯逮捕と重大犯人を発見したときの緊急逮捕（刑訴210条）の場合には、令状なしで行なうことができる（なお、現行犯人は、一般市民もこれを逮捕することができる。刑訴213条）。

■ 被疑者の逮捕と法律の保護

被疑者が逮捕されたときは、直ちに、逮捕の理由となった犯罪事実の要旨と弁護人を選任できることが告げられ（これによって、被疑者のための弁護活動の開始が可能となる）、弁解の機会が与えられなければならない（憲34条、刑訴203条）。

逮捕後、被疑者は取調べのために警察の留置所などに留置され、さらに、被疑者に逃亡・証拠隠滅のおそれがあれば、裁判所に請求して勾留と呼ばれる身体の拘束が行なわれるが（有罪の確定しない者に対して行なわれるので、未決勾留という）、こうした身体の拘束については、厳格な時間的制限がある（刑訴202条～208条。たとえば、警察官が被疑者を逮捕したときは、48時間以内にこれを検察官に送り、検察官は逮捕後72時間以内に裁判所に勾留請求をする必要があり、これらの時間をこえたときは、直ちに被疑者を釈放しなければならない）。

また、この取調べにおいては、拷問は絶対に禁止され（憲36条前段）、被疑者は、自己に不利益な供述を強要されない（黙秘権。憲

[資料73　逮捕状（甲）]

逮捕状（甲）

被疑者の氏名		山田四郎
被疑事実の要旨、被疑者の住居、職業、年齢、逮捕を許可する罪名、被疑者を引致すべき場所及び請求者の官公職氏名		別紙逮捕状請求書のとおり
有効期間		平成八年三月十七日迄

右の被疑者を逮捕することを許可する。

右の期間経過後は、この令状により逮捕に着手することができない。この場合には、これを当裁判所に返還しなければならない。右の期間内であっても逮捕の必要がなくなったときは、直ちにこれを当裁判所に返還しなければならない。

平成八年三月九日

東京簡易裁判所　〔裁判所之印〕

裁判官　吉川　一　㊞

逮捕者の官公職氏名印	警視庁四谷警察署　司法警察員　巡査　今井保男　㊞
逮捕の年月日時及び場所	平成八年三月九日午後十時二十分　東京都新宿区左門町六　警視庁四谷警察署
引致の年月日時及び場所記名押印	平成八年三月九日午後十一時五十分　警視庁世田谷警察署　司法警察員巡査　西村安雄　㊞
手続をしたる年月日記名押印	平成八年三月十一日午前八時三十分　警視庁世田谷警察署長　司法警察員警視　石田　正　㊞
送致する年月日及び記名押印	
送致を受けた年月日時及び記名押印	平成八年三月十一日午前九時三十分　東京区検察庁　検察事務官　大山　清　㊞

注意

本逮捕の際同時に現場に於て差押捜索又は検証することができるが、被疑者の名誉を尊重し且つなるべく他人に迷惑を及ばさぬよう注意を要する。なお、この令状によって逮捕された被疑者は弁護人を選任することができる。

38条1項, 刑訴198条2項)。これらの定めをはじめとして, 刑事手続では, 人権の保障ということが最大に考慮されている (刑訴1条参照)。

■ 公訴の提起と審理

捜査の結果, 被疑者について犯罪の嫌疑が十分となり, 有罪判決をうる見込みがついたときは, 検察官は, 国家を代表して, 刑事裁判の申立て (すなわち公訴の提起) をする。

すなわち, 近代国家では, 犯人と考えられる者を国家が一方的に処罰するのではなく, 国家の訴追機関としての検察官が被疑者を国家の裁判機関としての裁判所に提起し, この検察官と被告人 (起訴後は, 被疑者は被告人と呼ばれる) を対等な当事者として (当事者主義), 両者が提出する証拠を調べることを中心としながら, 裁判所が公平な立場から検察官主張の犯罪事実 (被告人によって犯罪が犯されたという事実) の存否を判断して, 適正な刑罰権の実現をはかるという建て前がとられている (なお, 犯罪行為後一定期間が経過すると国家の刑罰権が消滅する (したがって, 公訴も提起できなくなる) が, これを公訴の時効という。刑訴250条以下)。

この場合, 公訴を提起する裁判所 (第一審裁判所) は, 刑法上の刑罰が罰金以下の刑にあたる犯罪のときは簡易裁判所であり, その他の犯罪のときは地方裁判所である (裁33条1項2号・24条1号)。

■ 起訴便宜主義と検察審査会

ところで, 公訴を提起するか否かは, 検察官の判断にまかされ (刑訴248条), これを起訴便宜主義という。この建て前に対しては, 公訴の提起を民主的にコントロールする機構として, 検察審査会という制度がある。

この審査会は, 選挙人名簿より抽出された11名の民間人の審査員で構成され, 検察官が不起訴処分とした事件を審査して, それを妥当でないと考えるときには, 起訴相当の決議をすることができるが, しかし, その決議も, 検察官に起訴を強制するまでの力はもたない。

■ 少年の場合の扱いについて

なお, 被疑者が20歳未満の少年の場合には, 検察官は, 事件をまず家庭裁判所に送る (少年法42条)。家庭裁判所は, 調査官に少年の調査をさせ, 無実の罪とか犯罪も軽く再犯のおそれもないという場合には審判不開始の決定をするが, その他の場合には審判をして, 刑事処分か保護処分か不処分 (保護処分にしないこと) かを決定する (少年法19条以下)。

刑事処分のときは, 事件は検察官に逆送されて公訴の提起が行なわれるが, 保護処分のときは, 釈放されて保護観察官や保護司の保護観察を受けるか, 一定期間施設 (教護院・養護施設・少年院) に収容される。

少年法は, 20歳未満の者の犯罪には刑罰を科することよりもその更生・教育をはかることに力点をおいているが, この保護主義か刑罰主義かをめぐっては, 従来より議論が絶えない。凶悪な少年事件の続発を踏まえて, 少年に対する刑事罰の適用年齢を「16歳以上」から「14歳以上」へ引き下げること等を中心とする改正が平成12年になされた。

■ 起訴状一本主義とは

公訴の提起は, 検察官が裁判所に起訴状を提出して行なう。[資料74] はこの起訴状の一例であるが, 起訴状には, 被告人の氏名・公訴事実 (犯罪事実。後述の犯罪構成要件にあてはめて法的に記載する)・罪名を記載する。公訴事実はできる限り日時・場所・方法を明らかにして記載するが, これらの事項以外に, 裁判官に事件への先入観をもたせるような資料は, 起訴状に添付・引用してはならない (刑訴256条)。

[資料74　起訴状]

平成8年検第30881号

起　訴　状

平成八年三月一五日

大阪地方裁判所
検察官 之検事　堅野重三　㊞

大阪地方裁判所　御中

左記被告事件につき公訴を提起する。

記

本　籍　　××県××郡××町××番地
住　居　　大阪市××区××町×丁目××番×号○○荘内
職　業　　自動車運転手
　　　　　　　　　　　　（勾留中）　丁野八郎
　　　　　　　　　　　　昭和四九年八月三日生

公　訴　事　実

被告人は、

第一、平成八年三月三日午後一〇時三〇分頃、普通乗用自動車（大五ぬ×××号）を運転して、大阪市××区××町方面から同市××区××町方面に向かって時速約六十キロメートルの高速で進行し、同市××区××町×××番地先のカーブにさしかかったさい、およそ自動車運転者たる者は常に前方および左右方向に注視することは勿論、カーブをきるときは減速して運転するなど特に意をもって、歩行者などとの衝突による事故の発生を未然に防止すべき業務上の注意義務があるにもかかわらず、女性二人を同乗させていたところから、高速でカーブをきるとタイヤのきしむ音がするので、同女らが喜ぶだろうと考え、減速することなく前記自動車の進行を続けたため、その過失によって、乙山一郎を発見したときには同人はすでに同自動車の右直前に位置しており、急いで避譲の措置をとろうとしたが間にあわず、同自動車の前部右側ライト付近を同人の左下腿部に衝突させて、同人を右自動車のボンネット上部に跳ね上げたうえ路上に落下転倒せしめ、よって、同人に対し骨盤骨複雑骨折および頭蓋骨骨折などの傷害を負わせ、

第二、右乙山一郎を直ちに最寄りの病院に搬送して救護し、もってその生存を維持すべき義務があるにもかかわらず、自己が犯人であることが発覚し、刑事責任を問われることをおそれる余り、同人を人通りのない所に放置しようと考え、直ちに病院に搬送して専門医の手当を受けさせなければ死亡するかもしれないことを知りながら、それもやむをえずとして、意識不明に陥っている同人を自己の手で前記自動車助手席に同乗させ、同日午後一〇時四〇分頃同所を出発し、大阪府××市××一五番地所在の山林まで約三五キロメートルを走行するうち、同人を同車内において、骨盤骨複雑骨折による失血および右傷害にもとづく外傷性ショックにより死亡させ、もって同人を殺害し、

第三、同年同月四日午前一時頃、前記山林内において、右第一および第二記載の犯行を隠蔽するため、被害者の死体を同所に埋めてこれを遺棄したものである。

罪名及び罰条
第一、業務上過失傷害　刑法第二一一条前段
第二、殺　人　刑法第一九九条
第三、死体遺棄　刑法第一九〇条

すなわち，裁判官は，事件についての必要最小限度のことだけを起訴状で知り，——公平な審理のために——その他の点は白紙の状態で第1回の公判期日〔刑事裁判の審理をなす日〕に臨むべきものとされるのであって，これを起訴状一本主義という。

この起訴状は，写しが裁判所から被告人に送られ，被告人はこれにもとづいて防禦の方法を講ずることになるが，財政上の理由から弁護人を選任できない者については，被告人からの請求により，国が弁護人（国選弁護人）をつける（憲37条3項）。

■ 保釈制度

なお，起訴されると被告人は拘置所に勾留されるが，判決を受けるまでの間，人権保障の立場から，保証金をつんで一時勾留をといてもらう制度がある。これが保釈であるが，請求があると，裁判官は，特に重い犯罪などの場合をのぞいては，これを許さなければならない（刑訴89条）。

■ 裁判手続のあらまし① ── 冒頭手続

刑事裁判は原則として公開の法廷で行ない（憲37条1項・82条。国民は自由に法廷で裁判を傍聴できるが，大きな事件のときには傍聴券が発行される），審理は，当事者の口頭による弁論を聞いて行なわれる（口頭弁論主義。これによって裁判官に新鮮な印象を与え，また，円滑な審理が可能となる）。公判期日では，まず，裁判所から被告人に対して人違いでないかを確かめる人定質問があり，ついで，検察官から起訴状の朗読が行なわれて，審判の対象（テーマ）が法廷に提出される。つづいて，被告人および弁護人から事件についての見解が述べられて（いわゆる罪状認否）争点が明らかにされるが（刑訴291条。なお，重大事件でない場合に被告人がここで全面的に有罪を認めたときには，簡易公判手続で審判することもできる），以上の手続を冒頭手続という。

■ 裁判手続のあらまし② ── 証拠調べ

つぎに証拠調べに入り，最初に，検察官側から証拠によって証明しようとする事実の説明が行なわれて（冒頭陳述），その証拠調べが請求される。また，弁護人側からも同様の請求がなされるが，ここで，検察官側は，被告人が有罪であることの事実を立証し，逆に弁護人側は，被告人が無罪であること，あるいは，有罪だが軽い刑に処せられるべきことの事実を立証しようとする。そして，裁判所の証拠調べが行なわれるが，この証拠には，大別して，人証（証人・鑑定人など，人の供述内容を証拠とするもの）・書証（供述調書など，書面の内容を証拠とするもの）・物証（凶器など，物の状態を証拠とするもの）がある。

証人とされた者は証言をする義務があり（刑訴160条），[資料75]のような宣誓書を朗読し，署名押印してから証言をするが，虚偽の陳述をすると偽証罪（刑169条）となる。この証人尋問では，まずその証人を申請した当事者が尋問し（主尋問），つぎに相

[資料75　宣誓書]

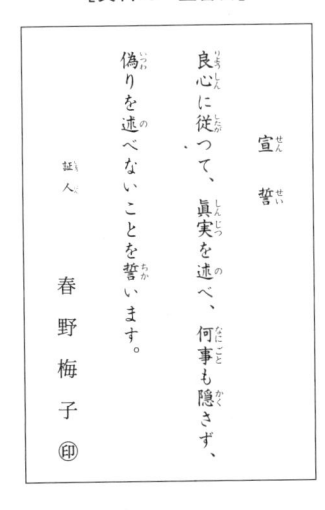

宣誓

良心に従って、眞実を述べ、何事も隠さず、偽りを述べないことを誓います。

証人　春野梅子 ㊞

手方が尋問し（反対尋問），最後に裁判所が補充的に尋問するのが普通であるが（刑訴304条参照），これを交互尋問という（なお，憲37条2項参照）。

当事者が主張する事実の存在は証拠がなければ認定できないから（刑訴317条。証拠裁判主義），証拠調べの手続は審理の中心をなすことになるが，刑事訴訟は刑罰を科する手続であり，ここでは特に真実発見の要請が強いから，裁判所は，さらに職権で証拠を調べることもできる（刑訴298条2項）。

この証拠調べが終わると被告人に対する本人尋問が行なわれ，さらに，検察官から論告求刑（公訴事実とそれに対する法律の適用についての意見の陳述）があり，それに対して弁護人側からも，最終弁論が行なわれて（刑訴293条以下），最後に被告人の最終陳述で審理が終了する。

■ 犯罪成立の3要件

ところで，犯罪が成立するためには，3つの要件を充たすことが必要である。

刑法には種々の犯罪類型が規定されているが，たとえば刑法199条には「人を殺した」ことが殺人罪の要件とされている。このような犯罪を構成する要件を構成要件といい，犯罪が成立するためには，第1に，行為が犯罪の構成要件に該当することが必要である（構成要件該当性）。

刑法で犯罪とされる行為は，法的見地からみて許されないもの，すなわち違法なものである。ところが，具体的な場合には，構成要件に該当する行為であっても違法でないものがある。たとえば，外科医が治療のためにする手術行為はその一例である（刑204条参照）。したがって，犯罪が成立するためには，第2に，その行為が違法であることを必要とする（違法性）。構成要件該当行為について違法性を阻却する事由を違法阻却事由というが，これには，上の例のよ

うな正当行為のほか，正当防衛行為・緊急避難行為がある（刑35条〜37条）。

しかし，構成要件に該当した違法な行為がなされたとしても，その行為について行為者が社会的に非難されえない場合，すなわち行為者に責任（民事上の責任とは異なる）がない場合には，犯罪は成立しない。

たとえば，3，4歳の幼児が放火しても，その子供の行為を社会的に非難することはできない。

すなわち，社会的な非難が可能なためには，まず，行為者が善悪を弁別する能力をもっていることが必要である（行為者が適法な行為をなしえたにもかかわらず違法な行為をした場合に，社会的な非難がなされうる）。この弁別能力を責任能力といい，刑法は，14歳未満の者や精神異常者などを責任無能力者としている（刑39条〜41条）。

また，行為者に責任能力があるときでも，たとえば，不可抗力で人をひき殺してしまったというような場合には，運転者を社会的に非難することはできない。すなわち，社会的な非難が可能なためには，さらに，行為者に故意（結果を認識し認容すること。なお，結果発生の可能性を認識し，その結果発生を認容した場合を未必（みひつ）的故意という）または過失（不注意により結果を認識しなかったこと）の存在が必要となる。したがって，犯罪が成立するためには，第3に，行為者に責任のあることが必要である（有責性）。

■ 刑事裁判と事実の認定

そこで，裁判官は，審理において，これらの要件との関係で種々の事実の認定をすることになるが，この認定にあたって証拠をいかに評価するかは，裁判官の自由な判断（心証）にまかされる（刑訴318条）。

これを自由心証主義という。ただし，この場合，被告人が任意になしたものでない

自白は証拠とできず（憲38条2項，刑訴319条1項），また，また聞きの証言（伝聞証拠）も——反対尋問ができないから——原則として証拠とすることが許されない（刑訴320条1項後段）などの制限がある。

以上のような過程を経て，適法な証拠により，公訴事実の存在を確信したときには，裁判官は，刑法（実体法）を適用して有罪の判決を行なうが（なお，任意性のある自白も，それが被告人に不利益な唯一の証拠であるときは，それによって有罪とすることができない。憲38条3項，刑訴319条2項），容疑がたとえ濃厚であっても上記の確信をいだくにいたらなかったときには，無罪を言い渡す。すなわち，刑事裁判においては，「疑わしきは被告人の利益に」判断され，徹頭徹尾，人権の保障がはかられる。

■ **判決書のあらまし**

判決では，[資料76]におけるように，第1に，「主文」で，無罪か有罪か，有罪の場合にはいかなる刑罰を科するかという結論を記し（その他，有罪・無罪の判断にまで入らない公訴棄却の場合もある），「理由」で，その結論にいたった根拠を——「罪となるべき事実」「証拠の標目」「法令の適用」等の項目に分けて——明らかにする。

今日，刑罰には，死刑，懲役・禁錮・拘留（以上，自由刑），罰金・科料・没収（以上財産刑）の7種があるが，刑法は犯罪に対して相当に広い範囲の刑罰を定めているから（たとえば刑199条参照），裁判官は，その中から適切な刑を選択することになる（なお，1人で数個の犯罪を行なった場合，すなわち併合罪の場合については，刑46条以下に規定がある）。

■ **刑罰とは何か**

刑罰の本質については，犯罪に対する応報とみる応報刑論と，犯人の悪性を改善し再犯を防ぐことにあるとする目的刑論（教育刑論）の対立があるが，刑罰は，国家による制裁として応報的な意味をもつことを否定できないとともに，具体的な刑の決定は，犯罪者の改善・更生を目的としてなされるべきであろう。

執行猶予の制度（主として初犯者で，刑が3年以下の懲役・禁錮などの一定の場合に，刑の執行を一定期間猶予し，その期間を無事経過すれば刑の言渡しの効果を消滅させる制度。刑25条以下）も，こうした改善・更生を目的とするものである。

なお，少年事件の刑罰については，少年法に特例が設けられている（少年法51条・52条参照）。

■ **裁判の公正と三審制度**

ところで，裁判の公正を期するために，事件は国家の裁判所で3回まで審理をしてもらうことができる（三審制度）。

したがって，第一審裁判所の判決に対して検察官・被告人・弁護人などは第二審裁判所（刑事の場合には高等裁判所）に不服申立て（控訴）をすることができ（刑訴372条以下），また，第二審の判決に対してはさらに第三審裁判所（刑事の場合は最高裁判所）に不服申立て（上告）をすることが許される（刑訴405条以下）。

これを上訴制度というが，不服申立期間（判決宣告日から14日）が過ぎたり第三審の判決が下されて，もはや不服申立てができない状態になると，判決は確定する（こうして有罪・無罪の判決が確定すると，以後同じ事件について再び公訴を提起することは許されない。これを一事不再理という。憲39条）。

そして，有罪判決が確定すれば，それにしたがって刑の執行（死刑の執行や監獄への収監など）が行なわれるが（ただし，有罪判決確定後刑が行なわれずに一定期間を経過すると，刑の執行が免除される。これを刑の時効と

[資料76]

第二の行為

有期懲役刑を選択の上、刑法四五条前段、四七条本文、一〇条(重い第二の行為の罪の刑に刑法一四条の制限内で加重)

未決勾留日数の算入 刑法二一条

訴訟費用の負担 刑事訴訟法一八一条一項本文

(争点に対する判断)

一 被告人は、判示第二の行為につき殺意はなかったと主張するので、右争点と、これに関連する被害者の容態につき検討する。

二 被害者の容態

前記春野梅子、冬川雪子(以下同乗者)の司法警察員に対する供述調書を綜合すれば、判示第一の事故直後、被害者は意識がなく、呻いてもおらず、きわめて重体であることが窺われる状態にあったと認められる。

しかし、鑑定証人及川直太郎(医師、大阪大学医学部助教授)の供述により、きわめて高かった(最近の臨床例では、本件被害者程度の患者で治療の甲斐なく死亡した例はほとんどない)こと、被害者は判示第一の犯行現場に放置された場合でも二四時間以上は生存し得たであろうことが、それぞれ認められる。したがって、被害者の死期が早められたのは、本件自動車の狭い助手席に置かれ、車の動揺などの影響を受けたことも、右供述により明らかなところである。

三 被害者の死に対する認容

被告人は、当公判廷において、「被害者が死んだと知るまでは、被害者を人通りのない所に放置しようと思っていた。必ず誰かが助けてくれると思っていた」旨述べている。

しかし、被告人は、当公判廷において、「このまま車を進めて行けば途中で死んでしまうんじゃないかという考えも頭にちらちら浮かんだ」旨の供述をしており、また、春野梅子、冬川雪子の証言からは、被告人が大阪市×区××町付近で被害者の頬を四、五回叩いたり、腿をゆさぶったりし、あるいは被害者の心臓の鼓動の有無を確認したり、被告人が被害者の容態に非常に気を使っていた事実が認められ、被告人が被害者の容態について一刻を争うと考えていたことは確かであるから、

これを放置することにより被害者の生命が救われるのはきわめて偶然なことに属することも当然に認識された筈の結果認容の意思(故意)が否定されることも、自己の行為によって確実に結果を回避すると考えた場合に限られ本件の、結果を偶然に委ねるがごときことは、結果を積極的に認容した場合となんら異ならぬものと考えるのが相当である。したがって、右の場合には、結果認容の意思は充分に認められ、結局、被告人に未必的殺意のあったことは明らかというべきである。

(量刑の事情)

被告人の判示第一の行為は、自己の運転技術に対する過信と、高速のままカーブをきることにより発するタイヤのきしむ音で同乗の女性たちを喜ばせようとして制限速度を遙かに越えるスピードで判示自動車を運転していたという、軽薄な行動にもとづくものであることを考えると、現在の交通事情のもとにおいては、危険きわまりないものというべく、自動車の運転者としても厳しくその責任を問われなければならない。

(中略)

被告人は、未だ被害者の遺族との間で示談を成立させておらず、前科がないとはいえ、若年であること等を考慮しても、その刑責は重いといわざるを得ない。

しかし、本人は事実を認め、反省の態度を示していること、これまで懲役前科のないこと、妻が公判廷で今後の監督を約束していることという汲むべき事実もある。

そこで、これら一切の事情を併せ考慮し、被告人を懲役八年に処するのを相当と判断した。よって、主文のとおり判決する。

平成八年一〇月一五日

大阪地方裁判所刑事第×部
　裁判長裁判官　氏　名
　　　裁判官　　氏　名
　　　裁判官　　氏　名

判決書〔刑事〕

平成八年一〇月一五日宣告　裁判所書記官　氏　名㊞
平成八年（わ）第一二五〇号　業務上過失傷害、殺人、死体遺棄事件

判決

被告人　氏　名　丁野　八郎
　　　　年　齢　昭和四九年八月三日生
　　　　本　籍　×県××郡××町××番地
　　　　住　所　大阪市××区××町××番×号〇〇荘内
　　　　職　業　自動車運転手
検察官　堅野重三
弁護人　柔井優一

主文

被告人を懲役八年に処する。
未決勾留日数中一五〇日を右刑に算入する。
訴訟費用は全部被告人の負担とする。

理由

（罪となるべき事実）

被告人は、

第一、平成八年三月三日午後一〇時三〇分頃、普通乗用自動車（大五ぬ×××号）を運転して、大阪市××区××町方面から同市××区××町方面に向かって時速約六十キロメートルの高速で進行し、同市××区××番地先のカーブにさしかかったさい、およそ自動車運転者たる者は常に前方および左右方向に注視することは勿論、カーブをきるときは減速して運転するなど特に歩行者などとの衝突による事故の発生を未然に防止すべき業務上の注意義務があるにもかかわらず、女性二人を同乗させていたところから、高速でカーブをきるとタイヤのきしむ音がするので、同女らが喜ぶだろうと考え、減速することなく前記自動車の進行を続けたため、その過失によって、乙山一郎を前記自動車の右直前に発見したときには同人はすでに避譲の措置をとろ

うとしたが間に合わず、同自動車の前部右側ライト付近に同人の左下腿部に衝突させ、同人を右自動車のボンネット上部に跳ね上げたうえ路上に落下転倒せしめ、よって、同人に対し骨盤骨複雑骨折および頭蓋骨骨折などの傷害を負わせ、

第二、右乙山一郎を直ちに最寄りの病院に搬送して救護し、もって同人の生存を維持すべき義務があるにもかかわらず、自己がそれの犯人であることが発覚し、刑事責任を問われることをおそれるの余り、同人を人通りのない所に放置しようと考え、直ちに病院に搬送して専門医の手当を受けさせなければ死亡するかもしれないことを知りながら、それもやむを得ずとして、意識不明に陥っている同人を自己の手で前記自動車助手席に同乗させ、同日午後一〇時四〇分頃同所を出発し、大阪府×市××一五番地所在の山林内まで約三五キロメートルを走行するうち、同人を同車内において、骨盤骨複雑骨折による失血および右傷害にもとづく外傷性ショックにより死亡させ、もって同人を殺害し、

第三、同年同月四日午前一時頃、前記山林内において、右第一および第二記載の犯行を隠蔽するため、被害者の死体を同所に埋めてこれを遺棄したものを

（証拠の標目）

判示事実全部について
一、被告人の当公判廷における供述
一、被告人の司法警察員および検察官に対する各供述調書
一、春野梅子、冬川雪子の司法警察員に対する各供述調書
一、山田権助の検察官に対する供述調書
（以下、略）

（法令の適用）

罰条
　第一の行為　刑法二一一条前段
　第二の行為　刑法一九九条
　第三の行為　刑法一九〇条

刑種の選択
　第一の行為　禁錮刑を選択

いう。刑31条以下)、有罪判決確定後にも、一定の場合には、再審が開かれる途もある(刑訴435条)。

■ 略式手続と交通違反事件

なお、簡易裁判所の事件で50万円以下の罰金または科料の事件の場合には、検察官の請求により、以上のような公判手続を開かずに書面審理で刑を言い渡す方法が認められる（刑訴461条以下)。

これを略式手続というが、これは被告人に異議のない場合に限られ、また、被告人が裁判所の略式命令に不服で告知後14日以内に正式裁判の申立てをした場合には、通常の刑事裁判手続が行なわれる。

交通違反事件では、昭和43年7月1日からは、大量の違反事件を処理する方法として交通反則通告制度が採用され（道路交通法125条以下)、比較的軽い事件(30キロ未満のスピード違反・信号無視・駐停車違反・免許証の不携帯など)については、行政処分として、現場で警察官が反則金の納付を告げ、さらに警察本部長から書面でその納付が通告され、違反者が通告を受けた日の翌日から10日以内にこれを納付すれば（あるいは、警察官よりの告知の翌日から7日以内に反則金相当額を仮納付すれば）不起訴とする便法がとられている。

しかし、反則金を納付しなかった者（また、警察官の処置に不服ある者）については、刑事手続がすすめられる。

［林屋礼二・北沢豪］

5　私的紛争の解決（1）

＊ 平成8年6月18日，民事訴訟法の改正が成立した。改正法の施行は平成10年1月1日であるが，本書では，検索の便宜上，対応する旧法の条項も付記している。

■ 紛争を解決するしかた

われわれ市民の間では，いろいろな争いが起こる。金銭や家屋の貸借をめぐる争いとか，隣家との境界をめぐる争い，あるいは，離婚をめぐる争いとか，雇傭をめぐる争いなど，その紛争の態様は枚挙にいとまがない。

市民の間の争いを私的紛争というが，こうした紛争が生じたときに，うまく話合いがつき，その紛争が当事者の手で解決できれば，もちろん，それにこしたことはない。このように紛争当事者の手で自主的に紛争の解決をすることを和解とか示談とよんでいる。

しかし，話合いがこじれて，当事者の手では自主的に解決ができなくなったときには，国家の紛争処理機関の力を借りて，その紛争の解決をはかることが必要になる。この国家の紛争処理機関の力を借りて紛争の解決をはかる場合の主なしかたとして，調停・裁判・強制執行などがある（そのほかに，行政上の制度として，最近では，公害紛争処理制度などもある）。

■ 紛争当事者のなかだちをする調停制度

第1に，調停というのは，裁判所の調停委員会が，紛争当事者の間をなかだちして，当事者の間に和解を成立させることにつとめる手続である。

この調停委員会は，法律の専門家である1名の裁判官（調停主任）のほかに豊かな社会経験と高度の専門知識をもった2名の民間人（調停委員）を加えて構成される（個々の事件で実際に活躍するのは，この2名の調停委員である）。

調停は，「当事者の互譲」，すなわち，当事者相互の譲り合いのうえに立って，「条理にかない実情に即した解決」をはかることを目的としておこなわれる（民調1条参照）。すなわち，この調停では，裁判のように法律を適用して一刀両断的に（換言すれば，当事者間に勝敗をはっきりつけて）紛争を解決するというのではなく，むしろ法律から離れて，お互いに一歩ずつ譲歩をさせることにより，当事者間の実情にそくしたかたちでの紛争の解決がこころみられる。したがって，とくに，借地借家の争いとか，隣家との境界をめぐる争いとか，親族間の相続に関する争いなど，こんごも生活の交渉を継続していく関係にある者の間の紛争を解決するしかたとしては，望ましいものといえる。

■ 民事調停と家事調停

この調停には，家庭事件を扱う家事調停と，その他の民事事件を扱う民事調停とがある。家事調停については，すでに述べたが(32頁以下参照)，民事調停も，だいたい家事調停と似たやりかたでおこなわれる。

しかし，裁判所の点では，家事調停を扱うのが家庭裁判所であるのに対して，民事調停の場合は，原則として，調停の相手方の住所地の簡易裁判所（相手方が同意したときは，他の簡易裁判所や地方裁判所でもよい。また，自動車事故による損害賠償をめぐる紛争

では，賠償を請求する者の住所・居所の所在地の，さらに，公害・日照・通風などをめぐる紛争では，損害発生地または発生のおそれのある地の簡易裁判所でもよい）に調停の申立てをすることになる。

また，家庭事件は，前述のように，訴訟を起こす前に必ず家事調停を求めるべきものとされており，借地借家法に基づく地代，家賃の増減額請求についても訴訟を起こす前に民事調停を申し立てなければならないものとされているが，その他の民事事件については，こうした調停前置主義の要請はない。

■ **手軽に利用されている調停**

調停では，訴訟に比べて，費用も安く（民事調停の場合の申立書に貼る印紙額は，訴訟の場合の4～6割ですむ），また，その処理期間も相当に短かくてすむ（平成6年司法統計年報民事・行政編によると，全簡易裁判所における調停事件の総数145,548件（新受116,084件，旧受29,464件）のうち，既済となった件数は116,916件である。既済のうち，79,254は3月以内に終了している。また，既済事件のうち調停が成立したものは58,468件である）。

それでいて，調停がうまくいったときにそこでとりきめたことがら（調停条項）を書きしるした調停調書には，訴訟の確定判決（後述）と同一の効力が認められるから（家審21条，民調16条，民訴267条・旧民訴203条），調停は，現在では，訴訟とならんで，重要な紛争処理の制度となっている。[資料77]は，民事調停の場合の調停調書の一例である。

しかし，当事者が互いに譲らないかぎりは調停はまとまらない（不調となる）から，ここに調停制度の限界があることになる。したがって，当事者間で意見が鋭く対立して，相互に譲歩する可能性がまったく見出せないような場合には，調停を求めてみても無駄骨を折るばかりであるから，こうしたときには，民事調停を求めずに，直接つぎの段階にすすむのが適当である。

■ **家事審判と借地非訟事件手続**

調停によっても紛争の解決ができなかったときには，第2に，紛争当事者は，裁判によって紛争の解決をしてもらうことができる。その代表的なものは，裁判所の判決で紛争の解決をはかる民事訴訟の方法である。

しかし，家庭に関する事件のうちで一定のものは，すでに述べたように，訴訟によってではなく，家庭裁判所の家事審判というかたちで紛争の解決をはかるべきものとされている（32頁参照）。

また，借地に関する事件のうちの一定のもの（すなわち，借地条件の変更に関する事件，建物の増改築に関する事件，土地賃借権の譲渡・転貸に関する事件）についても，非訟事件手続というかたちで，すなわち，裁判所が市民に対する後見人のような立場から紛争の解決にあたるやりかたで解決をはかるべきものとされている（81頁参照）。

したがって，紛争の解決を求める者は，前者の事件では，家庭裁判所に家事審判の申立てをし，後者の事件では，借地の所在地の地方裁判所（当事者の合意で簡易裁判所とすることもできる）に借地非訟事件手続の申立てをすることになる。[資料78]は，土地賃借権の譲渡・転貸の場合の申立書であるが，この申立書は，しろうとでも手軽に書きこめるようになっている。

■ **民事訴訟のあらまし**

そこで，上のような家事審判事件や借地非訟事件以外の紛争については，紛争当事者は，民事訴訟，いわゆる民事裁判のかたちでの紛争の解決を裁判所に求めることになる。

5 私的紛争の解決（1）

[資料77　調停調書（民事）]

調停調書

調停主任裁判官認印		

事件の表示	平成八年(ノ)第一二三号
手続の要領等	

期日	平成八年三月二五日午前一〇時○○分
場所	東京簡易裁判所調停室
裁判所書記官	浦和克己
調停委員	山村正
調停委員	市川三郎
調停主任裁判官	古田祐一
当事者等の出頭状況	申立人　吉岡はな 相手方　久保和彦 　　　各出頭

調停成立

当事者の表示　後記当事者目録記載のとおり

調停条項　別紙記載のとおり

裁判所書記官

当事者目録

東京都世田谷区駒沢×丁目××番××号
申立人　吉岡はな

東京都世田谷区玉川×丁目××番××号
相手方　久保和彦

以上

（別紙）

調停条項

一、相手方は、申立人に対し、交通事故による損害賠償として金六五万円を支払う義務あることを認め、これをつぎのとおり分割して申立人方に持参または送金して支払う。
　(一)　平成八年三月末日限り金三五万円
　(二)　同年五月末日限り金三〇万円
二、相手方において前項の債務の支払いを怠ったときは、なんらの通知催告を要せずに期限の利益を失い、残額を一時に支払う。
三、自動車損害賠償責任保険の保険金は、相手方において受領する。
四、申立人は、その余の請求を放棄する。
五、調停費用は、各自弁とする。

以上

[資料78　借地非訟]

イを転貸することを許可する。」との裁判を求める。

三　借地権の目的の土地（数筆あるときは別紙に記載すること。）

1　所在地番
　　地目　ア　宅地　イ　その他（　　　）
　　地積　　　　　　　　　平方米（　　・　　坪）

　　右土地のうち、
　　ア　全部
　　イ　一部
　　　契約面積　　　　　　平方米（　　・　　坪）
　　　実測面積　　　　　　平方米（　　・　　坪）

2　右土地のうち、賃借権の譲渡転貸をする部分
　　ア　全部
　　イ　一部（別紙にその部分を特定する図面を記載して添付すること）

四　契約の種類
　　ア　普通借地権
　　イ　一般定期借地権（借地借家法第二二条）
　　ウ　建物譲渡特約付借地権（同法第二三条第一項）
　　エ　事業用借地権（同法第二四条第一項）

五　借地契約の内容
　　申立人が転借人であるときは、この欄に転借権に関する契約の内容を記載するほか、別紙に、転貸人の借地権に関する契約の内容をこの欄にならって記載し、この申立書の末尾に添付すること。

1　契約締結の日
　　昭和・平成　　年　　月　　日

2　契約書の存在
　　ア　あり　　イ　なし

3　契約当事者
　(1)　賃貸人
　(2)　賃借人

六　現在の契約当事者の氏名
　(一)　賃貸人
　　1　契約を締結した当事者の氏名

（右ページ下段に続く）

氏名
住所

2　契約の内容
　(一)　契約の種類
　　ア　売買　イ　贈与　ウ　その他（　　）
　(二)　所有権の移転時期
　　ア　平成　　年　　月　　日　イ　許可の裁判が確定した時
　　ウ　その他（　　）
　　（後）

八　申立ての理由
　次のような理由により、賃借権の譲渡転貸が賃貸人に不利になるおそれはない。
　1　譲渡転貸の別
　　ア　土地賃借権の譲渡　イ　土地の転貸
　2　譲渡転貸の相手方の職業、資力その他の事情
　3　譲渡転貸を必要とする事情

九　申立て前にした当事者間の協議の概要

十　現場付近の略図（付近の土地の利用状況及び最寄りの交通機関からの道順が分かる程度に記載すること。）

＊本書式は東京地裁と東京三弁護士会の協議により作成されたものとされている。

5 私的紛争の解決（1）

[事件手続申立書]

賃借権譲渡
土地転貸　許可申請書
（借地借家法第一九条第一項）

平成　年　月　日

申立代理人
地方
簡易　裁判所　支部　御中
　　　　　　　　　　B 某 ㊞

印紙

添付書類
1 申立書副本　　　　　　　通
2 委任状　　　　　　　　　通
3 資格証明書　　　　　　　通
4 固定資産評価証明書　　　通
5 証拠書類
　(一) 土地・建物登記簿謄本　通
　(二) 借地契約書写し　　　　通
　(三)
予納郵券
貼用印紙　　　　　　　　金　　　円
借地権の目的の土地の価額　金　　　円
（数筆あるときはその合計額）

1 合意の日　平成　年　月　日
2 合意の方式　ア 書面　イ 口頭
管轄の合意（簡易裁判所に申し立てるときに記載すること。）

一 当事者
　別紙に、申立人、申立人代理人及び相手方の氏名、住所又は事務所、郵便番号、電話番号を記載して、この申立書の末尾に添付すること。申立人、相手方が未成年者、禁治産者であるときは、親権者、後見人その他の法定代理人の氏名、会社その他の法人であるときは、代表者の氏名も記載すること。

二 申立ての趣旨
　「申立人が七欄記載の者に対し三欄記載の土地
　ア　の賃借権を譲渡すること（左ページ上段に続く）

三 当事者
別紙記載のとおりである。

四 （現在の契約当事者が直接契約を締結した者でない場合に限り記載すること。）
(1) 賃貸人
(2) 賃借人
(一) 契約上の定め
　ア あり　イ なし
　　昭和・平成　年　月　日
(二) 契約の更新
　ア あり　イ なし
　　昭和・平成　年　月　日まで又は契約締結後　年　月間
(三) 存続期間
　I 昭和・平成　年　月　日まで（あと　年　月間）
　II 昭和・平成　年　月　日

5 現在の地代
　昭和・平成　年　月　日以降一か月金　　　円
　平方米当たり金　　　円

6 現存する建物（数棟あるときは別紙に記載すること。）
家屋番号
構造　ア 造　イ 葺　建
種類　ア 居宅　イ 店舗　ウ 共同住宅　エ 事務所
　　　オ 工場　カ 倉庫　キ その他（　　　）
床面積　一階　　平方米（　・　坪）
　　　　二階　　平方米（　・　坪）
使用状況　ア 自己使用　イ 賃貸　ウ その他（　　　）

七 敷金、更新料その他の金銭の支払状況
1 建物の譲渡契約（予定）
建物譲渡契約の相手方

III 国家・都市生活と法律

民事訴訟では，裁判所に対して紛争の解決を求める者を原告，その相手方を被告といい（両者を合わせて訴訟当事者という），原告が紛争の解決を裁判所に求めることを訴えの提起という。

訴えを提起すべき裁判所（第一審裁判所）は，民事事件でも簡易裁判所と地方裁判所であるが，訴額すなわち訴えにおいて原告がする主張（言いぶん）を経済的に評価した額が90万円以下（90万円も含まれる）の事件は簡易裁判所，90万円をこえる事件は地方裁判所が扱うものとされている（裁33条1項1号・24条1号）。

そこで，この基準にしたがって，原告は，原則として債務者の住所地の簡易裁判所または地方裁判所に訴えを提起することになるが，このさいには，原告は，裁判所に対して，被告との関係でどのような紛争が生じているのか，また，この紛争に対して原告としてはどのような解決を求めるものであるのかを明らかにする必要がある。これをしるした書面を訴状という（民訴133条・旧民訴223条）。［資料79］は訴状の一例である。もっとも，簡易裁判所では，こうした訴状によらないで，口頭で訴えを提起することも許されている（民訴271条・旧民訴353条）。

■ 訴状に記載する事項

訴状には，まず，事件名と紛争当事者としての原告および被告の住所・氏名を記載し，原告の代表者（法人などの場合）についても記載する。法定代理人・訴訟代理人があるときには，その住所・氏名をしるす。また原告又はその代理人の郵便番号及び電話番号（ファクシミリの番号を含む）も記載する（民訴規則53条4項）。なお，当事者は送達を受けるべき場所を書面で届け出なければならないが，これはできるかぎり訴状に記載してしなければならないとされている（民訴104条1項，民訴規則41条）。

わが国では，未成年者や禁治産者は自分で訴訟をすることができず（両親や後見人などの法定代理人によって訴訟をする），また，準禁治産者は保佐人の同意を得て訴えを起こさなければならないが，その他の者は，だれでも自分で訴訟をすることができる（本人訴訟主義）。

しかし，これらの者が自分で訴訟をしないで代理人（訴訟代理人）をだすときには，地方裁判所以上では，その代理人は必ず弁護士の資格をもったものでなければならないことになっている（民訴54条・旧民訴79条）。

弁護士を頼むときには（弁護士にはできるだけだれかの紹介をもらって依頼に行くのがよいが，紹介者がみあたらないときには，各地の弁護士会で紹介をしてもらうこともできる），当事者にとっては弁護士費用のことが気がかりとなるが，弁護士費用は手数料（着手金）と謝金（成功報酬）に分けられ，前者は事件を依頼するときに，また，後者は事件が終了して成功したときに支払われる。弁護士費用の具体的な額については日本弁護士連合会や各地の弁護士会で報酬規程が設けられている（六法全書巻末等に収録されている「弁護士報酬等基準額」参照）。

訴状には，つぎに，原告が裁判所に対してどのような内容の判決を求めるものであるのかを「請求の趣旨」欄にしるす。

たとえば，「被告は原告に対し別紙物件目録記載の建物を明け渡せとの判決を求める」（建物明渡請求権の主張）とか，「原告が，別紙物件目録記載の土地について所有権を有することを確認するとの判決を求める」（所有権の主張）とかいうように書かれる。

これによって，原告が被告に対して主張する権利がなんであるのか明らかとなるが，ここに請求というのは，こうした原告が被告との関係でする権利の主張のことである。

そのほか，この欄では，訴訟費用負担の判決や，場合によっては，仮執行の宣言(187頁参照)なども求められる。

そして，これにつづけて，「請求の原因」欄では，当事者間の紛争の実情が示され，原告が主張するような権利が被告に対してどのようにして発生したのかが説明される。請求の原因欄では，請求を特定するのに必要な事実を記載するほか，請求を理由づける事実を具体的に記載し，かつ，立証を要する事由ごとに当該事実に関連する事実で重要なもの及び証拠を記載しなければならない(民訴規則53条1項)。また，訴状に事実についての主張を記載するには，できる限り，請求を理由づける事実についての主張と当該事実に関連する事実についての主張とを区別して記載しなければならないとされている（民訴規則53条2項）。

■ 裁判の費用について

訴状には，そのほか，証拠方法(証拠調べにおいて調べられる物)や訴状に添付する附属書類（事件の類型により，不動産登記簿謄本，戸籍謄本等の添付が義務づけられることがある（民訴規則55条1項））なども記載されるが，この訴状には，裁判の手数料として，印紙を貼ることが必要である（なお，一般に，訴状などの裁判所の書類では，印紙に消印をしてはならない。消印をすると無効になるから，注意をする必要がある）。その印紙の額は，訴額によって異なっている（「民事訴訟費用等に関する法律」別表第1の1項参照）。

ところで，訴訟をするには，この印紙代をはじめとして訴訟書類を裁判所から当事者に送る費用とか証人尋問のための費用など，いろいろな費用がかかる。

これらの訴訟費用は，原則として，敗訴者が負担するが（民訴61条・旧民訴89条），さしあたっては，訴えを起こす者が裁判所に予納しなければならないことになっている。

そこで，貧しいためにこうした費用も支払えず，裁判を受けられないという者ができることを防ぐために，法は，「訴訟上の救助」という制度（民訴82条以下・旧民訴118条）を設けている。この救済は，訴訟費用を支払うときには自己と家族の生活に窮迫をきたす者(必ずしも生活保護を受けていなくてもよい)で「勝訴の見込みがないとはいえないとき」に与えられ，その申立てが認められると，訴訟費用の納入が猶予される。

また，財団法人法律扶助協会(日本弁護士連合会が中心となり，各地の弁護士会に支部がある)でも，貧困者に救済の手をさしのべているが，この法律扶助は，訴訟救助が本人訴訟主義の建て前から訴訟費用の立替えだけに限られているのに対して，弁護士費用を含めてひろく裁判費用の立替えをはかっている。

■ 被告の答弁書

さて，法にかなった訴えが提起されると，裁判所は，原則として訴え提起の日から30日以内の日を第1回期日として指定し（民訴規則60条），訴状副本等及び期日の呼出状を被告に送り，原告からこのような内容の訴えが提起されたことを被告に知らせるとともに，被告として原告の主張に対してどのような態度をとるつもりかを，答弁書と呼ばれる書面で明らかにさせる。

[資料80]は，答弁書の一例である。答弁書には，請求の趣旨に対する答弁を記載するほか，訴状に記載された事実に対する認否及び抗弁事実を具体的に記載し，かつ，立証を要する事由ごとに，当該事実に関連する事実で重要なもの及び証拠を記載しなければならない。やむをえない事由によりこれらを記載することができない場合には，答弁書の提出後速やかにこれらを記載した準備書面を提出しなければならない（民訴規則80条1項）。答弁書には，立証を要する事

で売主に所有権が留保されるのが一般の慣行である（甲第八号証）。

二、（仮処分）

原告が所有権に基づき、本件各洗濯機の回収を図るべく、その所在を調査したところ、本件洗濯機は被告が占有していることが判明したので、原告は東京地方裁判所平成一〇年（ヨ）第五〇〇号にて占有移転禁止の仮処分を得てこれを執行した（甲第五号証）。

交渉の経過

本件については、代理人を通じ、交渉を試みたが、被告側は、本件洗濯機の取得の事情も含め、経過を明らかにせず、協議にも応じようとしないことから、やむをえず本訴に及んだ次第である（甲第六号証の一、二、甲第七号証）。

証拠方法

一、甲第一号証　原告と甲野商会の間の売買契約
二、甲第二号証　甲野商会の受領書
三、甲第三号証　売掛金台帳
四、甲第四号証　平成一〇年六月一五日付〇〇新聞
五、甲第五号証　仮処分決定正本（写し）
六、甲第六号証の一　被告に対する通知書（内容証明郵便）
七、甲第六号証の二　右配達証明書
八、甲第七号証　被告の回答書
九、甲第八号証　原告会社管理部長丙川次郎の報告書

付属書類

一、訴状副本　　　　　　　　　　　　　　　　　　一通

二、甲第一号証から第八号証までの写し　　　　　各一通
三、査定書（日本業務用洗濯機工業会）　　　　　　一通
四、商業登記簿謄本　　　　　　　　　　　　　　　一通
五、訴訟委任状　　　　　　　　　　　　　　　　　一通

平成一〇年八月二四日

右原告訴訟代理人弁護士
内　田　和　夫　㊞

東京地方裁判所民事部　御中

（別紙）

物件目録

種　類　　業務用洗濯機
名　称　　ウルトラウォッシュ・スーパーGT
型　式　　A二〇〇〇
数　量　　一〇台
製造番号　X〇〇一ないしX〇一〇

5 私的紛争の解決（1）

［訴　状］

```
　　　　収入
　　　　印紙
```

訴　状

〒一五一―〇〇六三
東京都渋谷区富ヶ谷三丁目四番五号
　　　原　　告　　株式会社山崎産業
　　　右原告代表者代表取締役　山　崎　五　郎

〒一〇二―〇〇八三
東京都千代田区麹町七丁目八番九号
麹町ビル三階三〇一号室
　　　右原告訴訟代理人弁護士　内　田　和　夫
　　　内田法律事務所（送達場所）
　　　（電話）〇三―××××―一二三四
　　　（ＦＡＸ）〇三―××××―一二三五

〒一六九―〇〇七二
東京都新宿区大久保四丁目五番六号
　　　被　　告　　大久保　一　郎

動産引渡請求訴訟
　訴訟物の価額　　金五〇〇万円
　貼用印紙額　　　金三万二六〇〇円也

　　請求の趣旨

一、被告は原告に対し、別紙物件目録記載の物件を引き渡せ。
二、訴訟費用は被告の負担とする。
との判決ならびに仮執行の宣言を求める。

　　請求の原因（請求を理由づける事実）

一、（当事者）
　原告は、業務用洗濯機の製造および販売等を業とする株式会社であり、被告も個人で業務用洗濯機販売業を営んで

いる。

二、（所有権留保売買）

1
　原告は、平成一〇年一月一六日、株式会社甲野商会（以下「甲野商会」という。）に対し、自己が製造した別紙物件目録記載の物件（以下「本件各洗濯機」という。）を、一台あたり一〇万円、合計一〇五〇万円にて、右代金については、契約締結と同時に一台あたり一万五〇〇〇円を支払い、残金は平成一〇年二月一五日から平成一〇年一〇月一五日まで毎月一五日限り、一台あたり一〇万五〇〇〇円あて、合計一〇五万円あて支払うこととし、代金完済までその所有権を原告に留保するとの約定にて売却し、これを引き渡した（甲第一号証、第二号証）。

2
　甲野商会は、原告に対し、本件洗濯機の代金の内金として、右契約締結と同時に一台あたり一万五〇〇〇円、合計一〇五万円を支払い、同年二月一五日から同年五月一五日までの間、四回にわたり合計四二〇万円、二二五万円を支払ったものの、その残金を支払わないまま、平成一〇年六月一四日、事実上倒産した（甲第三号証、第四号証、第八号証）。

三、（占有）
　被告は、本件洗濯機を占有している（甲第五号証）。
　よって被告は原告に対し、所有権に基づき、本件各洗濯機の引渡しを求める。

　　関連事実（重要な間接事実その他）

一、（所有権留保売買）
　業務用洗濯機の販売業界においては、業務用洗濯機の代金は期間一年程度の割賦払いとされ、代金が完済されるま

[資料80 答弁書]

平成一〇年(ワ)第六七八号 動産引渡請求事件
原告 株式会社山崎産業
被告 大久保一郎

平成一〇年九月二五日

東京地方裁判所民事第五〇部一係 御中

〒一〇四―〇〇六一
東京都中央区銀座九丁目八番七号
銀座ビル六階六〇五号室（送達場所）
太田法律事務所
右被告訴訟代理人弁護士 太田伸一 ㊞
電話 〇三―××××―七八九〇
FAX 〇三―××××―七八九九

答弁書

第一 請求の趣旨に対する答弁
一 原告の請求を棄却する。
二 訴訟費用は原告の負担とする。
との判決を求める。

第二 請求の原因に対する答弁
一 請求の原因第一項は認める。
二 請求の原因第二項1は認める。
三 請求の原因第二項2については、代金が完済されていないとする点は否認し、その余は認める。後述するとおり、代金は繰上弁済されている。
四 請求の原因第三項は認める。

第三 関連事実の認否
関連事実第一項及び第二項はいずれも認める。

第四 被告の主張

一 （繰上弁済）
甲野商会は、原告から、当初、所有権留保条件付きで本件各洗濯機を買い受けたが、平成一〇年五月三〇日、残代金全額を繰り上げ弁済した（乙第一号証、第四号証）。

二 （即時取得）
1 被告は平成一〇年六月一〇日、甲野商会から代金四〇〇万円にて本件各洗濯機を購入し、同日、代金全額を支払い、本件各洗濯機の引渡を受けた（乙第二号証ないし四号証）。
2 右購入にあたり、被告は甲野商会が本件各洗濯機の所有権を有するものと信じており、これにつき過失はない（乙第四号証）。

三 （関連事実）
甲野商会と被告の間の取引を仲介した乙野太郎は、被告に対し、前述の繰上弁済の経過を説明した。同人は、甲野商会作成にかかる代金を完済した旨の証明書を保有しており、これを被告に交付した（乙第一号証、第四号証）。

第五 交渉に関する経過
本件については、前述の事情があるので、原告の請求には一切応じられない。

第六 結論
以上のとおり、本件請求はすみやかに棄却されるべきである。

証拠方法
一 乙第一号証 甲野商会の証明書
二 乙第二号証 被告と甲野商会の間の売買契約書
三 乙第三号証 甲野商会の領収書
四 乙第四号証 被告の報告書

附属書類
一 甲第一号証から第四号証までの写し 各一通
二 訴訟委任状 一通

以上

実につき，重要な書証の写しを添付しなければならず，やむをえない事由により添付することができない場合には答弁書の提出後速やかに，これを提出しなければならない（民訴規則80条2項）。訴状の場合と同様に，答弁書には被告又はその代理人の郵便番号及び電話番号（ファクシミリの番号を含む）も記載する（民訴規則80条3項，53条4項）。また，被告も送達を受けるべき場所を書面で届け出なければならず，これはできるかぎり答弁書に記載してしなければならないとされている（民訴法104条1項，民訴規則41条）。

答弁書は準備書面の一種と扱われる。答弁書その他の準備書面は，これに記載した事項について相手方が準備をするのに必要な期間をおいて裁判所に提出しなければならないが（民訴規則79条1項），その際，ファクシミリを利用して送信することができる（民訴規則3条）。また，準備書面は，同様の期間をおいて相手方に直送しなければならないが（民訴規則83条1項），直送その他の送付は，送付すべき書類の写しの交付又はその書類のファクシミリを利用しての送信によってするものとされている（民訴規則47条1項）。

通常，訴状，答弁書及びこれらの添付書類により紛争のあらましが明らかとなり，第1回口頭弁論期日において，事件の振り分け，争点整理の方法等が検討されることになる。

■ 法律に照らしての判断——権利の存否

民事訴訟は，原告の主張が正当かどうかを裁判所が法律にてらして判断することにより，当事者間の紛争の解決をはかるものである。

ところで，近代法は，市民の生活を規律するにあたって，どのようなときには誰にどのような権利が発生するか，また，どのようなときにはその権利が消滅するかというように，もっぱら権利を中心にして規律している（このことを，近代法は「権利本位の体系」をとるという）。そこで，このような法律を尺度として判断される原告の主張も，いきおい，一定の権利（たとえば，家屋明渡請求権とか土地所有権など）の存在または不存在の主張というかたちをとることになる。そして，個々の権利は，上述のように法律の定めた要件が備わったときに発生し，変更し，消滅するものとされるから，裁判所が原告の主張するような権利が原告にはたして存在するかどうかを判断するにあたっては，まず，そうした法律で定めるところの要件に該当する事実が原告・被告間にあったかどうかということを審理することから始める必要がある。

たとえば，原告としての家主が被告としての借家人に対して家屋明渡請求権が自分にあることを主張しているときには，裁判所は，原告に，こうした権利の主張ができるための法律上の要件が備わっているかどうか，すなわち家主が借家人との間の契約を解除したという事実とか，契約がすでに終了したというような事実があるかどうかということを調べることが必要になる。

■ 事実の確定を中心に進行する民事訴訟

そこで，民事訴訟では，当事者間における事実の確定を中心にして審理がすすめられるが，このさいに，近代の民事訴訟法では，裁判所は，当事者が主張した事実だけを基礎として判断をおこなうとともに，それらの事実のなかで当事者間に争いのあるものは（争いのないものについては，裁判所は，それを鵜呑みにして裁判をする），当事者が提出した証拠（これには，文書などの書証と，証人などの人証とがある）だけにもとづいてその存否を認定するという原則がとられている。

> [資料81　判]
>
> わたって業務用洗濯機の売買に従事しており、本件各洗濯機の代金の支払状況及び所有権留保等について原告会社に対して問い合わせることも容易であった（証人丙川次郎）。
>
> 3　以上のような事実関係からすると、仮に本件洗濯機の所有権が原告に留保されていることを被告が知らなかったとしても、その点について被告に過失があったものといわざるを得ない。
>
> 従って、本件各洗濯機について、被告の即時取得は成立しない。
>
> 東京地方裁判所民事第五〇部
>
> 　　　　裁判官　　上　野　四　郎
>
> （別紙）
>
> 　　物　件　目　録　（省略）
>
> ＊これを事件番号というが、事件番号は、たとえば、地裁の通常訴訟事件なら平成××年㈆第××号、簡裁の通常訴訟事件なら平成××年㈅第××号というように付けられる。この㈆とか㈅などの記号は、事件の種類を表わすもので、民事事件記録符号規程で一定されている（なお、刑事事件についても同様に符号規程があるが、刑事事件の場合には、ひらがなで表示される）。また、番号は、事件の種類ごとに毎年第一号から始まる。裁判所ではすべてのこの事件番号によって処理されるから、当事者は、自己の事件番号を覚えておくことが大切である。

■ 弁論主義の原則

当事者の弁論だけを通じて事案の解明をはかるという意味で，上の原則を弁論主義とよぶ。

そこで，民事訴訟では，当事者としては，主張すべき事実はすべて主張し，また，証拠として提出すべきものはのこらず法廷に持ちだすように努めることが大切であり，こうした努力を怠っていると，勝てるはずの訴訟でも負けてしまうことになる（とくに，被告が答弁書も提出せず，第１回の口答弁論期日にも欠席すると，原告が主張した事実を全面的に承認したものとして扱われ，被告は敗訴することになりかねないから，注意しなければならない）。

そのために，重要な訴訟では，法律に精通した専門家としての弁護士に訴訟を委任して，適切妥当な訴訟活動を行なってもらうことが，ぜひとも必要になるのである。

すなわち，上の例で，原告の家主が契約を解除したという事実を裁判所に主張しなければ，裁判所は，そうした事実はなかったものとして処理することになるし，また，原告が契約解除という事実を述べたときに，被告がその事実を争えば，そうした事実があったかどうかは，——裁判所が自分の手で調べるのではなくて——当事者が提出する証拠だけによって，その判断をすることになっている。

これは，こうした方法をとることが適正な裁判をするうえで合理的であることとともに，とくに，民事訴訟では，それが私人間の生活関係に関する紛争を解決するものであり，その生活関係は本来「私的自治」の認められる領域であるから，裁判所も当事者間に争いのある限りで干渉をするのが妥当であるとする考え方にもとづいている。

5 私的紛争の解決（1）

［判決書（民事）］

平成一〇年(ワ)第六七八号＊　動産引渡請求事件

判　決	言　渡	平成11年2月1日
	原本領収	平成11年2月1日
	裁判所書記官　谷川　裕 ㊞	

東京都渋谷区富ヶ谷三丁目四番五号
　　原　　告　　株式会社山崎産業
　　右代表者代表取締役　　山　崎　五　郎
　　右原告訴訟代理人弁護士　　内　田　和　夫
東京都新宿区大久保四丁目五番六号
　　被　　告　　大久保　伸　一　郎
　　右被告訴訟代理人弁護士　　太　田　伸　一

主　　文

一　被告は、原告に対し、別紙物件目録記載の物件を引き渡せ。
二　訴訟費用は被告の負担とする。
三　この判決は、仮に執行することができる。

事実及び理由

第一　原告の請求
　主文と同じ。
第二　事案の概要
一　原告は、平成一〇年一月一六日、株式会社甲野商会（以下「甲野商会」という。）に対し、原告製造の別紙物件目録記載の物件（以下「本件各洗濯機」という。）を、代金完済までその所有権を原告に留保するという約束で売り渡したが、甲野商会は、本件各洗濯機のいずれについても売買代金が完済されていない状態で、平成一〇年六月一〇日、これを被告に売り渡した（甲一、二、三、九、乙二、三、証人丙川次郎、被告本人）。
二　被告は、①甲野商会は、当初、所有権留保条件付きで本件各洗濯機を買い受けたが、平成一〇年五月三〇日に代金を繰り上げ弁済したが、平成一〇年五月三〇日に代金を繰り上げ弁済したが、平成一〇年五月三〇日に代金を繰り上げ弁済したが、②そうでないとしても、被告は本件各洗濯機を甲野商会の所有物と信じて同社から買い受け、その引渡しを受けたので、民法一九二条の即時取得が成立すると主張している。これに対し原告は、被告主張の繰上弁済の事実は存せず、右洗濯機の所有権がすべて原告に留保されていることを被告は知っていたか過失によって知らなかったので、即時取得は成立しないと主張し、本件各洗濯機の引渡を求めている。

第三　争点に対する判断
一　繰上弁済は行われたか。
　被告は、平成一〇年六月一〇日、甲野商会から、本件各洗濯機を代金合計四〇〇万円で買い受け、その引渡しを受けたが、その仲介をしたのは中古洗濯機ディーラーの乙野太郎である（乙二ないし四、証人丙川次郎、被告本人）。同人は被告に対し、代金が完済されている旨の繰上弁済の経過を説明するとともに、代金が完済されている旨を記載した甲野商会作成にかかる証明書を交付した（乙二、四、被告本人）。しかし、これらの事実によっては被告主張の繰上弁済の事実を認めることはできず、他にこれを認めるに足りる的確な証拠はない。
二　本件各洗濯機について、被告の即時取得は成立するか。
　1　被告も、業務用洗濯機販売業者である。本件各洗濯機を買い受ける際の業務の状況は右一記載のとおりであるが、被告は原告に対し、代金の支払状況を問い合わせることはしていない（甲九、証人丙川次郎、被告本人）。
　2　本件のような業務用洗濯機の割賦販売が多く行われていることは、業界関係者にとっては公知の事実である。被告は、これまで数年間に

裁判所は、第1回の口頭弁論期日以降、何回も期日を重ねて上に述べたような審理をすすめていく。このさい、近代の練達した裁判官は、自己の自由な心証にもとづいて証拠の評価を行なうことができる（自由心証主義、民訴247条・旧民訴185条）。そして、その結果、判決をすることができるような状態になると、裁判所は、口頭弁論を終了して、判決をおこなう（民訴243条・旧民訴182条）。しかし、私人間の紛争は、できれば和解によって解決することが望ましいから、裁判所としては、最後まで当事者に和解の試みをすることも怠らない（民訴89条・旧民訴136条）。

■ 裁判所の判断としての判決

裁判所は、原告の権利主張を認めるときには原告勝訴（請求認容）の判決を、また、それを却けるときには原告敗訴（請求棄却）の判決をする（そのほかに、裁判所が審理に入ることを拒む、いわば門前払いの、訴え却下の判決もある）。

［資料81］は原告勝訴の判決の例であるが、判決は、普通、主文、事実及び理由から構成されている。

まず、「主文」では、訴状の「請求の趣旨」に対する裁判所の回答がなされる。ここでは、原告の権利主張がすべて認められたときには、「請求の趣旨」で求められた内容の判決が記載される。

そして、つぎに、当事者から裁判所に提出されたいろいろな事実と証拠をもとにして、どのような判断過程をへて主文のような結論に裁判所が到達したかが、「事実及び理由」欄で説明される。

■ 判決に不服あるとき

この判決に対しては、不服のある当事者は、判決の送達を受けてから2週間以内に、より上級の裁判所（第一審裁判所が簡易裁判所のときは地方裁判所、また、第一審裁判所が地方裁判所のときは高等裁判所）に不服の申立て（控訴）をすることができる（民訴281条以下・旧民訴360条以下）。また、この第二審の裁判所の判決に対しても、不服のある当事者は、さらにもう一度だけ、より上級の裁判所に（地方裁判所の判決に対しては高等裁判所に、高等裁判所の判決に対しては最高裁判所に）不服の申立て（上告）をすることが許されるが、そのためには判決に憲法の解釈の誤りがあること等の理由が必要である（民訴311条以下・旧民訴393条以下）。

そして、こうした不服申立ての方法がなくなったとき、あるいは、当事者が不服を申し立てるべき期間内に不服を申し立てなかったときなどには、判決は、もはや取り消されることのない状態になる。この状態を確定といい、こうして確定をした判決のことを確定判決とよぶ。

■ 判決が確定すると争えなくなる

判決が確定をすると、以後、当事者は、その判断内容についてもはや争うことが許されなくなる（もっとも、その後に、判決の基礎になった手続や資料について重大なあやまりが発見されたようなときには、法律で認められている場合にかぎり、再審を求めることができる。民訴338条以下・旧民訴420条以下）。たとえば、ある土地の所有権がAとBとの間で争われていて、もし判決でAの所有権が認められたときには、Bは、もはやその判断に反したことを主張することができなくなり、その判決にしたがって、A・B間の紛争は解決されることになる。また、家主Aと借家人Bとの間で立退きをめぐって争いがあるときにも、判決で、たとえばA勝訴の判決が下されると、AにはBに対して立退きを要求する権利があること、逆にいえば、Bには立ち退く義務があることが確定し、そのことをもはやA・B間では争えな

くなる。そこで，この判決にしたがってBがみずからその家屋を立ち退けば，それで，A・B間の紛争は解決をみることになる。

■ 民事訴訟法の改正

　前述のとおり，平成10年1月1日から，改正民事訴訟法が施行された。改正法の要点は次のとおりである。

　第1に，争点整理手続を整備し，準備的口頭弁論(164条以下)，弁論準備手続(168条以下)，書面による準備手続(175条以下)の3種類を設けた。これらを適切に選択することにより，争点を早期に明確化し，審理の充実を図ることが期待されている。

　第2に，証拠収集手続に関し，文書提出命令の対象・手続を拡張・整備するとともに(220条以下)，当事者照会手続を新設した(163条)。

　第3に，30万円以下の金銭の支払を求める訴訟につき，少額訴訟手続を創設した(368条以下)。この手続では，原則として1回の期日で審理を終わり(370条)，その日のうちに判決の言い渡しがなされる(374条)。この判決に対しては，控訴をすることはできない(377条)。ただし，2週間以内に異議申立をすることが認められており，異議があると，弁論終結前の程度に復し，通常の手続によりその審理及び裁判がなされる(379条)。異議後の判決に対しては，特別上告(327条)は認められるものの，控訴はできない(380条)。なお，少額訴訟の請求認容判決には，一定の範囲内における分割払いの定め等の措置が認められる（375条)。

　第4に，最高裁判所に対する上訴制度につき，法令の解釈に関する重要な事項を含まない事件については簡易な手続により却下することができるようにする等の方法により，その整備が図られている(311条以下)。

　第5に，電話会議システムを利用した争点整理手続(170条3項，176条3項)，テレビ会議システムを利用した証人尋問(204条)等，OA機器の活用が図られている。

　第6に，片仮名，文語体の法文が，平仮名，口語体に改められ，法典の現代語化が図られている。

　　　　　　　　　　　　［林屋礼二・北沢豪］

6 私的紛争の解決（2）

■ 強制執行と債務名義

では、借家人Bに立退きを命ずる判決がくだされて、その判決が確定したにもかかわらず、いぜんとしてBがその家にいすわりをきめこむときには、Aは、どうしたらよいであろうか。

このように、債務者が立ち退くとか代金の支払いをするとか、一定の行為をすべき場合には、裁判所の命令がでても債務者がそれにしたがった行動をしないときには、その紛争は、いぜんとして解決されないままにのこることになる。

そこで、こうしたA・B間の紛争を最終的に解決するためには、Bを裁判所の命令にしたがわせることが必要になる。

■ 自力救済の禁止と権利の実現

ところで、近代社会では、いかに権利者であっても、市民が自分の権利の内容を力づくで実現することは許されない。もし、権利の実現がすべて力によってなされるなら、力のない権利者は力のある義務者に対してついに権利を実現することができないことになってしまうし、また、いたるところで力の衝突が起こって、その社会は暴力の巷（ちまた）と化してしまうからである。これを「自力救済の禁止」という。

したがって、確定した判決でAにはBを立ち退かす権利のあることが認められたとしても、Aは、自分の力で、立ち退こうとしないBを追い出すことはできないのである。

こうして、近代社会では、平和な社会であることを願って、自力救済が禁止されているが、その反面で、市民の権利が侵害されたときには、国家の手で、市民の権利の実現をはかることとする体制がととのえられている。この市民の権利を国家権力によって強制的に実現することを強制執行といい、これをおこなう国家機関を執行機関とよぶ。

■ 強制執行による紛争の解決

そこで、上の例で、Bが自分から立ち退かないときには、Aは、国家の執行機関に対して強制執行を申し立て、国家の手で、Bをその家屋から排除してもらうことができるのであって、この紛争は、こうした手続をとることによって、はじめて解決をみることになる。したがって、国家の紛争処理機関の力を借りて紛争の解決をはかる場合の第3の方法として、強制執行がかぞえられる。

■ 債務名義の提出

さて、強制執行を求める者（債権者）は、自分には相手方（債務者）に対して○○の権利があるということを国家機関によって証明してもらった文書で、それに強制執行をする効力すなわち執行力の認められているもの——これを債務名義（債務を表わしたものというほどの意味）という——を執行機関に提出して、強制執行を申し立てることになる。

すなわち、強制執行は迅速におこなわれなければならないので、執行機関は、いっさい債権者に権利があるかどうかの判断にはタッチせず、他の国家機関がこの者には○○の権利があると証明した文書がある場合にだけ、これにもとづいて強制執行をするというしくみがとられている。

この点で、確定判決は、上の例でいえば、

[資料82　和解調書]

和解調書		
事件の表示	平成八年(イ)第一一一号	手続の要領等
期日	平成八年三月一五日午後⑪一〇時〇〇分	和解成立
場所	東京簡易裁判所法廷	当事者の表示
裁判官	山村伸二	別紙目録のとおり
裁判所書記官	村上健	和解条項
当事者の出頭状況等	申立人　伊藤敏一　出頭／相手方　大林光雄　出頭	別紙のとおり
（民訴法第一四三条第一項第四号の事項）		裁判所書記官　村上健㊞
		裁判官　山村伸二㊞

＊　平成九年改正前の様式であるが、新法の下での書式は定まっていないので参考のため掲げる。本書式中「別紙」と表示されている「当事者の表示」及び「和解条項」は次頁に掲載した。

AがBに対して立退きを求める権利をもっていることを裁判所が証明したもので，これには執行力が認められているから（民事執行22条），代表的な債務名義である。

■ 解決のひきのばしに対して

判決は，このように，確定してはじめて債務名義となるが，まだ確定していない判決であっても，それに「仮執行の宣言」がつけられたときには，執行力を生じて，債務名義となる。

すなわち，判決については，敗訴者の利益を保護するうえから，前述のような不服申立ての制度（上訴制度）が認められているが，控訴や上告があると判決の確定はひきのばされるから，相手方がいたずらに控訴・上告するときには，勝訴者の権利の実現すなわち強制執行の機会がおくれて，逆に，勝訴者の利益が保護されなくなるというおそれがでてくる。

そこで，場合によっては，勝訴者のために，判決確定前であってもその判決に仮に執行力を与えて強制執行をする機会を認めることが当事者間の利益のバランスをはか

III　国家・都市生活と法律

[資料83　和解調書別紙の当事者目録及び和解条項の一例]

（別紙）

当事者目録

東京都文京区茗荷谷町五四番地
　　　　　　　申立人　伊藤敏一
東京都杉並区下高井戸二丁目一六番地
　　　　　　　相手方　大林光雄

（別紙）

和解条項

一、相手方は、申立人に対し、東京都杉並区下高井戸二丁目一六番地所在、家屋番号同町二三番、木造瓦葺平家建一棟四九・五平方メートルの家屋（以下、本件家屋という。）について、平成八年一月三〇日の賃貸借契約の解除により、使用権限のないことを認める。

二、申立人は、相手方に対し、本件家屋の明渡しを平成八年六月三〇日まで猶予し、相手方は、同日限り本件家屋を申立人に明け渡す。

三、相手方は、前項の猶予期間中、申立人に対し、本件家屋の使用料相当損害金として、一ヵ月金一〇万円の金員を毎月末日限り申立人方に持参して支払う。

四、相手方は、平成七年一二月分および平成八年一月分の延滞賃料二〇万円ならびに二月分・三月分の使用料相当損害金二〇万円、合計四〇万円を本和解成立と同時に申立人に支払い、申立人はこれを受領した。

五、相手方は、前記第三項の使用料相当損害金の支払いを一回でも怠るときは期限の利益を失ない、申立人に対し直ちに本件家屋を明渡す。

六、和解費用は、各自弁とする。

以上

るうえで必要となるのであるが、こうした見地から、法は、原状回復の可能な財産権上の請求については、申立てにもとづきまたは職権で、判決に仮執行をなしうることを宣言できる途を開いている（民訴259条・旧民訴196条）。

それは、一定の金額の担保を提供することを条件にしておこなわれることもあるが、この宣言がつけられると、勝訴者は、その判決にもとづいて強制執行をすることができるようになる。[資料81]の判決でも、仮執行の宣言がつけられている。

■ 判決以外の債務名義

そのほか、前述の調停調書も、確定判決と同一の効力をもつことが認められ、執行力があるから、債務名義である。また、訴訟中に当事者間で和解が成立したときには、裁判所はその和解の内容を調書というかたちで文書化するが、この和解調書にも確定判決と同一の効力が認められるから（民訴267条・旧民訴203条）、債務名義である。

そこで、A・B間で生じた紛争が訴訟にまでいたらずに当事者の手で解決されたという場合でも、そこでとりきめたことがら（たとえば、家屋の明渡し）を相手方がまもらないために、将来、強制執行が必要となることを考えて、当事者間の和解条項を裁判所で確認してもらい、これを和解調書のかたちにしておくということもおこなわれている。

■ 和解の種類

裁判所でおこなわれる和解のうち、訴訟中になされる和解を「訴訟上の和解」といい、上述のような訴訟と関係なしにおこなわれるものを「起訴前の和解」とよんでいるが、後者は、当事者間でだいたい話合

6 私的紛争の解決（2）

[資料84　支払督促]

```
平成10年(ロ)第510号

            支 払 督 促

当事者の表示，請求の趣旨・原因は，別紙記載のとおり。
債務者は，請求の趣旨記載の金額を債権者に支払え。
債務者がこの命令送達の日から2週間以内に異議を申し立てない
ときは，債権者の申立てによって仮執行の宣言をする。
    平成10年2月1日
        東京簡易裁判所
            裁判所書記官　　古 田 祐 一　㊞
```

```
前記金額及び本仮執行宣言手続の費用金2,261円につき，仮に執行
することができる。
    平成10年2月26日
        東京簡易裁判所
            裁判所書記官　　石 川 　正　㊞
```

いのついていることの確認の場合が多く，わりと簡単に和解が成立することから，即決和解の名もある。

即決和解の申立ては，普通，相手方の住所地の簡易裁判所（双方が同意する簡易裁判所でもよい）に申立書を提出しておこなうが，口頭でもすることができる(申立書に貼る印紙額は，1,500円である)。[**資料82・83**]は，即決和解の場合の調書の一例である。

■ **支払督促と公正証書**

債務名義として注目すべきものには，さらに，支払督促と公正証書があるが，公正証書についてはすでに説明したので(99頁以下。なお，強制執行をすることができる要件をそなえた公正証書のことをとくに執行証書という)，ここでは支払督促についてふれておくことにする。

金銭をめぐる紛争のさい，すなわち，一方がいくら催促をしても相手方が金銭の支払いをしないというときにも，相手方が債権の存在そのものを争っている場合と，そうでない場合(自分に債務があることを認めているが，いっこうに払わないとき)とがある。

まえの場合には，訴訟を起こして裁判所で債権の有無を確定してもらい，紛争を解決することが必要であるが，あとの場合には，いちいち訴訟までもちこむ必要はなく，むしろ，債権者が簡便に債務名義を取得できる途をつくって，それで強制執行をして当事者間の紛争の迅速な解決をはかるということが妥当である。

■ **支払督促をうけるには**

支払督促の制度は，こうした要請にこたえるものとして認められている。

すなわち，債務者が金銭の支払義務を履行しないときには，債権者は，債務者の住所地の簡易裁判所に支払督促の申請をすることができる。すると，裁判所書記官は，債権者のいいぶんだけを聞いて，債務者に対し，[**資料84**]のような支払督促を発する。この支払督促に対して債権者から仮執行

宣言の申立てがなされ，債務者が督促異議申立てをしないときには（この手続では督促異議申立ての機会は2度あるが，債務者が異議を申し立てれば，権利の存在について争いがあることになるから，手続は，訴訟に移る），この支払督促にもとづいて，債権者は債務者の財産に対し強制執行をすることができるようになっている（民訴382条以下・旧民訴430条以下）。

こうして，われわれが強制執行を申し立てるときには，必ず，以上のような債務名義を執行機関に提出しなければならないものとされている。したがって，もし債務名義がないときには，強制執行をしたいと思う者は，訴訟を起こしたり支払督促の申請をしたりして，確定判決や仮執行宣言付判決や支払督促などの債務名義を手に入れてから，これにもとづいて強制執行を申し立てることになる。

しかし，こうした債務名義を手に入れるまでには時間がかかるから，いそいで強制執行をしたいと思うときには間にあわない。そこで，こうした場合のことを考えて利用されているものに，執行証書や即決和解の調書があるわけである。

■ 金銭執行・非金銭執行

このようにして，強制執行は，債権者の債権を国家権力によって強制的に実現する制度であるが，この場合，債権者がもっている金銭の支払いを目的とする債権（たとえば，代金支払請求権とか家賃支払請求権のような金銭債権）を実現する強制執行を金銭執行といい，その他の内容の債権を実現する強制執行を非金銭執行といっている。

では，これらの強制執行は，どのようにしておこなわれるのであろうか。

■ 強制執行のしかた

まず，金銭執行は，債務者から金銭を取

[資料85　差押物件封印票]

平成八年九月二三日
東京地方裁判所

差押物件封印票

執行官　山　野　和

この封印票を破棄し，又は無効にした者は処せられることがあります。

り立てることを目的とするから，一般的には，債務者の一定の財産を差し押えて，処分できないようにして，これを競売などの方法で換価（現金化）し，その代金を債権者に渡すことにより，債権者の満足をはかるという，3つの段階を経ておこなわれる。

しかし，執行される債務者の財産が有体動産（たとえば，家財道具・商品・機械など）であるか，不動産（たとえば，土地・建物など）であるか，あるいは債権その他の財産権（たとえば，給料債権・銀行預金債権・電話加入権など）であるかによって，執行機関と上述の執行の具体的なやりかたは，それぞれ異なっている。[資料85]は，有体動産を差し押えるときの封印票である。

■ 直接強制・代替執行・間接強制

つぎに，非金銭執行のしかたは，いろいろな内容の債権があることに応じて一様ではないが，たとえば，土地・家屋などの引渡し・明渡しの請求権の執行の場合には，上に述べた金銭執行の場合と同様に，執行

6 私的紛争の解決（2）

[資料86　仮差押命令]

仮差押決定

当事者の表示　別紙当事者目録記載のとおり
請求債権の表示　別紙請求債権目録記載のとおり

右当事者間の平成七年(ヨ)第九八七号不動産仮差押命令申立事件について、当裁判所は、債権者の申立てを相当と認め、債権者に、

金一〇〇万円

の担保（供託番号千葉地方法務局平成七年度(金)第六七八号）を立てさせて、次のとおり決定する。

　　　主　　文

債権者の債務者に対する前記債権の執行を保全するため、別紙物件目録記載の債務者所有の不動産は、仮に差し押える。
債務者は、前記債権額を供託するときは、この決定の執行の停止又はその執行処分の取消しを求めることができる。

平成七年一二月二〇日
　　　千葉地方裁判所民事第五部
　　　　　　裁判官　山口三郎

（当事者目録、請求債権目録　略）

機関の手で，直接に債権の内容の実現がはかられる（たとえば，執行官が，目的の家屋から債務者の支配を排除して，これを債権者の手に渡すかたちの執行をする）。

　こうした執行方法を直接強制という。しかし，現代法は債務者の人格に対してはできるだけ強制を加えないことを理想としているから，債権の内容の実現が債務者自身の行為によらなければできないという場合には，上述のような直接強制という執行方法をとることは思わしくない。

　そこで，この場合には，もしその債務者の行為が他人によっても代わることのできるものであれば（たとえば，家屋の取りこわしの請求権についての執行の場合），「債権者は，第三者にその行為を依頼し，それにかかった費用を債務者が支払え」というかたちの命令を裁判所からだしてもらい，こうしたしかたで権利の実現がはかられる。

　これに反し，他人によっては代わることのできないものであれば（たとえば，絵のモデルになることを求める請求権についての執行の場合），「一定期間内に債務を履行しないときは，債務者は一定の損害賠償を支払え」というかたちの命令を裁判所から債務者に対して出してもらい，債務者に心理的な威圧を加えて債務を履行させるという方法がとられる。

　前者の執行方法を代替執行といい，後者のそれを間接強制という。

　このように，強制執行のしかたは，債権者の債権の種類や債務者の財産の種類によって異なっており，それに応じて，執行機関も執行官であったり裁判所であったりしている。そこで，債権者としては，どのようなかたちでの強制執行をするかをまずきめて，その場合の執行機関に前述のような債務名義を提出して，執行を申し立てる

[資料87　仮差押命令申立書]

不動産仮差押命令申立書

当事者の表示　別紙当事者目録記載のとおり
請求債権の表示　別紙請求債権目録記載のとおり

不動産仮差押命令申立事件

申立の趣旨

債権者が債務者に対して有する前記債権の執行を保全するため、別紙物件目録記載の債務者所有の不動産は、仮に差し押さえる。
との決定を求める。

申立の理由

一　(被保全権利)
1　(消費貸借の成立)
債権者は債務者に対し、平成七年四月三〇日、金三〇〇万円を、弁済期は同年一一月二九日、利息を年一〇パーセントとする約束で貸し渡した（甲一）。
2　(不払い)
債務者は、右弁済期を徒過してまったく弁済をしない（甲二、三、五）。
3　(被保全権利のまとめ)
以上により、債権者は、債務者に対し、別紙請求債権目録記載の貸金債権金三〇〇万円の債権を有する。

二　(保全の必要性)
1　(債務者の債務負担等)
債務者は、他に相当の債務を負担しており、別紙物件目録記載の不動産（以下、本件不動産という。）についても仮差押を受けている（甲四、五）。
債権者は何ら担保を有しておらず、右貸金につき回収困難な状況にあるが、本件不動産以外、債務者には見るべき資産がない（甲五）。
2　(支払停止)
債務者は、平成七年一二月一〇日、各債権者に対し、経営が破綻したことを通知し、事務所を閉鎖した（甲三、甲五）。
3　(本案提起準備中)
債権者は、現在、右貸金の返還請求訴訟を提起すべく準備中である（甲五）。
4　(まとめ)
前述の事情から債務者が本件不動産をも処分してしまう危険性が高く、そのような事態に立ち至るときは、仮に本案において勝訴判決を得てもその執行が不可能または著しく困難となるので、本申立に及ぶ次第である。

疎明資料

一　甲一　金銭消費貸借契約書
二　甲二　貸金台帳
三　甲三　通知書
四　甲四　不動産登記簿謄本
五　甲五　報告書

添付資料

一　疎明資料　　各一通
二　固定資産評価証明書　一通
三　資格証明書　一通
四　委任状　一通

平成七年一二月一六日

右債権者代理人弁護士　伊藤　健

千葉地方裁判所　民事部　御中

(当事者目録、請求債権目録、物件目録　省略)

6 私的紛争の解決（2）

[資料88　仮処分命令]

仮処分決定

当事者の表示　別紙当事者目録記載のとおり

右当事者間の平成七年（ヨ）第一二三四号仮処分命令申立事件について、当裁判所は、債権者の申立てを相当と認め、債権者に代わり第三者山田太郎に別紙担保目録記載のとおりの担保を立てさせて、次のとおり決定する。

主　文

債務者は、別紙物件目録記載の物件に対する占有を他人に移転し、又は占有名義を変更してはならない。

債務者は右物件の占有を解いて、これを執行官に引き渡さなければならない。

執行官は、右物件を保管しなければならない。

執行官は、債務者に右物件の使用を許さなければならない。

執行官は、債務者が右物件の占有の移転又は占有名義の変更を禁止されていること及び執行官が右物件の保管を公示しなければならない。

平成　七年　一二月　一九日

東京地方裁判所民事第九部

裁判官　桜　花　子　㊞

（別紙）

担　保　目　録

債権者に代わり第三者山田太郎が平成七年一二月一八日株式会社ゆうひ銀行（虎ノ門支店）との間に金百万円を限度とする支払保証委託契約を締結する方法による担保

（当事者目録、物件目録　略）

ことになる。

■ **仮差押え・仮処分**

ところで、強制執行をするために訴訟を提起して債務名義を手に入れたいという場合に、判決をもらうまでにはかなりの時間がかかるから、その間に債務者が遺産を隠匿したり浪費したりすると、債権者がせっかく努力をして債務名義を取得しても、その時には債務者の財産がすでに減少していて、金銭執行が困難もしくは不能であるという事態が生ずることもある。

そこで、こうした事態の生ずるおそれがあるときには、債権者としては、債務名義の取得行為をはじめるとともに（あるいは、はじめる前に）債務者の財産を現在の状態のままに確保しておく処置をとっておくことが必要になる。

こうしたことを目的とする制度として、「仮差押え」という制度がある（民事保全20条以下）。

すなわち、それは、将来の金銭執行がうまくいくように、一定の財産の処分を債務者に対して暫定的に禁止しておくもので、債権者は、この仮に差し押えておく財産の所在地の地方裁判所または本訴訟を提起すべき裁判所にその申立てをすることになる。すると、裁判所は［資料86］のような、仮差

［資料89　仮差押命令申立書］

占有移転禁止仮処分命令申立書

当事者の表示
別紙当事者目録記載のとおり

仮処分により保全すべき権利
建物明渡請求権

申立の趣旨

債務者は、別紙物件目録記載の建物に対する占有を他人に移転し、又は占有名義を変更してはならない。
債務者は、右建物の占有を解いて、これを執行官に引き渡さなければならない。
執行官は、右建物を保管しなければならない。
執行官は、債務者に右建物の使用を許さなければならない。
執行官は、債務者が右建物の占有の移転又は占有名義の変更を禁止されていること及び執行官が右建物を保管していることを公示しなければならない。
との裁判を求める。

申立の理由

第一　被保全権利
1　平成七年四月一日、債権者は、債務者との間で、期間を平成七年四月一日から平成九年三月三一日までとし、賃料を月額金一五万円、共益費を月額金一万円との約定にて、毎月末日までに翌月分の賃料及び共益費を支払うとの約定にて、別紙物件目録記載の建物（本件建物）につき賃貸借契約を締結し（本件契約）、同日、これを貸し渡した（甲一、甲二及び甲五）。
2　債務者は平成七年八月二日までの賃料及び共益費は支払ったものの、平成七年九月分ないし平成七年一二月分の賃料及び共益費の全額（合計金六四万円）の支払いを遅滞するに至った（甲三及び甲五）。債権者は、平成七年一二月五日到達の通知書により右金額の支払を催告し、右通知書到達後一週間以内に支払いが

なされないときは本件契約を解除する旨の意思表示をしたが、債務者は右期限の経過を徒過した。従って、本件契約は平成七年一二月一二日の経過により解除され、終了した（甲三及び甲四の一、二）。
3　よって、債権者は債務者に対し、本件契約の終了に基づき本件建物の建物明渡請求権を有する。

第二　保全の必要性
一　債権者は、右第一の第三項記載の権利を実現するため、現在、御庁に建物明渡等請求訴訟の提起を準備している（甲五）。
二　債務者の経済的困窮は、右滞納状況からも明らかであり、債権者の催告に対しても、何ら返答がない。かかる状況においては、債務者が本件建物の占有を第三者に移転するおそれがあり、その可能性は著しく高い（甲五）。
本件建物の占有が第三者に移転されると、債権者が本案訴訟において勝訴判決を得てもその執行が不能又は著しく困難になるので、執行保全のため本申立に及ぶ次第である。

疎明方法

一　甲一　賃貸借契約書
二　甲二　建物登記簿謄本
三　甲三　家賃台帳
四　甲四の一、二　平成七年一二月四日付通知書及び配達証明書
五　甲五　報告書

添付書類

一　甲号証写　各一通
二　評価証明書　一通
三　訴訟委任状　一通

平成七年一二月一五日

右債権者代理人弁護士　山田太郎　印

東京地方裁判所　民事第九部　御中

（当事者目録、請求債権目録、物件目録　省略）

押命令をだし、これによって、その財産についての処分が暫定的に禁止される。[資料87]は、その申立書である。

こうした将来の執行を確保しておくことは、物に関する請求権（たとえば、土地の引渡し・家屋の明渡しの請求権）についても、同様に必要となる場合が多い。たとえば、借家人Bが家賃を払わないので、家主AがBとの間の賃貸借契約を解除して、Bに立退きを求めるが、Bがいっこうに立ち退こうとしないので、Aが、Bを相手にして家屋明渡請求訴訟を起こすという場合を考えてみよう。

このさい、もし訴訟中にBがひそかにCと交代していたときには、たとえ「Bは当該家屋をAに明け渡せ」という裁判所の判決がくだされても、判決は訴訟当事者にだけしか効力を生じないから（民訴115条・旧民訴201条）、Aは、この判決でCを追い出すことまではできないことになる。したがって、家屋明渡しの目的を達するためには、Aは、改めて、Cを相手にして訴訟を起こさなければならなくなる。

そこで、こうした場合には、Aとしては、債務名義の取得行為をはじめるさいに、上の家屋の利用状態を現在のままに──すなわち、Bだけが利用している状態に──固定する処置をとっておく必要があるのであって、こうした必要から、物に関する請求権の将来の執行を確保する制度として、「係争物に関する仮処分」の制度（民事保全23条1項）が認められている。この仮処分は、本案訴訟（上の例の場合なら、家屋明渡請求訴訟）を提起すべき裁判所（あるいは、さしあたり、係争物の所在地の地方裁判所）に仮処分命令の申立てをして、[資料88]のような「仮処分命令」を得ておこなわれる。[資料89]はその申立書である。

■ 仮の地位を定める仮処分

なお、仮処分には、いま1つ、「仮の地位を定める仮処分」とよばれるものがある。

これは、権利の将来の執行についてはなんらの不安もないが、申請人が現在さし迫った事情にあるために、この現状に対して暫定的な処置を講じておかないと権利ほんらいの目的も達することができなくなるという場合に認められる仮処分である（民事保全23条2項）。

たとえば、貧困者が扶養料請求の訴訟を起こす場合に、判定確定まで扶養料の支払いがなされなければ被扶養者は生活に困窮してしまうから、暫定的に相手方に対して一定額の扶養料の支払いをさせておくことも必要になるが、こうした暫定的処置（仮の地位の定め）も仮処分命令によってなされる。

したがって、「仮の地位を定める仮処分」は、現在の危機の救済のためのもので、将来の執行の保全のための「仮差押え」や「係争物に関する仮処分」とは異なった性格のものであるが、以上の三者は、権利がまだ確定しない間に、その権利の保全を目的としておこなわれる点では、共通の性格をもっている。そこで、この3者は、保全処分と総称されている。

こうして、保全処分は、紛争解決のための将来の執行の保全のため、あるいは、現在の危機の救済のためになされるものであるが、紛争が起こったときに、適切な保全処分をいち早く講じておくと、相手方は手も足もだせなくなり、そのために、訴訟にまでいたらずに和解が成立して、あんがい簡単に紛争の解決をみる場合もある。

したがって、この意味でも、保全処分は、紛争解決の一方法として注目されるべき重要なものである。この保全処分は、とくに労働事件で活用をみている。

[林屋礼二・北沢豪]

索　引

あ 行

アルバイト …………………… 115
青色申告 ……………………… 149
家 ……………………………………… 1
違憲法令審査権 ……………… 145
遺言 …………………………… 48
遺言自由の原則 ……………… 48
遺言の執行 …………………… 49
遺言の特別方式 ……………… 49
遺言の普通方式 ……………… 48
遺産相続 ……………………… 44
遺産分割 ……………………… 52
慰謝料 ………………………… 139
遺贈 …………………………… 49
一事不再理 …………………… 167
逸失利益 ……………………… 137
委任状 ………………………… 63
違法性 ………………………… 166
違法性阻却事由 ……………… 166
遺留分 ………………………… 49
遺留分の減殺 ………………… 50
因果関係 ……………………… 135
印鑑証明書 …………………… 64
姻族 …………………………… 14
請負契約 ……………………… 72
受取人 ………………………… 108
氏 ………………………………… 3
疑わしきは被告人の利益に …… 167
訴えの提起 …………………… 176
裏書 …………………………… 108
運行供用者 …………………… 135
延滞税 ………………………… 152
応報刑論 ……………………… 167
OA …………………………… 67
親子同氏の原則 ………………… 3

か 行

外交婚 ………………………… 11
下級裁判所 …………………… 145
確定申告書 …………………… 148
確定判決 ……………………… 184
確認（遺言書の）……………… 49
額面株式 ……………………… 119
火災保険 ……………………… 127
家事審判 ………………… 39,172
過失 …………………………… 166
過失責任 ……………………… 134
家事調停 ………………… 32,171
課税所得金額 ………………… 149
割賦販売 ……………………… 87
カード ………………………… 87
家督相続 ……………………… 44
株券 …………………………… 119
株式 …………………………… 119
株式会社 ……………………… 119
株主 …………………………… 119
株主名簿 ……………………… 120
仮換地 ………………………… 160
仮執行の宣言 ………………… 187
仮処分 ………………………… 195
仮登記 ………………………… 64
仮の地位を定める仮処分 …… 195
為替手形 ……………………… 110
簡易公判手続 ………………… 165
簡易裁判所 …………………… 145
間接強制 ……………………… 191
間接税 ………………………… 148
換地 …………………………… 160
議院内閣制 …………………… 143
危険負担 ……………………… 59
起債会社 ……………………… 123
起訴状一本主義 ……………… 165
起訴前の和解 ………………… 188
起訴便宜主義 ………………… 163
基本的人権 …………………… 141
記名（式）株券 ……………… 119
キャッチセールス ……………… 92

索引

求償権	105
教育刑論	167
共益権	120
協議	158
協議離婚	29
強行規定	60
強制執行	186, 190
強制捜査	161
強制認知	20
強制保険	136
供託	85
共同相続	44
緊急逮捕	161
近親婚の禁止	11
金銭執行	190
金融債	123
区画整理	159
クーポン	123
クーリング・オフ	92
クレジット	87
刑事訴訟	161
形成権	81
係争物に関する仮処分	195
刑の時効	167
刑罰	167
欠陥	134
血族	11
現行犯逮捕	161
検索の抗弁権	105
検察官	161
検察審査会	163
建築請負契約	72
建築確認申請書	74
限定承認	44
検認	50
建蔽率	74
権利金	86
権利証	68
権利侵害	134
権利能力	19
権利本位の体系	181
権力分立制	142
故意	166
後遺症	140
公害	155
高金利	98
交互尋問	166
公債	123
公証人	99
公証役場	99
更新	80
公図	64
公正証書	99
公正証書遺言	49
構成要件該当性	166
控訴	184
公訴の時効	163
公訴の提起	163
交通事故	132
交通反則通告制度	170
公的扶助	38, 42
高等裁判所	145
口頭弁論主義	165
勾留	161
小切手	110
国債	123
国選弁護人	165
告知義務	127
国民主権主義	141
国民年金	131
国務大臣	143
戸籍	1
戸籍の筆頭者	4
戸籍の附票	8
国会議員	142
固定資産税	153
雇傭契約	112
婚姻	10, 14
婚姻届	10
婚約	10

さ 行

罪刑法定主義	161
裁決	158
債権者平等の原則	99
債権譲渡	106
最高裁判所	145
最高裁判所裁判官の国民審査	144

索引

催告の抗弁権 ……………… 105	衆議院の不信任決議 ……… 143
財産権 ……………………… 158	就業規則 …………………… 113
財産分与 …………………… 32	住居表示 …………………… 4
最終陳述 …………………… 166	就職 ………………………… 112
最終弁論 …………………… 166	自由心証主義 ………… 166, 184
罪状認否 …………………… 165	住民基本台帳 ……………… 7
再審 ………………………… 170	住民税 ……………………… 148
債務不履行 ………………… 132	住民登録制度 ……………… 7
債務名義 …………………… 186	住民票の写し ……………… 8
指図 ………………………… 108	縦覧期間 …………………… 153
指値 ………………………… 121	主権 ………………………… 141
査定 ………………………… 129	授権資本 …………………… 119
里子 ………………………… 23	受託会社 …………………… 123
参議院 ……………………… 142	出資 ………………………… 119
三審制度 …………………… 167	受忍限度 …………………… 156
参政権 ……………………… 141	証券業者 …………………… 121
三代戸籍の禁止 …………… 3	証券取引所 ………………… 121
自益権 ……………………… 120	上告 ………………………… 184
敷金 ………………………… 86	証拠裁判主義 ……………… 166
事業債 ……………………… 123	証拠調べ …………………… 165
事業用借地権 ……………… 86	使用者責任 ………………… 135
自己宛小切手 ……………… 111	上場株 ……………………… 121
自己破産 …………………… 92	小選挙区比例代表並立制 … 144
示談 …………………… 132, 171	上訴制度 …………………… 167
質権 ………………………… 99	譲渡担保 …………………… 99
実印 ………………………… 64	消費貸借 …………………… 95
執行猶予 …………………… 167	除籍 ………………………… 4
指定相続分 ………………… 49	除籍簿 ……………………… 5
私的整理 …………………… 93	所得控除 …………………… 149
自動車損害賠償保障事業 … 137	所得税 ……………………… 148
自賠責制度 ………………… 136	所有権絶対の原則 ………… 158
自賠法 ……………………… 135	自力救済の禁止 …………… 186
支払督促 …………………… 189	新株発行 …………………… 121
自筆証書遺言 ……………… 48	親権 ………………………… 20
司法警察職員 ……………… 161	人材派遣 …………………… 118
資本 ………………………… 119	人事訴訟事件 ……………… 36
社員 ………………………… 119	人定質問 …………………… 165
社会保険 ………………… 42, 129	人的担保 …………………… 104
社会保障制度 ……………… 42	推定をうけぬ嫡出子 ……… 17
借地権の存続期間 ………… 78	推定をうける嫡出子 ……… 17
借用証書 …………………… 95	生活保護 …………………… 42
社債 ………………………… 121	生活保護の基準 …………… 43
衆議院 ……………………… 142	請求の原因 ………………… 177
衆議院の解散 ……………… 143	請求の趣旨 ………………… 176

索引

製造物責任法	134
静的安全	70
税法上での所得	148
責任	166
責任能力	135, 166
世帯変更届	8
選挙	142
選挙人名簿	143
線引小切手	110
争議行為	115
捜査	161
創設的届出	6
相続	44
相続財産管理人	51
相続税	57
相続放棄	44
相当因果関係	135
贈与税	57
訴額	176
遡求	109
訴状	176
訴訟上の救助	177
訴訟上の和解	188
訴訟代理人	176
訴訟費用	177
租税法律主義	148
即決和解	189
損害賠償の範囲	132
損害保険	127
損失補償	159
尊属	14

た 行

大気汚染防止法	155
対抗	78
第三者のためにする契約	124
代襲相続	51
代替執行	191
大統領制	143
代物弁済	103
代物弁済の予約	103
逮捕状	161
代理	60
代理権	63

諾成契約	95
立替金	87
建物買取請求権	81
建物譲渡特約付借地権	86
担保制度	99
担保責任	72
担保付社債	123
地方債	123
地方裁判所	145
地方自治の原則	146
嫡出子	17
中選挙区制	144
調停	171
調停前置主義	32, 172
調停調書	35, 172
調停に代わる審判	35
調停離婚	35
直接強制	191
直接税	148
直系姻族	14
直系血族	11
賃借権の譲渡	80
賃料の変更	80
通信販売	92
続柄	4
定期借地権・借家権	76, 86
呈示	106
抵当権	99
手形訴訟	109
嫡出子	17
手付	59
転貸し	84
転換社債	123
転居届	8
転出届	8
転籍	4
店頭株	121
転入届	8
天皇主権主義	141
伝聞証拠	167
統一手形用紙	106
登記所	64
登記全部事項証明書	67
登記手続	67

199

索 引

登記簿 ················ 64
当座勘定口座 ············ 110
当事者主義 ············· 163
同時廃止 ·············· 93
動的安全 ·············· 70
動物保護法 ············· 154
答弁書 ··············· 177
登録免許税 ············· 68
特別養子 ·············· 23
特別養子縁組 ············ 23
都市計画 ·············· 74
都市計画税 ············· 153
土地収用 ·············· 156
土地収用委員会 ··········· 158
取立委任 ············· 109
取引停止処分（銀行の） ······ 109
取引の安全 ··········· 70,109

な 行

内縁 ················ 10
内閣総理大臣 ··········· 143
内容証明郵便 ············ 86
入籍 ················ 4
任意規定 ·············· 60
任意理 ··············· 93
任意捜査 ············· 161
任意認知 ·············· 20
認知 ················ 20
認知届 ··············· 20

は 行

ばい煙 ·············· 155
配偶者 ··············· 4
背信行為 ·············· 81
配当金 ·············· 127
破産 ················ 92
破産管財人 ············· 93
破綻主義 ·············· 36
パートタイマー ·········· 115
判決 ··············· 184
PL法 ··············· 134
引渡し ··············· 74
非金銭執行 ············ 190
非訟事件手続 ··········· 172
卑属 ················ 14
非嫡出子 ·············· 17
秘密証書遺言 ············ 49
被保険者 ············· 124
評価替え ············· 153
夫婦同氏の原則 ··········· 3
福祉国家 ·············· 38
福祉事務所 ············· 42
復籍 ················ 5
付従性 ·············· 105
普通選挙 ············· 143
復権 ················ 94
物上保証人 ············· 99
物的担保 ·············· 99
不当労働行為 ··········· 114
不法行為 ············· 132
扶養 ················ 38
扶養義務者 ············· 38
振出人 ·············· 108
プログラム規定 ··········· 42
不渡り ·············· 109
分籍 ················ 5
分別の利益 ············ 105
弁論主義 ············· 182
傍系血族 ·············· 11
報告的届出 ············· 6
法人税 ·············· 148
法定相続分 ············· 50
冒頭陳述 ············· 165
冒頭手続 ············· 165
訪問販売 ·············· 92
法律扶助協会 ··········· 177
保険金受取人 ··········· 124
保険契約者 ············ 124
保険事故 ············· 124
保険者 ·············· 124
保険証明書 ············ 136
保険約款 ············· 127
保証 ··············· 105
補償 ··············· 158
保全処分 ············· 195
本籍 ················ 4
本人訴訟主義 ··········· 176

ま行

マルチ商法	92
満期	108
身元引受	114
身元保証書	112
身元保証ニ関スル法律	114
民事再生法	111
民事訴訟	172
民事調停	171
無額面株式	119
無過失責任	134
無記名（式）株券	120
免責	94
黙秘権	161

や行

約束手形	106
結納	10
有価証券	106
有責主義	36
有責性	166
ユニオン・ショップ	114
養子	22
養子縁組	22
養子縁組届	22
容積率	74
要約契約	95
養老保険	127
予納金	93
予約完結権	104

ら・わ行

離縁	23
離縁届	23
離婚届	29
利息	96
利息制限法	98
利息の天引	98
利札	123
略式手続	170
流質	102
領事婚	11
利率	96
臨時雇	115
累進課税制度	149
連鎖販売取引	92
連帯債務	105
連帯保証人	105
労働協約	113
労働組合	113
労働契約	112
労働者	112
労働者を守る義務	118
労働法	112
ローン	95
論告求刑	166
ローン提携販売	92
和解	171, 188
割引	108

執筆者紹介

遠藤 浩
学習院大学名誉教授
主要著作
民法入門（銀行研修社），
民法総則（日本評論社），
判例コンメンタール民法総則（我妻・有泉と共著・日本評論社）その他

林屋 礼二
東北大学名誉教授
主要著作
新民事訴訟法概要（有斐閣），
民事訴訟の比較統計的考察（有斐閣），
破産法講話（信山社）その他

北沢 豪
弁護士
阿部・田中・北沢法律事務所
千代田区内幸町2-1-1
飯野ビル703
電話03-3501-8951

遠藤 曜子
弁護士
坂本法律事務所
港区西新橋1-1-3
東京桜田ビル704
電話03-3503-5688

わかりやすい市民法律ガイド

初　版　第1刷発行　1997年11月30日
改訂版　第1刷発行　2001年3月1日

著　者

遠藤　浩　　林屋礼二
北沢　豪　　遠藤曜子

発行者

袖　山　貴 = 村岡命衛

発行所

信山社出版株式会社

113-0033　東京都文京区本郷6-2-9-102
TEL03-3818-1019　FAX03-3818-0344
印刷 製本　勝美印刷
©2001　遠藤浩・林屋礼二・北沢豪・遠藤曜子
ISBN4-7972-5260-X C3032

信山社

篠原一＝林屋礼二 編
公的オンブズマン　Ａ５判 本体2,800円

林屋礼二＝小野寺規夫 編
民事訴訟法辞典　四六判 本体2,500円

林屋礼二＝石井紫郎＝青山善充 編
図説判決原本の遺産　Ａ５判 本体1,600円

離婚ホットライン仙台 編
女性のための離婚ホットラインＱ＆Ａ　四六判 750円

松尾浩也＝塩野宏 編
立法の平易化　Ａ５判 本体3,000円

明治学院大学立法研究会 編
児童虐待　四六判 本体4,500円
セクシュアル・ハラスメント　四六判 本体5,000円
子どもの権利　四六判 本体4,500円
市民活動支援法　四六判 本体3,800
共同研究の知恵　四六判 本体1,500円
現場報告・日本の政治　四六判 本体2,900円

水谷英夫＝小島妙子 編
夫婦法の世界　四六判 本体2,524円

ドゥオーキン 著
ライフズ・ドミニオン　Ａ５判 本体6,400円

山村恒年＝関根孝道 編
自然の権利　Ａ５判 本体2,816円

山村恒年 著
行政過程と行政訴訟　Ａ５判 本体7,379円
環境保護の法と政策　Ａ５判 本体7,379円
判例解説行政法　Ａ５判 本体8,400円

三木義一 著
受益者負担制度の法的研究　Ａ５判 本体5,800円
［日本不動産学会著作賞受賞／藤田賞受賞］